高等职业教育材料工程技术专业规划教材
国家骨干高职院校建设项目成果

Concrete Production and Quality Control

混凝土生产与质量控制

主　编　张慧爱
副主编　杨改香
参　编　祁会军　李文宇　张计亮

武汉理工大学出版社
·武　汉·

内容简介

《混凝土生产与质量控制》是按照国家高职高专规划教材编写要求及规范进行编写的，采用最新标准和规范，突出高等职业技术教育的特色，加大实践运用力度。本书在混凝土材料的生产教学内容上按照混凝土生产的工艺流程和任务分章节，把握了学生学习的目的性和教师教学的针对性。学生能够很直观地根据任务内容进行学习，做到有的放矢。教师在教学的过程中也会具有很强的针对性。在学生学习方面做到了学习有目的，在教师教学方面做到了教学有章法。本书共分七个项目，包括：混凝土原材料进厂的检测与验收、混凝土生产、混凝土力学性能及测试、混凝土耐久性及测试、混凝土常见质量问题的处理、混凝土工程质量评定、混凝土配合比设计，某些章节有针对性地增加了应用案例方面的内容。

本书可作为高职高专材料类专业及相关专业教材，还可供相关专业和从事商品混凝土技术工作的人员参考。

图书在版编目(CIP)数据

混凝土生产与质量控制/张慧爱主编. —武汉：武汉理工大学出版社，2015.8(2022.1 重印)
ISBN 978-7-5629-4714-1

Ⅰ.① 混…　Ⅱ.① 张…　Ⅲ.① 混凝土-生产工艺　② 混凝土-质量控制　Ⅳ.① TU528

中国版本图书馆 CIP 数据(2015)第 136955 号

项目负责人：田道全　刘海燕　　**责任编辑**：田道全　雷红娟
责任校对：陈　平　　**装帧设计**：兴和设计
出版发行：武汉理工大学出版社
地　　址：武汉市洪山区珞狮路 122 号
邮　　编：430070
网　　址：http://www.wutp.com.cn
经　　销：各地新华书店
印　　刷：武汉兴和彩色印务有限公司
开　　本：889×1194　1/16
印　　张：11.5
字　　数：340 千字
版　　次：2015 年 8 月第 1 版
印　　次：2022 年 1 月第 2 次印刷
印　　数：1001—2000 册
定　　价：25.00 元
凡购本书，如有缺页、倒页、脱页等印装质量问题，请向出版社发行部调换。
本社购书热线电话：027-87515778　87515848　87785758　87165708(传真)

前　　言

混凝土作为最常用的结构材料，是现代社会中使用最广泛的建筑材料。“混凝土生产与质量控制”是复合材料加工与应用(混凝土方向)专业的一门专业核心技术课程。本教材为满足高等职业教育培养应用型技术人才的要求，根据预拌混凝土生产企业不同技术岗位上的基本能力要求和岗位工作任务选取教学内容，在注重理论知识的同时，突出工作能力的培养，力求内容的实用性，以体现职业教育注重技能培养的教学特点。

本教材具有很强的应用性和实践性，在内容上考虑了与其他课程的衔接，在保持教材内容完整性的同时，尽量避免了不必要的重复。介绍了预拌混凝土的原材料、生产工艺过程、生产过程的质量控制、结构性能、强度、耐久性以及配合比设计，是从事预拌混凝土生产、检验、施工、营销、管理等岗位工作人员必备的基本读物。

本教材由山西职业技术学院张慧爱担任主编，并编写了课程导入、项目1、项目5中任务5.2、项目7；山西职业技术学院祁会军编写了项目2；山西职业技术学院李文宇编写了项目3、项目4；华通集团太原混凝土有限公司杨改香和山西恒台建业发展有限公司张计亮共同编写了项目5中任务5.1和项目6。

本教材编写过程中得到了部分院校和企业的大力支持，在此一并表示衷心的感谢！

由于编者水平有限，加之时间仓促，难免有错误和不妥之处，敬请广大读者批评指正。

编者

2015年7月

目　录

0　课程导入

在现代所有建筑材料中，混凝土是最古老、用量最大、用途最广的材料之一。无论是超高层的摩天大楼，或是深层的地下建筑、隧道长廊，从陆地到江河、海洋，从几千摄氏度的高温工程到零下一百多摄氏度低温工程，从几千万立方米的大坝到几克的特种材料，都离不开混凝土。在21世纪混凝土是建筑工程中的主要结构材料，在22世纪乃至今后更长的时间里，混凝土仍然是支撑和谐社会和文明世界的物质支柱。

0.1　混凝土的定义及分类

0.1.1　通用混凝土的定义

所谓混凝土，是指由胶凝材料（无机的、有机的、无机-有机复合的）、颗粒状骨料以及必要时加入的化学外加剂和矿物掺合料组成，按适当的比例配合，经拌和并在一定条件下经硬化后形成的复合材料。在土木建筑工程中使用最多的是以水泥为胶凝材料，以砂、石为骨料，加水并掺入适量外加剂和掺合料拌制的混凝土，称为普通水泥混凝土，简称普通混凝土。

普通混凝土广泛应用于工业与民用建筑工程，水利工程，地下工程，公路、铁路、桥梁及国防建设等工程中。目前全世界每年混凝土的产量已经超过20亿 m^3，是当今世界上用途最广，用量最大的人造建筑材料，而且是重要的建筑结构材料。各国混凝土研究工作者一致认定，混凝土在21世纪仍将是使用最广、最重要的建筑材料，已经成为现代社会的基础。

0.1.2　混凝土的分类

随着科学技术的进步和经济的不断发展，社会对水泥和混凝土数量的需求越来越大，性能要求越来越高，满足各种工程要求的混凝土品种也越来越多。因此，其分类方法也是多种多样的，几种较常用的分类方法如下：

0.1.2.1　按胶凝材料分类

(1) 无机胶凝材料混凝土

① 水泥混凝土　以硅酸盐水泥及各种混合水泥为胶凝材料，可用于各种混凝土结构。

② 硅酸盐混凝土　由石灰和各种含硅原料（砂及工业废渣）以水热合成方法来生产水化胶凝物质，可用于制作各种硅酸盐砌块等。

③ 石膏混凝土　以各种石膏作为胶凝材料，可制作天花板、内隔墙等。

④ 水玻璃混凝土　以水玻璃为胶凝材料，可制作耐酸混凝土结构物，如储酸槽等。

(2) 有机胶凝材料混凝土

① 沥青混凝土　以天然或人造沥青为胶凝材料制成，可用于道路工程。

② 聚合物胶结混凝土（又称树脂混凝土）　以聚酯树脂、环氧树脂、脲醛树脂等为胶凝材料制成，适合在有侵蚀介质的环境中使用。

(3) 无机-有机复合胶凝材料混凝土

① 聚合物水泥混凝土　以水泥为主要胶凝材料，掺入少量聚合物或用掺有聚合物的水泥制成，适用于路面、桥梁修补工程。

② 聚合物浸渍混凝土　以水泥混凝土为基材，用有机单体液浸渍和聚合制成，适用于耐磨、抗渗、耐腐蚀等混凝土工程。

0.1.2.2　按骨料分类

① 重混凝土　用钢球、铁矿石、重晶石等做骨料，混凝土密度大于 2500 kg/m^3，用于防辐射的混凝土工程。

② 普通混凝土　用普通砂、石做骨料，混凝土密度为 1900～2500 kg/m^3，一般在 2400 kg/m^3 左右，是较常用的结构工程材料。

③ 轻骨料混凝土　用天然或人造轻骨料，混凝土密度小于 1900 kg/m^3，可用于承重结构或制作保温隔热制品。

④ 大孔混凝土　仅由(重质或轻质)粗骨料和胶凝材料制成。骨料颗粒表面包以水泥浆，颗粒间为点接触，颗粒之间有较大的空隙。这种混凝土主要用于墙体。

⑤ 细粒混凝土　主要是由细颗粒和胶凝材料制成，多用于制造薄壁构件。

⑥ 多孔混凝土　这种混凝土既无粗骨料，也无细颗粒，全是由磨细的胶凝材料和其他粉料加水拌成料浆，用机械方法或化学方法形成许多微小的气泡后再经硬化制成，可用于屋盖、楼板、墙体材料等。

0.1.2.3　按混凝土性能分类

按混凝土的性能分类有早强混凝土、补偿收缩混凝土、高强混凝土、高性能混凝土等。

0.1.2.4　按施工工艺分类

根据混凝土的工艺不同又可分为两大类：一类是现浇混凝土，如泵送混凝土、真空吸水混凝土、碾压混凝土、喷射混凝土、自流平自密实混凝土等；另一类是预制混凝土，如挤压混凝土、离心混凝土、振压混凝土等。

0.1.2.5　按用途分类

根据混凝土用途的不同，分为结构混凝土、防辐射混凝土、大坝混凝土、海工混凝土、道路混凝土、耐热混凝土、耐酸混凝土、水下不分散混凝土等。

0.1.2.6　按配筋方式分类

根据混凝土配筋方式的不同，分为素混凝土、钢筋混凝土、预应力混凝土、纤维增强混凝土等。

此外，混凝土还可按其强度等级分为低强混凝土(＜C30)、中强混凝土(C30～C55 之间)、高强混凝土(≥C60)、超高强混凝土(≥C100)等。

0.2　混凝土的特点

(1) 混凝土的优点

混凝土经过近 200 年的发展，已经成为现代社会的基础，“凡有人群的地方，就有混凝土在闪光”，混凝土材料之所以能够得到不断发展，主要是因为它具有一系列的优良性能。

① 原材料丰富，砂、石等地方材料占 80%以上，能就地取材，生产成本低。

② 混凝土强度较高，像天然石材一样坚硬，耐久性好，适用性强，无论水下、海洋还是寒冷、炎热的环境都适用。传统的混凝土抗压强度为 20～40 MPa，近 20 年来，混凝土向高强度方向发展，60～

80 MPa 的混凝土已经较广泛地应用于工程中。目前，在技术上可以配出 300 MPa 以上的超高强混凝土。

③ 混凝土的可塑性好，能适应不同的结构要求；性能灵活，可根据不同需要配制不同强度、不同性能的混凝土。

④ 作为基材，混凝土与其他材料的复合能力强，如钢筋混凝土、纤维增强混凝土、聚合物混凝土等，从而大大扩展了混凝土的应用范围。

⑤ 混凝土的能源消耗一般较其他建筑材料低，见表 0-1。

表 0-1 常用建筑材料的生产能耗

材料	能耗（$\times 10^6$ kcal① /t）	材料	能耗（$\times 10^6$ kcal① /t）
水泥	1.16	铝材	73.1
玻璃	3.78	木材	0.35～0.55
砂、石	0.09	钢材	7.4
砖	1.0	混凝土	0.56～0.66

注：① 1 cal=4.1868 J。

⑥ 作为建筑材料，较之木材、塑料、钢材，混凝土具有良好的耐火性能。

⑦ 混凝土结构物一旦投入使用，维修工作量少，维修费用低。

⑧ 混凝土生产过程中可有效地利用工业废渣，如粉煤灰、矿渣、尾矿粉等，节约资源，减轻环境污染。

(2) 混凝土的缺点

混凝土材料的缺点限制了它的使用范围，其缺点主要有如下几点：

① 混凝土的脆性大，抗拉强度低(约为抗压强度的 1/10～1/20)，抗冲击性能差。

② 自重大，混凝土的密度一般在 2350～2450 kg/m^3，而普通黏土砖一般在 1650～1800 kg/m^3。

③ 体积稳定性差，干燥收缩大，在荷载作用下的徐变也大。

④ 若作为墙体材料，其热导率比较大，一般在 50 kJ/(m·h·℃)[12 kcal/(m·h·℃)]左右，约为砖的 2 倍。

上述这些缺陷使混凝土的应用受到了一些限制，但可以通过合理的设计、适当的选材，以及严格的质量管理和控制来加以弥补。而近年来各种新型、特种混凝土的出现逐渐改善了混凝土的性能，扩大了混凝土的使用范围。

0.3 混凝土的发展史

混凝土的出现可以上溯几千年，如中国的万里长城、埃及金字塔、古罗马的建筑等都已使用了以石灰、石膏或天然火山灰为胶凝材料的混凝土。1980—1983 年，中国考古工作者在甘肃泰安县大地湾先后发现了两块距今 5000 多年的混凝土地坪，其所使用的胶凝材料是水硬性的，混凝土强度亦达到 11 MPa。古罗马在 2000 多年前也曾使用具有较强水硬性的胶凝材料建造地下水道。

混凝土在工程领域发挥着其他材料无法替代的作用，已经成为现代社会文明的基石，是人类社会文明史发展的见证。从 1824 年发明硅酸盐水泥开始，混凝土就开始使用。时至今日，混凝土材料已经成了世界上用量最大、用途最广的人造材料。近 200 年来，混凝土科学与工程的发展经历了四个阶段：

(1) 混凝土材料科学探索时期(混凝土基础理论建立时期)

混凝土可以大量使用的胶凝材料——硅酸盐水泥出现于1824年。英国利兹的一个施工人员约瑟夫·阿斯普丁提出了“波特兰水泥”的一个专利。它是由煅烧某些磨细(粉状或加水成糊状)的石灰石,掺入磨细的黏土,再将混合物在窑内燃烧至分解出CO_2并逸出,最后将烧成物磨细制成水泥。因为硬化后的水泥酷似英国波特兰石场天然建筑石料,故命名为“波特兰水泥”。最初波特兰水泥是用立窑生产的,1886年开始用回转窑生产。1900年,水泥的基本试验大部分标准化。从此,水泥开始大量使用于土木建筑工程,各种用水泥拌制的混凝土陆续问世。我国1889年开始创建水泥工业。

1850年,法国人J. L. 朗波特研究出使用钢筋混凝土的方法,并首次制成了钢丝网水泥船,使得混凝土的应用范围进一步扩大。1887年,M. 科伦首先发表了钢筋混凝土的计算方法,为钢筋混凝土的设计提供了理论依据。这标志着钢筋混凝土时代的开始,同时开始了混凝土材料科学探索的时期。

1918年,美国的D. A. 艾布拉姆斯建立了水灰比(W/C)强度公式,提出当混凝土充分密实时,其强度与W/C成反比,发表了著名的水灰比学说。1925年,利滋发表了水灰比学说、恒定用水量学说,从而奠定了现代混凝土的理论基础。

1930年,瑞士的鲍罗米根据大量试验数据,应用数理统计方法,纳入了水泥强度因素后,提出了混凝土强度与水泥强度等级及W/C之间的关系。确认了混凝土强度取决于水泥石性能,而水泥石性能又取决于自身的孔隙率。从此开始了混凝土材料设计的新时代。后来T. C. 鲍尔斯又确立了混凝土强度增长与胶孔比的关系,即已水化水泥浆体积与已水化水泥浆体积、毛细孔体积、气孔三者之和的比值,进一步反映了混凝土强度与毛细孔隙的关系。可见,减小孔隙率,增大胶孔比,能够提高混凝土强度。鲍尔斯的理论不仅对混凝土强度理论与实践有重要意义,而且对混凝土的渗透性、变形性的研究都有重要的意义。

(2) 干硬性混凝土和预应力混凝土的时期

1928年,法国的E. 弗列辛涅提出了混凝土收缩和徐变理论,发明了预应力钢筋混凝土施工工艺,并采用了高强度钢丝,研制了锚具,为预应力技术在混凝土中的应用奠定了基础。预应力混凝土的出现,是混凝土技术的一次飞跃。预应力技术弥补了混凝土抗拉强度低的缺点,为钢筋混凝土结构在大跨度桥梁、高层建筑,以及在抗震、防裂等方面的应用开辟了新的途径。

1934年,美国发明了振动器,随后,前苏联根据水灰比理论开发了干硬性混凝土,通过降低水灰比获得高强度,并研制了许多高效重型设备。从此,低水灰比、干硬性的高强度等级混凝土飞速发展;以干硬性混凝土技术为依托,又建立起预制混凝土构件工业。与此同时,预应力混凝土亦开始应用于工程之中。

预应力混凝土主要从外部施力对混凝土进行改性。依靠机械张拉钢筋的混凝土称为机械预应力混凝土。20世纪50年代,前苏联依靠膨胀混凝土在硬化过程中产生膨胀能,通过与钢筋的黏结力和末端锚固张拉钢筋而产生预应力,称这种混凝土为化学预应力混凝土。1940年,日本的吉田德次郎配制了W/C值小于0.22的混凝土,经加压与振动处理及高温养护,获得了28 d抗压强度大于100 MPa的成果。但是人们已经认识到,通过干硬性混凝土达到高强度是很不经济的。

(3) 外加剂的使用和流动性混凝土时代

1937年,美国的E. W. 斯克里彻取得了用亚硫酸盐纸浆废液改善混凝土和易性、提高强度和耐久性的专利,昭示着外加剂和流动性混凝土时期的萌动。1962年,日本的服部健一等将萘磺酸甲醛高缩合物用作混凝土分散剂,1964年花王石碱公司将其作为商品出售,名为“麦地”(MT-150)高效减水剂。几乎与此同时,前联邦德国研制出三聚氰胺磺酸盐甲醛缩聚物,随后出现的还有环氧树脂。上述减水剂减水率都高达20%～30%。前联邦德国首先用三聚氰胺研制出坍落度为18～22 cm的流态混凝土,标志了流动性混凝土时代的开始。

1936年,保尔提出了可泵性问题。随后格莱、波波维茨等人对可泵性作了不同的解释。在此之前,1913年,美国的柯尼尔·开设计出曲轴机构立式缸混凝土泵,并取得专利。1927年,德国的弗得茨·海尔亦设计出同类型混凝土泵,并第一次获得成功的应用。1932年,荷兰的库依曼将立式缸改为卧式缸,制造了库依曼型混凝土泵。这些都为泵送混凝土打下了基础,促成了20世纪60年代以后大流动性泵送混凝土的大量应用。

混凝土外加剂的出现,尤其是高效减水剂的大量使用,不仅改善了混凝土的各种性能,而且为混凝土施工工艺的发展创造了良好的条件。在混凝土拌合物中掺入减水剂,可以大幅度地降低水灰比,提高强度或拌合物的流动性,使拌合物的搅拌、运输、浇筑和成型等工艺过程变得容易操作。目前,混凝土外加剂已经成为混凝土原材料中不可或缺的第五种组分。

从90年代开始,日本和欧洲开始使用聚羧酸系高性能减水剂,混凝土外加剂进入了迅速发展和广泛应用的时代。在欧洲,90%的混凝土使用了各种混凝土外加剂,其中70%是各种类型的减水剂。我国外加剂的起步较国外稍晚,20世纪50年代开始木质素磺酸盐和引气剂的研究和应用,70年代以后,外加剂的科研、生产和应用取得重大进展,2000年前后逐渐开始对高性能减水剂进行研究,以聚羧酸系减水剂为代表的高性能减水剂在近5年的时间里应用量连续翻番增长。国家基础建设保持高速增长,铁路、公路、机场、煤矿、市政工程、核电站、大坝等工程对混凝土外加剂的需求一直很旺盛,我国的混凝土外加剂行业也一直处于高速发展阶段。

(4) 高强度和高性能混凝土时代

人们很早就十分关注混凝土的高强度和高耐久性问题,但不同时期的高强度和高耐久性的含义并不相同。20世纪30年代前全世界用体积配合比,混凝土强度只有10~30 MPa,二战后改为质量配合比,强度普遍为25~40 MPa,我国新中国成立初期混凝土强度为20 MPa。国际上20世纪50年代的“HSC强度”为35 MPa,60年代为40 MPa,70年代为50 MPa,80年代为60 MPa,90年代为80 MPa。许多国家20世纪六七十年代开始大量使用高强混凝土于高层建筑底桩、高强度钢筋砂浆桩、公路桥的桩基、钻井平台、钢管柱混凝土、核电站等。

高强混凝土的技术发展经过三个阶段:没有减水剂前,靠低W/C、振动加压和高温养护制备为第一阶段;以高效减水剂为主开创了高强混凝土发展的第二阶段;采用矿物质细粉料和高效减水剂双掺,以普通工艺制备(亦是当前配制高强混凝土技术路线的主要特征)为第三阶段。

高性能混凝土(HPC)是在大幅度提高普通混凝土性能的基础上,采用现代混凝土技术制作的混凝土,以耐久性为首要设计目标,针对不同用途要求,保证混凝土的耐久性、工作性、适用性、强度、体积稳定性和经济性。1968年以来,日本、美国、加拿大、法国、德国等国家投入了大量财力、人力和物力致力于开发和研究具有高于普通混凝土性能的混凝土,并用于一些重要工程。1990年,美国国家标准与技术研究院(NIST)和ACI201委员会将其定名为HPC,它否定了过去过于偏重强度的发展道路。美国学者认为:HPC是一种易于浇筑、捣实,不离析,能长期保持高强度、高韧性和体积稳定性,在严酷条件下寿命很长的混凝土。ACI认为HPC并不需要很高的抗压强度,但其抗压强度仍须大于或等于50 MPa。混凝土耐久性是指能抵抗气候变化、化学侵蚀、腐蚀,以及其他破坏过程的能力。加拿大学者认为HPC是一种具有高弹性模量、高密度、抗侵蚀、低渗透的混凝土。

可见美国和加拿大学者侧重于硬化后的性能,特别是耐久性。日本学者则重视新拌混凝土的流动性和自密实性。我国学者及专家认为:高性能应体现在工程力学特性、新拌混凝土施工特性、使用寿命和节能利废(经济学特性)的综合能力上,其技术特性是高密实与自密实性、高抗渗性、体积(或尺寸)稳定性和较高的抗压强度。

由此可见,高强混凝土(HSC)是混凝土技术的高科技开发项目,已经在工程中大量采用;高性能混凝土(HPC)是混凝土科学技术的前沿领域,目前还处在研究和开发之中。

0.4 混凝土技术的现状

现代建筑结构与施工包括现场浇筑与预制装配两种形式。围绕着这两种建筑形式，混凝土技术经历了从干硬性到流动性直至大流动性混凝土的发展过程；混凝土生产方式经历了现场加工到工厂化的预拌商品混凝土的转变；混凝土的施工技术也经历了从人工操作到全面机械化，以及泵送混凝土及预应力混凝土大量使用的转变。混凝土工程的生产效率与第二次世界大战前相比已有翻天覆地的变化。混凝土工程的现状可以归纳如下：

(1) 预拌商品混凝土行业已成为土木建筑工程的骨干产业

20 世纪 60 年代以后，以大流动性混凝土技术为支撑，以建筑现代化为目标，各国纷纷出现预拌商品混凝土行业，以取代现场加工混凝土的做法，取得了技术上、经济上和环保上的巨大效益。我国在 20 世纪 80 年代以后也开始出现该行业。至今，预拌商品混凝土行业在发达国家和我国的大、中城市已经成为土木建筑工程的重要支柱。目前，我国预拌商品混凝土的远距离泵送、大体积、大方量、冬季和炎热条件下的施工技术已经成熟并普及，一些标志性工程达到了世界先进水平。

(2) 流动性和大流动性的泵送混凝土大量代替干硬性及塑性混凝土

由于外加剂性能的提高和磨细矿物掺合料的大量使用，大流动性、不泌水、不离析、宜泵送、宜成型、达到自密实的混凝土已经在日本、美国、欧洲和中国出现，混凝土的流动性(坍落度)已经达到历史最高水平。泵送混凝土在建筑行业中已经普遍使用，自流平、自密实的混凝土在工程中也开始使用。干硬性及塑性混凝土所占的份额已经大幅下降。例如，我国混凝土工程中一次泵送高度最高达到了 580 m，制成了坍落度达 24～27 cm、扩展度为 55～75 cm 的 C40～C100 自密实混凝土。

(3) 高强度、高性能、多品种混凝土大量开发与应用

高强度、高性能、多品种混凝土大量开发与应用的主要标志之一是工程中应用的混凝土强度等级明显提高。目前我国在混凝土预应力管桩构件、超高层建筑的钢管混凝土等结构中已开始使用 C80 级混凝土。当前混凝土技术的另一特点是由过去的以强度为中心转变为以耐久性和功能性为追求目标。不同品种的混凝土发挥着各自不同的特性和优势，在各种类型、各种要求的建筑物和不同的环境中承担着承重、围护和抵御外界各种侵蚀的作用。

混凝土的有机化又使混凝土这种结构材料走上了一个新的发展阶段。如聚合物浸渍混凝土及树脂混凝土，不仅抗拉、抗压、抗冲击强度都大幅度提高，而且具有高耐腐蚀性等特点，因而在特种工程中得到了广泛应用。聚合物浸渍混凝土的抗压强度和抗拉强度较其基材提高了 2～4 倍，抗渗压力可达 5 MPa，抗冻融循环次数在 1100 次以上，并具有很高的耐腐蚀性能。

0.5 混凝土的发展趋势

混凝土材料技术发展到今天，已经建立了一套较为完备的设计、生产、施工、检验到使用等的质量保证体系。今后混凝土材料技术将主要沿着高强度、高性能、轻质、复合、经济耐久及环保等方向发展。

0.5.1 向高强度发展

由于混凝土技术的不断进步，特别是近期以来的快速发展，世界各国使用的混凝土平均强度在不断提高。例如，20 世纪 30 年代的混凝土平均强度为 10 MPa，50 年代约为 20 MPa，70 年代已达到

40 MPa。目前，在发达国家已普遍使用C60的高强混凝土，C80的混凝土用量也在不断增加，C100以上的混凝土也已应用到工程上。目前，国内在混凝土结构工程中的强度等级普遍为C25～C60，高强混凝土在一些大型工程中的应用量也日渐增多。高强混凝土具有强度高、变形小、耐久性好等特点，适用于高层、超高层、大跨度、耐久性要求高的建筑物。为减轻结构自重，增大使用面积，在预应力管桩构件、超高层建筑的钢管混凝土等结构中已开始使用C80的混凝土。

0.5.2 向高性能发展

高性能混凝土(HPC)是当今混凝土材料科学研究的主要课题之一，与普通混凝土比较，高性能混凝土一般应满足以下几项要求：

① 高耐久性 这是高性能混凝土最重要的性能。高效减水剂和矿物掺合料的配合使用，能够有效地减小拌合物的用水量，减小混凝土内部的孔隙，使混凝土结构安全可靠地工作100年以上。较高的工程使用寿命是节约资源和能源的有效途径之一。

② 高工作性 混凝土拌合物具有大的流动性，不离析，不泌水，易泵送，易成型，能保证混凝土的浇筑质量。

③ 良好的物理力学性能 高性能混凝土应具有较高的强度、较高的弹性模量和体积稳定性。

④ 经济合理 高性能混凝土的使用不会较大幅度地提高工程造价。

概括起来讲，高性能混凝土就是能更好地满足结构工程要求和施工工艺要求的混凝土，同时能最大限度地延长结构工程使用年限，降低工程造价。

0.5.3 向绿色化发展

混凝土绿色化包含采用原材料绿色化、混凝土生产绿色化和混凝土产品绿色化，即应该建立在下列三个要素组成的基础上：一是节约利用混凝土原材料(包括资源和能源的节约)；二是提高混凝土结构的耐久性；三是解决混凝土生产和使用中生态环境保护的问题。

目前大量使用的硅酸盐水泥和混凝土，均对环境造成了严重的破坏。混凝土工业每年对天然骨料的消耗量在80亿t以上。而每生产1 t硅酸盐水泥则要消耗1.5 t石灰石和大量的煤、石油、电等能源；每生产1 t水泥熟料要排放1 t二氧化碳。二氧化碳是造成温室效应的主要因素之一。此外，水泥工业还要向大气排放大量的粉尘、二氧化硫、二氧化氮及其他污染物。水泥工业被认为是高能耗、高污染的工业之一。为了保护地球生态圈，为了向可持续发展的目标迈进，必须在基础设施建设和环境保护这两个同等重要的社会需求之间，找出解决矛盾的办法。作为发展基础设施最重要的参与者及地球天然资源的主要消费者，混凝土工业需要重新定向，接受有利于环境的工艺技术，即环境友好型混凝土技术。

节约混凝土生产的能耗主要集中在水泥生产上，目前重要的途径包括采用新型干法水泥生产工艺和低能耗的粉磨工艺，以及改用低能耗的水泥和新型胶凝材料。节约利用混凝土原材料，其中最重要的途径是利用各种具有潜在活性和火山灰活性的工业废渣和天然矿物替代水泥制造混凝土(包括用于水泥的混合材料)，从而减少水泥熟料的用量。这方面大量使用的是粉煤灰、矿渣、硅灰、炉渣、天然火山灰和石灰石。

提高混凝土材料与结构的耐久性实际上就是对资源和能源的最大节约。其中，普通混凝土(抗压强度等级低于C55的混凝土)用量占混凝土总用量的绝大部分，因此，如何使普通混凝土成为一种高性能的建筑材料是目前最大的课题。大量的研究工作集中在影响混凝土耐久性的内部和外部因素以及提高耐久性的方法上，并且逐步地把这些研究成果用于设计和工程实践之中。

混凝土生产和使用中的生态环境保护问题包括混凝土生产过程中消耗天然资源和能源对生态和

环境造成的影响,混凝土使用过程中对生态环境的影响(固定有害有毒物质和对环境释放有害物质),以及混凝土废弃物的再使用问题。只有这些问题都很好地解决了,混凝土才能真正称得上是环境友好型材料。

0.5.4 轻质混凝土的发展

自重大是普通混凝土材料的一大缺点,因而其使用量也受到了一定限制。减轻混凝土材料的自重是混凝土材料科学发展的重要目标之一。

减轻混凝土的自重有如下几种方法:一是采用轻骨料(如浮石、火山渣、黏土陶粒、粉煤灰陶粒等)制成轻骨料混凝土;二是在混凝土中加入气泡制成多孔混凝土(如加气混凝土、泡沫混凝土等);三是往水泥浆中引入气泡制成轻质混凝土。

发展轻骨料混凝土是使混凝土向轻质、高强度方向发展的主要技术途径之一。目前,美国采用高强度轻骨料配制的混凝土密度为1400～1800 kg/m^3,抗压强度为30～70 MPa。德国生产的轻骨料混凝土密度为1600～1800 kg/m^3,抗压强度也达到了30～70 MPa。日本已使用抗压强度为60 MPa的结构轻骨料混凝土。轻骨料混凝土在中国也得到了广泛的应用,到20世纪90年代末,人造轻骨料的年产量已达300万 m^3 以上。强度等级为CL30～CL40的高强度轻骨料混凝土已在高层、大跨度土木工程中得到了较广泛的应用。CL50以上的高性能轻骨料混凝土也已在研究开发之中。据估计,未来15～20年中国人造轻骨料中以粉煤灰、尾矿粉、河川污泥为主要原材料的绿色轻骨料将占主导地位。

0.5.5 复合材料将占据主导地位

混凝土的另一大缺点是易脆、易裂、抗拉强度低,使得单一的混凝土不可能承受较大的拉荷载和冲击荷载。将混凝土与某些金属材料或非金属材料复合后,就可克服上述缺点,使其具有较高的抗拉、抗压、抗弯及抗剪应力,满足各种工程结构对混凝土性能的要求。目前,已使用的复合混凝土有钢筋混凝土、预应力钢筋混凝土、纤维(钢纤维、合成纤维、玻璃纤维)混凝土、聚合物混凝土等。今后高强度钢筋将会大量使用,钢筋混凝土及预应力混凝土的设计理论亦将进一步完善,其他复合混凝土的使用范围将会进一步扩大。复合材料在今后的混凝土工程结构中将成为起主导作用的建筑材料。

0.6 本课程的任务

本课程是混凝土材料工程技术专业的一门核心专业课,按混凝土生产和质量控制分项目、任务编写,目的是使学生获得有关混凝土材料生产各工序需要掌握的基本理论和基本知识,培养学生分析问题和解决问题的能力,为今后从事混凝土材料生产、应用、试验和研究打下良好的理论基础。

通过本课程的学习,学生应牢固掌握混凝土材料的组成、结构、性能、参数之间的关系,以及它们的影响因素;具备进行混凝土配合比设计,混凝土材料生产、施工、质量检测的基本能力;了解混凝土生产质量管理的理论基础。因此,在学习本课程时,一是要着重了解各类混凝土的组成、性能和影响因素,针对影响混凝土性能的因素,探求提高混凝土性能的方法和途径。二是要密切联系工程实际。本课程是一门实践性很强的课程,学习时应注意理论联系实际,深入施工现场,了解混凝土材料生产的全过程,结合实训,培养发现问题、解决问题的能力。

练习与讨论

1.混凝土材料在人类社会发展中(过去、现在和将来)起到什么样的作用?

2.据你所知,混凝土工业(从混凝土原材料生产到混凝土施工全过程)目前在你所在的地区发展的水平如何?你有什么想法?

3.混凝土工业可持续发展的主要问题是什么?

4.通用混凝土及普通混凝土的定义是什么?普通混凝土是如何进行分类的?

5.混凝土用作建筑材料具有哪些特点?

6.普通混凝土的主要原材料有哪些?这些原材料在混凝土中的主要作用是什么?

项目1　混凝土原材料进厂的检测与验收

任务1.1　水泥性能的检测与验收

1.1.1　相关理论知识

按目前的使用状况，普通混凝土是指用水泥、水、砂、石子(必要时加入其他掺合料)及外加剂，按一定比例配制，经搅拌、成型、养护而得到的人造石材。此间经拌和后呈塑性状态而未凝固硬化的混凝土称混凝土拌合物，又称新拌混凝土或混凝土混合料。在一定条件下，混凝土拌合物随时间逐渐硬化成具有一定强度的块体则称硬化混凝土。混凝土主要是作为一种结构材料使用的。普通混凝土是一种原材料来源广泛、施工便利，并且具有良好力学性能、耐久性及其他一些物理性能的建筑材料，被广泛地应用于建筑领域的各个方面。

混凝土所使用的原材料与所配制的混凝土的力学性能、耐久性、变形性能等有着密切的关系，正确地选择和使用混凝土的原材料是获得高质量混凝土的关键。混凝土的各种原材料具有不同的性能，也蕴藏着不同的潜能，只有有效地发挥这些潜能的作用，才能使混凝土具有更高的性价比。

水泥是指加水拌和成塑性浆体后，能胶结砂、石等材料，既能在空气中硬化，又能在水中硬化的粉状水硬性胶凝材料。它是各种类型水泥的总称。

1.1.1.1　水泥的分类

水泥是混凝土的最重要原材料之一，也是决定混凝土性能的最重要部分。水泥的品种很多，按水泥的用途和性能可分为通用水泥、专用水泥和特种水泥；按矿物组成可分为硅酸盐水泥、铝酸盐水泥、硫铝酸盐水泥、铁铝酸盐水泥等；按生产工艺又可分为回转窑水泥、立窑水泥。

从组成上看，不同品种的水泥主要存在着两个方面的差别。一是水泥熟料矿物组成的差别，例如硅酸盐水泥，熟料中以硅酸钙矿物为主；硫铝酸盐水泥，熟料中则以无水硫铝酸钙矿物为主。二是混合材料品种和掺量的差别，例如普通硅酸盐水泥是掺入少量的活性或非活性混合材，其掺量为6%～20%；矿渣硅酸盐水泥是掺入一定量的矿渣，其掺量为20%～70%；粉煤灰硅酸盐水泥是掺入一定量的粉煤灰，其掺量为20%～40%。也正是由于组成上的这种差别，使得不同品种的水泥具有不同的特性，在选用时应予以注意。水泥的分类见表1-1。

表1-1　水泥的分类

类别		定义	主要品种
按水泥的用途和性能分类	通用水泥	一般土木工程通常采用的水泥	硅酸盐水泥、普通硅酸盐水泥、矿渣硅酸盐水泥、火山灰质硅酸盐水泥、粉煤灰硅酸盐水泥、复合硅酸盐水泥
	专用水泥	专门用途的水泥	油井水泥、道路水泥、砌筑水泥等
	特种水泥	某种性能比较突出的水泥	快硬硅酸盐水泥、铝酸盐自应力水泥、抗硫酸盐硅酸盐水泥、白色和彩色硅酸盐水泥等

续表 1-1

类别		定义	主要品种
按水泥的组成分类	硅酸盐水泥系列（简称硅酸盐水泥）	以硅酸盐矿物为主要成分	通用水泥及大部分专用水泥、特性水泥
	铝酸盐水泥系列（简称铝酸盐水泥）	以铝酸盐矿物为主要成分	铝酸盐膨胀水泥、铝酸盐自应力水泥、铝酸盐耐火水泥等
	氟铝酸盐水泥系列（简称氟铝酸盐水泥）	以氟铝酸盐矿物为主要成分	快凝快硬氟铝酸盐水泥、型砂水泥、锚固水泥等
	硫铝酸盐水泥系列（简称硫铝酸盐水泥）	以硫铝酸盐矿物为主要成分	快硬硫铝酸盐水泥、型砂水泥、高强硫铝酸盐水泥、膨胀硫铝酸盐水泥、自应力硫铝酸盐水泥、低碱硫铝酸盐水泥等
	铁铝酸盐水泥系列（简称铁铝酸盐水泥）	以铁铝酸盐矿物为主要成分	快硬、高强、膨胀、自应力铁铝酸盐水泥等
	其他		耐酸水泥、氧化镁水泥、生态水泥、少熟料和无熟料水泥等

目前我国土木建筑工程中常用的水泥为通用水泥，是以硅酸盐水泥熟料和适量石膏，及规定的混合材料制成的水硬性胶凝材料。通用水泥有硅酸盐水泥（P·Ⅰ、P·Ⅱ）、普通硅酸盐水泥（P·O）、矿渣硅酸盐水泥（P·S·A、P·S·B）、火山灰质硅酸盐水泥（P·P）、粉煤灰硅酸盐水泥（P·F）、复合硅酸盐水泥（P·C）。通用水泥的强度等级、技术要求等性能需符合《通用硅酸盐水泥》（GB 175—2007）的规定。特殊工程采用的水泥有铝酸盐水泥、铁铝酸盐水泥、硫铝酸盐水泥等。通用硅酸盐水泥的组分和代号见表 1-2。

表 1-2　通用硅酸盐水泥的组分和代号

品种	代号	组分（%）				
		熟料＋石膏	粒化高炉矿渣	火山灰质混合材料	粉煤灰	石灰石
硅酸盐水泥	P·Ⅰ	100	—	—	—	—
	P·Ⅱ	≥95	≤5	—	—	—
		≥95	—	—	—	≤5
普通硅酸盐水泥	P·O	≥80 且＜95	＞5 且≤20①			—
矿渣硅酸盐水泥	P·S·A	≥50 且＜80	＞20 且≤50②	—	—	—
	P·S·B	≥30 且＜50	＞50 且≤70②	—	—	—
火山灰质硅酸盐水泥	P·P	≥60 且＜80	—	＞20 且≤40③	—	—
粉煤灰硅酸盐水泥	P·F	≥60 且＜80	—	—	＞20 且≤40④	—
复合硅酸盐水泥	P·C	≥50 且＜80	＞20 且≤50⑤			

注：① 本组分材料为符合《通用硅酸盐水泥》（GB 175—2007）第 1.2.5.2(3)的活性混合材料，其中允许用不超过水泥质量 8%且符合第 1.2.5.2(4)条的非活性混合材料，或不超过水泥质量 5%且符合第 1.2.5.2(5)条的窑灰代替。

② 本组分材料为符合《用于水泥中的粒化高炉矿渣》（GB/T 203—2008）或《用于水泥或混凝土中的粒化高炉矿渣粉》（GB/T 18046—2008）的活性混合材料，其中允许用不超过水泥质量 8%且符合《通用硅酸盐水泥》（GB 175—2007）第 1.2.5.2(3)条的活性混合材料，或符合该标准第 1.2.5.2(4)条的非活性混合材料，或符合第 1.2.5.2(5)条的窑灰中的任一种材料代替。

③ 本组分材料为符合《用于水泥中的火山灰质混合材料》（GB/T 2847—2005）的活性混合材料。

④ 本组分材料为符合《用于水泥和混凝土中的粉煤灰》（GB/T 1596—2005）的活性混合材料。

⑤ 本组分材料为由两种（含）以上符合《通用硅酸盐水泥》（GB 175—2007）第 1.2.5.2(3)条的活性混合材料或/和符合第 1.2.5.2(4)条的非活性混合材料组成，其中允许用不超过水泥质量 8%且符合第 1.2.5.2(5)条的窑灰代替。掺矿渣时混合材料掺量不得与矿渣硅酸盐水泥重复。

1.1.1.2　水泥的生产

(1) 硅酸盐水泥的生产

生产硅酸盐水泥的主要原料有石灰质原料、黏土质原料和少量校正原料（常用铁质校正原料）。将各种原料经破碎后按比例配合、磨细，并调配成成分合适、质量均匀的生料的过程，称为生料的制备；生料在水泥窑内煅烧至部分熔融，所得以硅酸钙为主要成分的硅酸盐水泥熟料称为熟料煅烧；熟料加适量石膏、混合材料共同磨细成粉状的水泥，并包装或散装出厂，称为水泥制成及出厂。在粉磨水泥时，根据混合材料的种类和掺入量不同，可以生产各类通用水泥。

生料制备的主要工序是生料粉磨，水泥制成及出厂的主要工序是水泥的粉磨，熟料是将生料在高温下煅烧而成，因此，亦可将水泥的生产过程概括为"两磨一烧"。其生产工艺流程如图 1-1 所示。

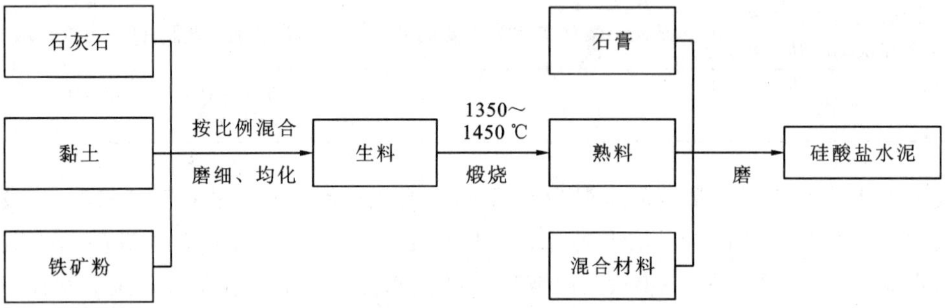

图 1-1　硅酸盐水泥生产工艺流程示意图

(2) 硅酸盐水泥熟料的矿物组成

生料在加热过程中依次发生一系列物理的、化学的及物理化学变化（生料干燥、黏土矿物脱水、碳酸盐分解、固相反应、熟料烧结及熟料冷却）形成熟料。熟料主要由 CaO、SiO_2、Al_2O_3、Fe_2O_3 四种氧化物组成，总量在 95%以上，它们经一系列复杂的物理化学反应形成熟料矿物。硅酸盐水泥熟料的主要矿物有以下四种：

① 硅酸三钙（$3CaO \cdot SiO_2$），简写成 C_3S，含量 37%～65%；

② 硅酸二钙（$2CaO \cdot SiO_2$），简写成 C_2S，含量 15%～37%；

③ 铝酸三钙（$3CaO \cdot Al_2O_3$），简写成 C_3A，含量 4%～15%；

④ 铁铝酸四钙（$4CaO \cdot Al_2O_3 \cdot Fe_2O_3$），简写成 C_4AF，含量 10%～18%。

另外，熟料矿物中还有少量的游离氧化钙（f-CaO）、方镁石（结晶氧化镁）、含碱矿物以及玻璃体等。通常熟料中硅酸三钙、硅酸二钙的含量占 75%左右，统称为硅酸盐矿物，是熟料的主要组分，也是形成水泥强度的主要成分，硅酸盐水泥的名称也由此而来。铝酸三钙和铁铝酸四钙含量占 22%左右。硅酸盐水泥的质量主要取决于熟料的质量，而熟料的质量又与硅酸盐水泥熟料中熟料矿物的组成与含量有关。不同的熟料矿物具有不同的特性。熟料中四种主要矿物的性能见表 1-3。

表 1-3　四种熟料矿物的性能

性能 / 熟料矿物	水化速率	28 d 水化热	强度	抗硫酸盐性能
C_3S	快	多	高（强度绝对值最高）	较差
C_2S	慢	少	早期低，后期高	好
C_3A	最快	最多	早期高，后期低（强度绝对值低）	差
C_4AF	快	中	较低	好

(3) 硅酸盐水泥的水化、凝结硬化

水泥加适量水拌和后，水泥中的熟料矿物与水发生化学反应(称水化反应)，生成多种水化产物。随着水化反应的不断进行，水泥浆体逐渐失去流动性和可塑性而凝结硬化。水泥的凝结过程和硬化过程是连续进行的，凝结和硬化是同一过程中的不同阶段。凝结标志着水泥浆体失去流动性而具有一定的塑性强度，硬化则表示水泥浆体固化后形成的结构具有一定的机械强度。凝结过程较短暂，一般几小时即可完成，硬化过程是一个长期的过程，在一定温度和湿度下可持续几十年。

① 硅酸盐水泥熟料的水化

硅酸盐水泥的水化是复杂的物理化学过程，水化产物的组成和结构受很多因素的影响。水泥水化的主要反应式可近似表示如下：

$$2(3CaO \cdot SiO_2) + 6H_2O = 3CaO \cdot 2SiO_2 \cdot 3H_2O + 3Ca(OH)_2$$

$$2(2CaO \cdot SiO_2) + 4H_2O = 3CaO \cdot 2SiO_2 \cdot 3H_2O + Ca(OH)_2$$

$$3CaO \cdot Al_2O_3 + 6H_2O = 3CaO \cdot Al_2O_3 \cdot 6H_2O$$

$$4CaO \cdot Al_2O_3 \cdot Fe_2O_3 + 7H_2O = 3CaO \cdot Al_2O_3 \cdot 6H_2O + CaO \cdot Fe_2O_3 \cdot H_2O$$

熟料矿物中的铝酸三钙($3CaO \cdot Al_2O_3$)首先与水发生化学反应，水化反应迅速，有明显的放热现象，形成的水化铝酸钙($3CaO \cdot Al_2O_3 \cdot 6H_2O$)很快析出，会使水泥产生瞬凝。为了调节凝结时间，在生产水泥时加入适量石膏(约占水泥质量 5%～7%的天然二水石膏)后，发生二次反应：

$$3CaO \cdot Al_2O_3 \cdot 6H_2O + 3(CaSO_4 \cdot 2H_2O) + 19H_2O = 3CaO \cdot Al_2O_3 \cdot 3CaSO_4 \cdot 31H_2O$$

形成的高硫型水化硫铝酸钙($3CaO \cdot Al_2O_3 \cdot 3CaSO_4 \cdot 31H_2O$，代号 AFt，称为钙矾石)为难溶于水的物质。当石膏消耗完后，部分高硫型水化硫铝酸钙会逐渐转变为低硫型水化硫铝酸钙($3CaO \cdot Al_2O_3 \cdot CaSO_4 \cdot 12H_2O$，代号 AFm)，延长了水化产物的析出过程，从而延缓了水泥的凝结。

硅酸盐系列水泥水化后，形成的主要水化产物有水化硅酸钙凝胶、氢氧化钙晶体、水化铝酸钙晶体、水化硫铝酸钙晶体(高硫型、低硫型)、水化铁酸钙凝胶，其中水化硅酸钙占 70%、氢氧化钙占 20%、三硫型水化硫铝酸钙占 7%，此外还有单硫型水化硫铝酸钙、水化硫铁酸钙、水化铝酸钙、水化铁酸钙等。

② 硅酸盐水泥的凝结硬化过程

水泥加水拌和均匀后，水泥颗粒分散在水中成为水泥浆。水泥颗粒的水化是从颗粒表面开始的。

在水化初期，颗粒与水接触的表面积较大，熟料矿物与水反应的速度较快，形成的水化产物的溶解度较小，水化产物的生成速度大于水化产物向溶液中扩散的速度，因此，液相很快成为水化产物的饱和或过饱和溶液，使水化产物不断地从液相中析出并聚集在水泥颗粒表面，形成以水化硅酸钙凝胶为主体的凝胶薄膜，在 1 h 左右即在凝胶薄膜外侧及液相中形成粗短的针状钙矾石晶体。

在水化中期，约有 30%的水泥已经水化，以水化硅酸钙(C-S-H)和氢氧化钙的快速形成为特征。此时水泥颗粒被水化硅酸钙凝胶形成的薄膜全部包裹，并不断向外增厚和扩展，然后逐渐在包裹膜内侧凝聚。薄膜的外侧生长钙矾石针状晶体，内侧则生成低硫型硫铝酸钙。氢氧化钙晶体在原充水空间形成。薄膜层逐渐增厚且互相连接，自由水减少，水泥浆逐渐变稠，部分颗粒黏结在一起形成空间网架结构，开始失去流动性和可塑性，水泥开始凝结，此阶段为初凝阶段。

在水化后期，由于新生成的水化产物的压力，水泥颗粒的凝胶薄膜破裂，使水进入未水化水泥颗粒的表面，水化反应继续进行，生成更多的水化产物：水化硅酸钙凝胶、氢氧化钙、水化铝酸钙和水化硫铝酸钙晶体等。这些水化产物之间互相交叉连生，不断密实，固体之间的空隙不断减小，网状结构不断加强，结构逐渐紧密，使水泥浆完全失去可塑性，此阶段为终凝。此时水泥浆即成为水泥石，开始具有强度。由于继续水化，水化产物不断形成，水泥石的强度逐渐提高。

水泥的凝结硬化速度主要与熟料矿物的组成有关，另外还与水泥细度，加水量，硬化时的温度、湿度，养护龄期等因素有关。水泥细度越大，比表面积越大，水化速度越快，凝结就越快。一定质量的水泥，加水量越大，水泥浆越稀，凝结硬化越慢。当温度越高时，水泥的水化反应越快，凝结硬化越快；当温度低于 0 ℃时，水泥的水化反应基本停止。水泥石表面长期保持潮湿，可减少水分蒸发，有利于水泥的水化，表面不易产生收缩裂纹，有利于水泥石的强度发展。

水泥强度随龄期增长而不断增长，硅酸盐系列水泥，在 3～7 d 龄期范围内，强度增长速度快；在 7～28 d 龄期范围内强度增长速度较快；28 d 以后，强度增长速度逐渐下降，但强度增长会持续很长时间。

1.1.1.3　水泥的主要技术性能

（1）通用硅酸盐水泥的化学指标应符合表 1-4 的规定。

表 1-4　通用硅酸盐水泥的化学指标

<table>
<tr><th>品种</th><th>代号</th><th>不溶物
质量分数(%)</th><th>烧失量
质量分数(%)</th><th>三氧化硫
质量分数(%)</th><th>氧化镁
质量分数(%)</th><th>氯离子
质量分数(%)</th></tr>
<tr><td rowspan="2">硅酸盐水泥</td><td>P·Ⅰ</td><td>≤0.75</td><td>≤3.0</td><td rowspan="3">≤3.5</td><td rowspan="3">≤5.0①</td><td rowspan="8">≤0.06③</td></tr>
<tr><td>P·Ⅱ</td><td>≤1.50</td><td>≤3.5</td></tr>
<tr><td>普通硅酸盐水泥</td><td>P·O</td><td>—</td><td>≤5.0</td></tr>
<tr><td rowspan="2">矿渣硅酸盐水泥</td><td>P·S·A</td><td>—</td><td>—</td><td rowspan="2">≤4.0</td><td>≤6.0②</td></tr>
<tr><td>P·S·B</td><td>—</td><td>—</td><td>—</td></tr>
<tr><td>火山灰质硅酸盐水泥</td><td>P·P</td><td>—</td><td>—</td><td rowspan="3">≤3.5</td><td rowspan="3">≤6.0②</td></tr>
<tr><td>粉煤灰硅酸盐水泥</td><td>P·F</td><td>—</td><td>—</td></tr>
<tr><td>复合硅酸盐水泥</td><td>P·C</td><td>—</td><td>—</td></tr>
</table>

注：① 如果水泥压蒸试验合格，则水泥中氧化镁的含量(质量分数)允许放宽至 6.0%。
② 如果水泥中氧化镁的含量(质量分数)大于 6.0%时，需进行水泥压蒸安定性试验并要求合格。
③ 当有更低要求时，该指标由买卖双方协商确定。

（2）通用硅酸盐水泥强度等级分类

硅酸盐水泥的强度等级分为 42.5、42.5R、52.5、52.5R、62.5、62.5R 六个等级。

普通硅酸盐水泥的强度等级分为 42.5、42.5R、52.5、52.5R 四个等级。

矿渣硅酸盐水泥、火山灰质硅酸盐水泥、粉煤灰硅酸盐水泥、复合硅酸盐水泥的强度等级分为 32.5、32.5R、42.5、42.5R、52.5、52.5R 六个等级。

（3）碱含量(选择性指标)

水泥中碱含量按 $Na_2O+0.658K_2O$ 计算值表示。若使用活性骨料，用户要求提供低碱水泥时，水泥中的碱含量应不大于 0.60%或由买卖双方协商确定。

（4）物理指标

① 凝结时间

硅酸盐水泥初凝时间不早于 45 min，终凝时间不迟于 390 min；普通硅酸盐水泥、矿渣硅酸盐水泥、火山灰质硅酸盐水泥、粉煤灰硅酸盐水泥和复合硅酸盐水泥初凝时间不早于 45 min，终凝时间不迟于 600 min。

② 安定性

经沸煮法检验合格。

③ 强度

不同品种不同强度等级的通用硅酸盐水泥，其各龄期的强度应符合表 1-5 的规定。

表 1-5 不同品种不同强度等级的通用硅酸盐水泥各龄期强度

品种	强度等级	抗压强度(MPa)		抗折强度(MPa)	
		3 d	28 d	3 d	28 d
硅酸盐水泥	42.5	≥17.0	≥42.5	≥3.5	≥6.5
	42.5R	≥22.0		≥4.0	
	52.5	≥23.0	≥52.5	≥4.0	≥7.0
	52.5R	≥27.0		≥5.0	
	62.5	≥28.0	≥62.5	≥5.0	≥8.0
	62.5R	≥32.0		≥5.5	
普通硅酸盐水泥	42.5	≥17.0	≥42.5	≥3.5	≥6.5
	42.5R	≥22.0		≥4.0	
	52.5	≥23.0	≥52.5	≥4.0	≥7.0
	52.5R	≥27.0		≥5.0	
矿渣硅酸盐水泥 火山灰质硅酸盐水泥 粉煤灰硅酸盐水泥 复合硅酸盐水泥	32.5	≥10.0	≥32.5	≥2.5	≥5.5
	32.5R	≥15.0		≥3.5	
	42.5	≥15.0	≥42.5	≥3.5	≥6.5
	42.5R	≥19.0		≥4.0	
	52.5	≥21.0	≥52.5	≥4.0	≥7.0
	52.5R	≥23.0		≥4.5	

④ 细度(选择性指标)

硅酸盐水泥和普通硅酸盐水泥细度以比表面积表示,不小于 300 m^2/kg;矿渣硅酸盐水泥、火山灰质硅酸盐水泥、粉煤灰硅酸盐水泥和复合硅酸盐水泥细度以筛余表示,80 μm 方孔筛筛余不大于10%或45 μm方孔筛筛余不大于 30%。

(5) 水泥质量的判定

① 合格品的判定:出厂水泥应保证出厂强度等级,其余技术要求应符合国家标准。

② 废品的判定:凡是氧化镁、三氧化硫、初凝时间、安定性中的任何一项不符合标准规定者均为废品。

③ 不合格品的判定:以下任意一项不符合标准规定者均为不合格品。

a. 凡是细度、凝结时间、不溶物和烧失量中的任何一项不合规定者;

b. 混合材料掺加量超过最大限量;

c. 强度低于强度等级的指标时;

d. 水泥包装标志中水泥品种、强度等级、生产者名称和出厂编号不全的水泥。

1.1.1.4 水泥的选用与验收

(1) 通用水泥的特性及适用范围

通用水泥的特性及适用范围见表 1-6。

表 1-6 通用水泥的特性及适用范围

水泥品种	主要特性		适用范围	
	优点	缺点	适用于	不适用于
硅酸盐水泥	强度等级高、快硬、早强、抗冻性好、耐磨性和不透水性强	水化热高、耐热性较差、耐蚀性较差	配制高强混凝土，生产预制构件，道路、低温下施工的工程	大体积混凝土工程、地下工程、受化学侵蚀的工程
普通水泥	与硅酸盐水泥性能基本相似，早期强度略低、抗冻性和耐磨性稍有下降、低温凝结时间有所延长、抗硫酸盐侵蚀能力有所增强		无特殊要求的工程都可以使用，是应用最广泛的水泥品种之一	
矿渣水泥	水化热较低、抗硫酸盐侵蚀性好、蒸汽养护适应性好、耐热性较好	早期强度较低、后期强度增长较快、保水性差、抗冻性较差	地面、地下和水中的混凝土工程，高温车间建筑，采用蒸汽养护的预制构件	需要早强和受冻融循环、干湿交替的工程
火山灰质水泥	保水性较好、水化热低、抗硫酸盐侵蚀能力强	早期强度较低、后期强度增长较快、需水性大、干缩性大、抗冻性差	地下、水下和大体积混凝土工程，一般工业与民用建筑工程	需要早强和受冻融循环、干湿交替的工程
粉煤灰水泥	水化热较低、抗硫酸盐侵蚀性能好、保水性好、需水性和干缩率较小	早期强度比矿渣水泥的还低，其余同火山灰水泥	大体积混凝土和地下工程、一般工业与民用建筑工程	对早期强度要求较高的工程、低温环境下施工而无保温措施的工程
复合水泥	早期强度较高、和易性较好、易于成型	需水性较大、耐久性不及普通水泥混凝土	一般混凝土工程，配制砌筑、抹面砂浆等	需要早强和受冻融循环、干湿交替的工程

（2）水泥的选择

根据混凝土的使用要求，选用水泥时必须考虑以下的技术条件：

① 选用优质水泥

为了保证工程质量，在使用时首先要选择优质水泥。目前来看，优质水泥应具有如下特点：配制混凝土时需水量低、流动性好，与外加剂有较好的相容性；具有较高的胶砂强度，在配制混凝土时，能减少水泥用量，增大矿物掺合料的用量；水泥的颗粒分布合理，可获得更好的工作性和耐久性；严格限制水泥中的有害组分，如碱含量、氯离子含量等。

② 水泥与混凝土的强度等级要相适应

水泥强度等级应与混凝土的设计强度等级相适应。水泥强度等级过高会使混凝土的水泥用量过少，影响拌合物的和易性及混凝土密实度；水泥强度等级过低，会使混凝土中水泥用量过多，不经济，而且对混凝土的其他技术性能也会产生不利影响。

③ 正确选用水泥品种

品种不同的水泥其技术性能不同，适用范围也不同，因此，在实际生产和施工中应根据具体情况选用所需要的水泥，详见表 1-6。

④ 注意储存和保存

在水泥的运输和储存过程中，一定要注意防潮、防水。因为水泥受潮后会发生水化作用，凝结成块，严重时会全部结块而不能使用。水泥的储存时间一般不应超过 3 个月。储存 3 个月强度降低 10%～20%；储存 6 个月强度降低 15%～30%；储存 1 年强度降低 40%。因此，对过期水泥应进行检验，重新确定水泥强度，并按实际确定的强度等级使用。

（3）水泥的验收

① 水泥的到货验收

水泥到货后应根据供货单位的发货明细表或入库通知单及质量合格证，核实水泥包装袋上标明的执行标准、水泥品种、代号、强度等级、生产者名称、生产许可证标志（QS）及编号、出厂编号、包装日期、净含量等是否相符。

包装袋两侧应根据水泥的品种采用不同的颜色印刷水泥名称和强度等级，硅酸盐水泥和普通硅酸盐水泥采用红色；矿渣硅酸盐水泥采用绿色；火山灰质硅酸盐水泥、粉煤灰硅酸盐水泥和复合硅酸盐水泥采用黑色或蓝色。散装发运时应提交与袋装标志相同内容的卡片。

水泥供货分散装和袋装两种。散装水泥用专用车辆运输，以"吨"为计量单位，袋装水泥以"吨"或"袋"为计量单位，袋装水泥每袋净含量为 50 kg，且应不少于标志质量的 99%；随机抽取 20 袋总质量（含包装袋）应不少于 1000 kg。其他包装形式由供需双方协商确定，但有关袋装质量的要求应符合上述规定。

② 水泥的质量检验

水泥到场后应进行质量检验。交货时水泥的质量验收可抽取实物试样，以其检验结果为依据，也可以生产者同编号水泥的检验报告为依据。采取何种方法验收由买卖双方商定，并在合同或协议中注明。卖方有告知买方验收方法的责任。当无书面合同或协议，或未在合同、协议中注明验收方法的，卖方应在发货票上注明"以本厂同编号水泥的检验报告为验收依据"字样。

以抽取实物试样的检验结果为验收依据时，买卖双方应在发货前或交货地共同取样和签封。取样方法按《水泥取样方法》(GB/T 12573—2008)进行，取样质量为 20 kg，缩分为两等份。一份由卖方保存 40 d，一份由买方按本标准规定的项目和方法进行检验。在 40 d 以内，买方检验认为产品质量不符合本标准要求，而卖方又有异议时，则双方应将卖方保存的另一份试样送省级或省级以上国家认可的水泥质量监督检验机构进行仲裁检验。水泥安定性仲裁检验时，应在取样之日起 10 d 以内完成。

以生产者同编号水泥的检验报告为验收依据时，在发货前或交货时买方在同编号水泥中取样，双方共同签封后由卖方保存 90 d，或认可卖方自行取样、签封并保存 90 d 的同编号水泥的封存样。在 90 d 内，买方对水泥质量有疑问时，则买卖双方应将共同认可的试样送省级或省级以上国家认可的水泥质量监督检验机构进行仲裁检验。

1.1.1.5　特种水泥的主要性能

1）专用水泥

（1）道路硅酸盐水泥

① 定义

由道路硅酸盐水泥熟料，0～10%活性混合材料和适量石膏磨细制成的水硬性胶凝材料，称为道路硅酸盐水泥（简称道路水泥）。道路硅酸盐水泥熟料是以适当成分的生料烧至部分熔融，所得到的以硅酸钙为主要成分和较多量铁铝酸钙的硅酸盐水泥熟料。

② 技术要求

根据国家标准《道路硅酸盐水泥》(GB 13693—2005)的规定，道路硅酸盐水泥的技术要求见表 1-7，强度要求不低于表 1-8 所示的数值。

表 1-7　道路硅酸盐水泥的技术要求

项目	技术要求	项目	技术要求
游离氧化钙	旋窑生产≤1.0%； 立窑生产≤1.8%	细度	80 μm 筛筛余≤1.0%
铝酸三钙	铝酸三钙的含量≤5.0%	凝结时间	初凝不得早于 1 h， 终凝时间不得迟于 10 h
铁铝酸四钙	≥16.0%		
碱含量	如用户提出要求时由供需双方商定	安定性	用沸煮法检验必须合格
氧化镁	≤5.0%	干缩率	28 d 干缩率≤0.10%
三氧化硫	≤3.5%	耐磨性	磨损率≤3.60 kg/m^2
烧失量	≤3.0%	标号	425,525,625

注：表中的百分数均指占水泥的质量分数。

表 1-8　道路硅酸盐水泥各龄期的强度

标号	抗压强度(MPa)		抗折强度(MPa)	
	3 d	28 d	3 d	28 d
425	22.0	42.5	4.0	7.0
525	27.0	52.5	5.0	7.5
625	32.0	62.5	5.5	8.5

③ 应用

道路硅酸盐水泥具有早期抗压强度和抗折强度高，耐磨性、抗冲击性、抗冻性好，干缩率小，抗碳酸盐腐蚀较强的特点，适用于道路路面和对耐磨、抗干缩等性能要求较高的工程。

(2) 砌筑水泥

① 定义与代号

凡由一种或一种以上的水泥混合材料，加入适量硅酸盐水泥熟料和石膏，磨细制成的和易性较好的水硬性胶凝材料，称为砌筑水泥，代号为 M。水泥中混合材料掺加量按质量分数计应大于 50%。

② 主要技术要求

根据标准《砌筑水泥》(GB/T 3183—2003)的规定，其主要技术要求为：

a. 三氧化硫含量　不得大于 4.0%；

b. 细度　通过 80 μm 方孔筛筛余不得大于 10.0%；

c. 凝结时间　初凝时间不得早于 60 min，终凝时间不得迟于 12 h；

d. 安定性　用沸煮法检验必须合格；

e. 流动性　灰砂比为 1∶2.5，水灰比为 0.46 的建筑水泥流动度大于 125 mm，泌水率小于 12%；

f. 标号　有 175 和 275 两种，其强度要求不低于表 1-9 所列数值。

表 1-9　砌筑水泥各龄期的强度

强度等级	抗压强度(MPa)		抗折强度(MPa)	
	7 d	28 d	7 d	28 d
12.5	7.0	12.5	1.5	3.0
22.5	10.0	22.5	2.0	4.0

③ 应用

砌筑水泥强度较低，但和易性好，主要用于工业与民用建筑配制砌筑砂浆和抹面砂浆，不得用于混凝土结构。做其他用途时，必须通过试验。

2) 特种水泥

(1) 抗硫酸盐硅酸盐水泥

① 定义与代号

抗硫酸盐硅酸盐水泥是以适当成分的硅酸盐水泥熟料加入适量石膏，磨细制成的具有抵抗中等或较高浓度硫酸根离子侵蚀的水硬性胶凝材料。按其抗硫酸盐侵蚀程度分为中抗硫酸盐硅酸盐水泥(代号 P·MSR)和高抗硫酸盐硅酸盐水泥(代号 P·HSR)两类。

② 主要技术要求

根据国家标准《抗硫酸盐硅酸盐水泥》(GB 748—2005)规定，抗硫酸盐硅酸盐水泥的主要技术要求如下：

硅酸三钙和铝酸三钙含量规定见表1-10。各龄期的强度不低于表1-11中数值。氧化镁含量、碱含量、凝结时间和安定性的技术要求与普通硅酸盐水泥相同。烧失量不得超过3.0%；三氧化硫含量不得超过2.5%；不溶物含量不得超过1.5%；细度的比表面积不得小于280 m^2/kg。

表1-10　水泥中硅酸三钙和铝酸三钙含量规定

水泥名称	C_3S	C_3A
中抗硫酸盐硅酸盐水泥	≤55.0%	≤5.0%
高抗硫酸盐硅酸盐水泥	≤50.0%	≤3.0%

表1-11　水泥各龄期的强度

分类	强度等级	抗压强度(MPa)		抗折强度(MPa)	
		3 d	28 d	3 d	28 d
中抗硫酸盐硅酸盐水泥	32.5	10.0	32.5	2.5	6.0
高抗硫酸盐硅酸盐水泥	42.5	15.0	42.5	3.0	6.5

③ 应用

抗硫酸盐硅酸盐水泥具有较高的抗硫酸盐腐蚀的能力，主要用于有硫酸盐侵蚀的工程，如海港、水利、地下隧道、道路与桥梁基础等。

(2) 膨胀水泥及自应力水泥

硅酸盐水泥在空气中硬化时，通常都会产生一定的收缩。收缩会使混凝土制品内部产生微裂缝，对混凝土的强度和整体性不利。若用其填灌装配式构件的接头，填塞孔洞，修补裂缝，均不能达到预期效果。而膨胀水泥在硬化过程中能产生一定体积的膨胀，从而能克服或改善一般水泥的上述缺点。在钢筋混凝土中应用膨胀水泥时，由于混凝土的膨胀将使钢筋产生一定的拉应力，混凝土受到相应的压应力，这种压应力能避免混凝土产生内部微裂缝，当压应力较大时，还能抵消一部分因外界因素(例如混凝土输水管)所产生的拉应力，从而有效地改善混凝土抗拉强度低的缺陷。这种预先具有的压应力来自水泥本身的水化，称为自应力，并以“自应力值”(单位：MPa)表示混凝土中所产生的压应力大小。

膨胀水泥按自应力的大小可分为两类，当自应力值大于或等于2 MPa时，称为自应力水泥；当自应力值小于2 MPa时(通常为0.5 MPa左右)，则称为膨胀水泥。

我国常用的膨胀水泥品种有下列四种：

① 明矾石膨胀水泥

明矾石膨胀水泥以硅酸盐熟料为主，外加天然明矾石(Al_2O_3含量不低于16%、SO_3含量不低于15%)、石膏和高炉矿渣配制而成。

② 低热微膨胀水泥

低热微膨胀水泥是以粒化高炉矿渣为主要成分，加入适量硅酸盐水泥熟料和石膏磨细制成的具有低水化热和低膨胀性的水硬性胶凝材料，代号为LHEC。

③ 自应力硫铝酸盐水泥

自应力硫铝酸盐水泥是以无水硫铝酸钙和硅酸二钙为主要成分的熟料，外加石膏制成，代号为S·SAC。

④ 自应力铁铝酸盐水泥

自应力铁铝酸盐水泥是以无水硫铝酸钙、铁相和硅酸二钙为主要矿物成分的熟料，加适量石膏制成，代号为 S・FAC。

上述四种膨胀水泥的膨胀均由水泥石中形成的钙矾石所产生的体积膨胀所致。调整各种组成的配合比，控制生成钙矾石的数量，可以制得不同膨胀值、不同类型的膨胀水泥。

膨胀水泥适用于配制收缩补偿混凝土，用于构件的接缝及管道接头、混凝土结构的加固和维修；防渗堵漏工程、机器底座及地脚螺丝的固定。自应力水泥适用于制造自应力钢筋混凝土输水管、喷灌用自应力钢丝网水泥管等。

（3）白色硅酸盐水泥

① 定义

由白色硅酸盐水泥熟料加入适量石膏，磨细制成的水硬性胶凝材料称为白色硅酸盐水泥，简称白水泥。

白色硅酸盐水泥熟料中氧化铁的含量少，生产方法与普通水泥基本相同，但对原材料要求不同。生产白水泥用的石灰石及黏土原料中的氧化铁含量应分别低于 0.1%和 0.7%。石灰质原料采用白垩，黏土质原料常用高岭土、瓷石、白泥、石英砂等。

在生产过程中，还需采取以下措施：采用无灰分的气体燃料（如天然气）或液体燃料（如柴油、重油）；在粉磨生料和熟料时，要严格避免带入铁质，球磨机内部要镶嵌白色花岗岩或高强度陶瓷衬板，并采用烧结刚玉、瓷球、卵石等作研磨体。为提高白度，对水泥熟料还需进行漂白处理，常用的措施为给刚出窑的红热熟料喷水、喷油或浸水，使高价的 Fe_2O_3 还原成低价的 FeO。

② 技术要求

按照国家标准《白色硅酸盐水泥》（GB/T 2015—2005）的规定，白水泥的三氧化硫含量、细度、安定性的技术要求与普通水泥相同，其他技术要求如下：

a. 氧化镁含量　不得超过 4.5%；

b. 凝结时间　初凝不得早于 45 min，终凝不得迟于 12 h；

c. 强度　分为 32.5、42.5、52.5 三个强度等级，各龄期的强度要求不低于表 1-12 数值；

d. 白度　水泥白度值应不低于 87。

表 1-12　白水泥各龄期的强度

强度等级	抗压强度（MPa）		抗折强度（MPa）	
	3 d	28 d	3 d	28 d
32.5	12.0	32.5	2.5	5.5
42.5	17.0	42.5	3.5	6.5
52.5	23.0	52.5	4.0	7.0

③ 应用

a. 生产彩色硅酸盐水泥　目前生产彩色硅酸盐水泥多采用染色法，即将硅酸盐水泥熟料（白水泥或普通硅酸盐水泥熟料）、适量石膏和碱性颜料共同磨细而制成。也可将颜料直接与水泥粉混合而配制成彩色硅酸盐水泥，但颜料用量大，色泽不容易均匀。

b. 用于建筑装饰工程　采用白色硅酸盐水泥和彩色硅酸盐水泥可配制彩色水泥浆、彩色砂浆以及配制装饰混凝土，用于装饰抹灰和生产各种彩色水刷石、人造大理石及彩色水磨石等制品，并以其特有的色彩装饰性应用于雕塑艺术和各种装饰部件中。

(4) 铝酸盐水泥

① 定义与代号

以铝酸钙为主的铝酸盐水泥熟料磨细制成的水硬性胶凝材料，称为铝酸盐水泥，代号为 CA。

铝酸盐水泥的主要矿物成分为一铝酸钙($CaO \cdot Al_2O_3$，简写为 CA)和二铝酸钙($CaO \cdot 2Al_2O_3$，简写为 CA_2)，以及少量的硅酸二钙($2CaO \cdot SiO_2$，简写为 C_2S)和其他铝酸盐。

② 主要技术要求

按照国家标准《铝酸盐水泥》(GB/T 201—2000)的规定，对铝酸盐水泥的技术要求如下：

a. 细度　比表面积不小于 300 m^2/kg 或通过 0.045 mm 筛筛余不大于 20%。

b. 分类　铝酸盐水泥按 Al_2O_3 含量的百分数分为以下四类：

CA-50　$50\% \leqslant Al_2O_3 < 60\%$；

CA-60　$60\% \leqslant Al_2O_3 < 68\%$；

CA-70　$68\% \leqslant Al_2O_3 < 77\%$；

CA-80　$Al_2O_3 \geqslant 77\%$。

c. 凝结时间　CA-50、CA-70、CA-80 初凝不得早于 30 min，CA-60 不早于 60 min；CA-50、CA-70、CA-80 终凝不得迟于 6 h，CA-60 不得迟于 18 h。

d. 强度　各类型水泥各龄期强度值应大于表 1-13 所示的数值。

表 1-13　铝酸盐水泥各龄期的强度

水泥类型	抗压强度(MPa)				抗折强度(MPa)			
	6 h	1 d	3 d	28 d	6 h	1 d	3 d	28 d
CA-50	20①	40	50	—	3.0①	5.5	6.5	—
CA-60	—	20	45	85	—	2.5	5.0	10.0
CA-70	—	30	40	—	—	5.0	6.0	—
CA-80	—	25	30	—	—	4.0	5.0	—

注：① 当用户需要时，生产厂商应提供结果。

③ 特性

铝酸盐水泥具有早强快硬的特点，1 d 的强度可达最高强度的 80%以上，后期强度增长不显著；水化热高且水化放热集中，1 d 内即可放出水化热总量的 70%～80%；抗硫酸盐腐蚀性强；耐热性好，能耐 1300～1400 ℃的高温；在自然条件下，后期强度降低较大，一般要降低 40%～50%，工程中应按最低稳定强度使用。

④ 应用

铝酸盐水泥适用于抢建、抢修、抗硫酸盐侵蚀和冬季施工等特殊工程以及配制耐热混凝土、膨胀水泥、自应力水泥等，还可作化学建材的添加剂。在施工时，铝酸盐水泥不得与硅酸盐水泥或石灰混合使用，也不得与未凝结的硅酸盐水泥浆接触，否则会产生瞬凝，且强度严重下降。铝酸盐水泥还不得用于接触碱性溶液的工程。

1.1.2　相关实践操作

1.1.2.1　水泥的取样

(1) 取样部位

取样应在有代表性的部位进行，并且不应在污染严重的环境中取样。一般在水泥输送管路中、袋装水泥堆场、散装水泥卸料处或水泥运输机具上等部位取样。

(2) 取样步骤

① 散装水泥　当所取水泥深度不超过 2 m 时，每一个编号内采用散装水泥取样器随机取样。通过转动取样器内管控制开关，在适当位置将其插入水泥至一定深度，关闭后小心抽出，将所取样品放入水泥样品桶中。每次抽取的单样量应尽量一致。

② 袋装水泥　每一个编号内随机抽取不少于 20 袋水泥，采用袋装水泥取样器取样，将取样器沿对角线方向插入水泥包装袋中，用大拇指按住气孔，小心抽出取样管，将所取样品放入水泥样品桶中。每次抽取的单样量应尽量一致。

(3) 取样量

混合样的取样量应符合相关水泥标准要求；分割样的取样量应符合《水泥取样方法》(GB 12573—2008)的规定：袋装水泥应每 1/10 编号从一袋中取至少 6 kg；散装水泥应每 1/10 编号在 5 min 内取至少 6 kg。

(4) 取样单

样品取得后，应由负责取样人员填写取样单，取样单至少包括水泥编号、水泥品种、强度等级、取样日期、取样地点、取样人等。

(5) 包装与储存

① 样品取得后应储存在密闭的容器中，封存样要加封条。容器应洁净、干燥、防潮、密闭、不易破损并且不影响水泥性能。

② 存放封存样的容器应至少在一处加盖清晰、不易擦掉的标有编号、取样时间、取样地点和取样人的密封印，如只有一处标志应标在容器外壁上。

③ 封存样应密封储存，储存期应符合相应水泥标准的规定。试验样与分割样亦应妥善储存。

④ 封存样应储存于干燥、通风的环境中。

1.1.2.2　水泥的样品制备

(1) 混合样品制备

每一编号所取水泥单样通过 0.9 mm 方孔筛后充分混匀，一次或多次将样品缩分到相关标准要求的定量，均分为试验样和封存样。试验样按相关标准要求进行试验，封存样要求储存以备仲裁。样品不得混入杂物或结块。

(2) 分割样制备

每一编号所取 10 个分割样应分别通过 0.9 mm 方孔筛，不得混杂；同时样品不得混入杂物或结块。

练习与讨论

1. 完成下面的水泥质量检验报告(表 1-14)。

表 1-14　普通混凝土水泥检验报告

水泥厂家名称：××××水泥有限公司　　　　出厂日期：20××年××月××日

出厂编号：××××　　　　　　　　　　　　报告日期：20××年××月××日

使用单位	××××混凝土工程有限公司							水泥品种及等级	P·O 42.5
试验日期	20××年××月××日		试验编号	××-××-××-××					
代表数量(t)		××							
检验项目		标准要求	检验结果						结论
细度(80 μm 方孔筛筛余量，%)		××	1.2						
标准稠度(%)			26.4						
凝结时间	初凝	不得早于××min	180						
	终凝	不得迟于××min	220						
安定性	试饼法	××××	合格						
	雷氏法	膨胀值不大于(mm)	3						
强度(MPa)	3 d 抗折	≥××	××						
			4.8		4.7		4.6		
	28 d 抗折	≥××	××						
			8.7		8.6		8.5		
	3 d 抗压	≥××	××						
			27.6	27.5	26.5	26.4	28.6	28.7	
	28 d 抗压	≥××	××						
			50.9	50.8	51.5	51.4	50.4	50.5	
化学指标(质量分数，%)	烧失量	≤××	3.6						
	三氧化硫	≤××	2.9						
	氧化镁	≤××	4.1						
其他									
检验依据	依据《通用硅酸盐水泥》(GB 175—2007)中××水泥规定								
结论	符合(不符合)《通用硅酸盐水泥》(GB 175—2007)中××标准规定的品质指标要求，该水泥合格□、不合格□、废品□。								

负责人：　　　　审核人：　　　　检验人：　　　　检验单位：××试验室(盖章)

2. 如表 1-15 所列混凝土构件和工程，试分别选用合适的水泥品种，并说明选用的理由。

表 1-15　混凝土构件和工程

构件和工程名称	合适的水泥品种	选用的理由
现浇混凝土楼板、梁、柱		
采用蒸汽养护的混凝土预制构件		
紧急抢修的工程或紧急军事工程		
大体积混凝土坝和大型设备基础		
有硫酸盐腐蚀的地下工程		
高炉基础		
海港码头工程		
道路工程		

任务 1.2　骨料的检测与验收

1.2.1　相关理论知识

骨料是指在配制混凝土时，与水泥、水等拌和在一起的砂、石等颗粒状材料，也称为集料。习惯上，把石子称为粗骨料，砂称为细骨料。骨料对混凝土的性能和经济性有显著的影响。骨料是混凝土的主要组成材料，普通混凝土中，骨料的用量约占混凝土重量的 3/4。骨料质量的好坏不仅影响混凝土的强度，还对混凝土耐久性有显著的影响。

1.2.1.1　骨料的分类

混凝土的骨料按其粒径大小不同分为细骨料和粗骨料。公称粒径小于 5 mm 的岩石颗粒称为细骨料；粒径大于 5 mm 的称为粗骨料。粗、细骨料的总体积占混凝土体积的 70%～80%，因此，骨料的性能对所配制的混凝土性能影响很大。

(1) 细骨料

砂的表观密度一般应大于 2500 kg/m^3，松散密度大于 1350 kg/m^3，空隙率小于 47%。混凝土的细骨料主要为天然砂和人工砂。

天然砂是由自然条件的作用而形成的，按其产源主要有河砂、海砂和山砂。河砂和海砂由于长期受水流的冲刷作用，颗粒表面比较圆滑、洁净，且产源较广。但海砂中常含有贝壳碎片及可溶性盐等有害杂质。山砂颗粒多具棱角，表面粗糙，含泥量较高且有机质等有害杂质含量较多。建筑工程中多采用河砂。

人工砂为岩石经除土开采、机械破碎、筛分制成的公称粒径小于 5 mm 的岩石颗粒。混合砂是由人工砂和天然砂混合制成的。一般在当地缺乏天然砂源时，采用人工砂。

砂按细度模数(μ_f)大小分为粗、中、细、特细四种规格，按技术要求分为Ⅰ类、Ⅱ类、Ⅲ类。Ⅰ类砂宜用于强度等级大于 C55 的混凝土；Ⅱ类砂宜用于强度等级在 C30～C55 及有抗冻、抗渗或其他要求的混凝土；Ⅲ类砂宜用于强度等级小于 C30 的混凝土和建筑砂浆。《普通混凝土用砂、石质量及检验方法标准》(JGJ 52—2006)对混凝土用砂提出了明确的技术质量要求。

(2) 粗骨料

普通混凝土常用的粗骨料分为碎石和卵石两类。碎石是由天然岩石或卵石经破碎、筛分而得的，公称粒径大于 5 mm 的岩石颗粒。卵石是由自然条件的作用而形成的，公称粒径大于 5 mm 的岩石颗粒。常用粗骨料的表观密度为 2600～2700 kg/m^3。碎石的松散密度为 1300～1400 kg/m^3，空隙率为 45%；卵石的松散密度为 1400～1600 kg/m^3，空隙率为 35%～45%。碎石和卵石按技术要求分为Ⅰ类、Ⅱ类、Ⅲ类。Ⅰ类适于配制强度等级大于 C55 的混凝土；Ⅱ类适于配制强度等级为 C30～C55 及有抗冻、抗渗或有其他耐久性要求的混凝土；Ⅲ类适于配制强度等级小于 C25 的混凝土。

《普通混凝土用砂、石质量及检验方法标准》(JGJ 52—2006)对碎石和卵石的质量提出了具体的技术质量要求。

1.2.1.2　骨料的主要技术性能

对骨料的质量和技术要求主要有以下几方面：

(1) 细骨料

① 含泥量和有害杂质含量

含泥量是指天然砂中公称粒径小于 80 μm 的颗粒含量，砂中所含的泥附着在砂粒表面上，妨碍了水泥与砂的黏结，增大了混凝土的用水量，降低了混凝土的强度和耐久性，增大了混凝土的干缩，对混凝土具有危害，须严加控制。

砂的泥块含量是指砂中公称粒径大于 1.25 mm，经水洗、手捏后粒径小于 630 μm 的颗粒的含量。泥块使混凝土的密实程度下降，影响混凝土的凝固力和耐久性，还会产生对混凝土有破坏性的膨胀力。由于泥块使得混凝土中出现了窝坑等，从而降低了混凝土的强度。

石粉含量是指人工砂中公称粒径小于 80 μm，且其矿物组成和成分与被加工母岩石相同的颗粒含量。

砂中的有害杂质主要有云母、轻物质、有机物、硫化物、硫酸盐、氯盐以及草根、树叶、树枝等。其含量应符合表 1-16 的要求。海砂中有害杂质还包括贝壳，其含量应符合表 1-17 的要求。

表 1-16 砂的含泥量、泥块含量和有害杂质含量

品种	项目		指标		
			Ⅰ类	Ⅱ类	Ⅲ类
天然砂	含泥量(按质量计,%)		≤2.0	≤3.0	≤5.0
	泥块含量(按质量计,%)		≤0.5	≤1.0	≤2.0
	云母含量(按质量计,%)		≤2.0(对于有抗冻、抗渗要求的混凝土，砂中云母含量不应大于 1.0%)		
	轻物质含量(按质量计,%)		≤1.0		
	硫化物及硫酸盐含量(折算成 SO_3,按质量计,%)		≤1.0		
	有机物含量(用比色法试验)		颜色不应深于标准色，当颜色深于标准色时，应按水泥胶砂强度试验方法进行强度对比试验，抗压强度比不应低于 0.95		
	氯化物含量(以氯离子质量计,%)	钢筋混凝土	≤0.06		
		预应力混凝土	≤0.02		
人工砂或混合砂	石粉含量(%)	MB 值<1.4(合格)	≤5.0	≤7.0	≤10.0
		MB 值≥1.4(不合格)	≤2.0	≤3.0	≤5.0

表 1-17 海砂中贝壳含量

混凝土强度等级	≥C40	C35～C30	C25～C15
贝壳含量(按质量计,%)	≤3	≤5	≤8

② 砂的颗粒级配和细度模数(μ_f)

砂的颗粒级配是指不同粒径颗粒的分布情况。骨料搭配合理，即级配良好，可获得较小的空隙率和比表面积。这样不仅可节约水泥，而且可改善混凝土的和易性，提高混凝土的强度和耐久性。骨料的级配情况如图 1-2 所示：图 1-2(a)为同样粒径砂的堆积，此时空隙率最大；图 1-2(b)为两种粒径砂的搭配，空隙率较小；图 1-2(c)为三种粒径砂的搭配，空隙率更小。因此，要减小砂粒间的空隙，就必须有大小不同的颗粒合理地搭配。

砂的颗粒级配和粗细程度常用筛分析的方法进行测定。砂筛应采用方孔筛。砂的公称粒径、砂筛筛孔的公称直径和方孔筛筛孔边长尺寸应符合表 1-18 的规定。

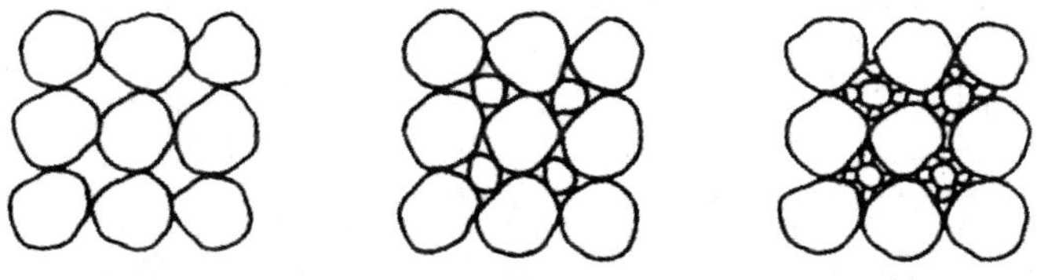

图 1-2　骨料的颗粒级配

表 1-18　砂的公称粒径、砂筛筛孔的公称直径和方孔筛筛孔边长尺寸

砂的公称粒径	砂筛筛孔的公称直径	方孔筛筛孔边长
5.00 mm	5.00 mm	4.75 mm
2.50 mm	2.50 mm	2.35 mm
1.25 mm	1.25 mm	1.18 mm
630 μm	630 μm	500 μm
315 μm	315 μm	300 μm
160 μm	160 μm	150 μm
80 μm	80 μm	75 μm

其测定方法如下:称取 500 g 经烘干并通过 9.50 mm 筛的砂,用一套孔径为 4.75 mm、2.36 mm、1.18 mm、600 μm、300 μm、150 μm 的标准方孔筛顺次过筛,然后称取余留在各筛上的砂的质量,并计算出各筛上的分计筛余和累计筛余。分计筛余是各号筛中所余留的砂质量占砂样总质量的百分数。4.75 mm、2.36 mm、1.18 mm、600 μm、300 μm、150 μm 从大到小分别以 a_1,a_2,…,a_6 表示。累计筛余是指大于或等于某号筛筛孔的砂子质量之和占砂样总质量的百分数,从大到小分别以 A_1、A_2,…,A_6 表示,分别代表 4.75 mm、2.36 mm、1.18 mm、600 μm、300 μm、150 μm 各号筛的累计筛余。表 1-19 为分计筛余与累计筛余的关系。

表 1-19　分计筛余与累计筛余的关系

筛孔尺寸(mm)	分计筛余(%)	累计筛余(%)	筛孔尺寸(μm)	分计筛余(%)	累计筛余(%)
4.75	a_1	$A_1=a_1$	600	a_4	$A_4=a_1+a_2+a_3+a_4$
2.36	a_2	$A_2=a_1+a_2$	300	a_5	$A_5=a_1+a_2+a_3+a_4+a_5$
1.18	a_3	$A_3=a_1+a_2+a_3$	150	a_6	$A_6=a_1+a_2+a_3+a_4+a_5+a_6$

砂的粗细程度用细度模数(μ_f)表示,其计算式如下:

$$\mu_f=\frac{A_2+A_3+A_4+A_5+A_6-5A_1}{100-A_1}$$

细度模数越大,表示砂越粗。砂的粗细程度按细度模数 μ_f 分为粗、中、细、特细四级,普通混凝土用砂的细度模数范围一般为 3.7～0.7。其中,μ_f=3.7～3.1 为粗砂,μ_f=3.0～2.3 为中砂,μ_f=2.2～1.6 为细砂,μ_f=1.5～0.7 为特细砂。

砂的颗粒级配用级配区表示,以级配区或级配曲线判断砂级配的合理性。除特细砂外,砂的颗粒级配可按一定公称直径的方孔筛的累计筛余量(以质量百分率计,下同)分成三个级配区(表 1-20),且砂的颗粒级配应处于表 1-20 中的某一区内。砂的实际颗粒级配与表 1-20 中的累计筛余相比,除公称粒径为 5.00 mm 和 630 μm 的累计筛余外,其余公称粒径的累计筛余可稍有超出分界线,但总超出量不应大于 5%。

表 1-20　砂颗粒级配区

方孔筛筛孔公称直径 \ 累计筛余（%） \ 级配区	Ⅰ区	Ⅱ区	Ⅲ区
5.00 mm	10～0	10～0	10～0
2.50 mm	35～5	25～0	15～0
1.25 mm	65～35	50～10	25～0
630 μm	85～71	70～41	40～16
315 μm	95～80	92～70	85～55
160 μm	100～90	100～90	100～90

配制混凝土时宜优先选用Ⅱ区砂。当采用Ⅰ区砂时，应提高砂率，并保持足够的水泥用量，满足混凝土的和易性；当采用Ⅲ区砂时，宜适当降低砂率；当采用特细砂时，应符合相应的规定。配制泵送混凝土时，宜选用中砂。

以累计筛余为纵坐标，以筛孔尺寸为横坐标，根据表 1-20 的数值可以画出砂的级配曲线（图 1-3）。通过比较所测定的砂的级配曲线是否完全落在三个级配区的某一区内，即可根据图 1-3 的级配曲线判定该砂是否合格。同时也可根据级配曲线的偏向情况，大致判断该砂的粗细程度。

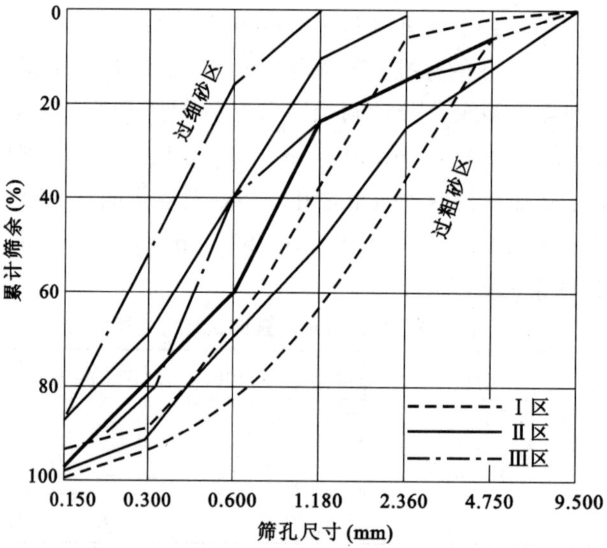

图 1-3　砂的级配曲线

③ 砂的坚固性

砂的坚固性是指砂在气候、环境变化或其他外界物理、化学因素的作用下，抵抗破裂的能力。按标准规定，天然砂用硫酸钠溶液检验，砂样经 5 次循环后，测定其质量损失。其相应的指标值均应符合表 1-21 的规定。人工砂采用压碎指标法进行试验，总的压碎指标值应小于 30%。

表 1-21　砂的坚固性指标

混凝土所处的环境条件及其性能要求	5 次循环后的质量损失（%）
在严寒及寒冷地区室外使用并经常处于潮湿或干湿交替状态下的混凝土； 有抗疲劳、耐磨、抗冲击要求的混凝土； 有腐蚀介质作用或经常处于水位变化区的地下结构混凝土	≤8
其他条件下使用的混凝土	≤10

④ 碱-骨料反应

水泥、外加剂等混凝土组分及环境中的碱与骨料中碱活性矿物在潮湿环境下，会缓慢发生反应，此反应即为碱-骨料反应。该反应将导致混凝土产生膨胀、开裂，甚至破坏。所以对于长期处于潮湿环境的重要混凝土结构所用的砂、石，应进行碱活性检验。

(2) 粗骨料

① 含泥量和泥块、有害杂质含量

粗骨料的公称粒级的上限称为该骨料的最大粒径，碎石、卵石的含泥量指公称粒径小于 80 μm 的颗粒含量；泥块含量是指粒径大于 5.00 mm，经水洗、手捏后小于 2.50 mm 的颗粒含量。碎石和卵石中含泥量、泥块含量和有害杂质含量应符合表 1-22 的要求。

表 1-22　碎石、卵石含泥量、泥块含量和有害杂质含量

项目	指标		
	Ⅰ类	Ⅱ类	Ⅲ类
含泥量(按质量计，%)	≤0.5	≤1.0	≤2.0
泥块含量(按质量计，%)	≤0.2	≤0.5	≤0.7
硫化物及硫酸盐含量(折算成 SO_3，按质量计，%)	≤1.0		
卵石中有机物含量(用比色法试验)	颜色不应深于标准色，当颜色深于标准色时，应按水泥胶砂强度试验方法进行强度对比试验，抗压强度比不应低于 0.95		

② 颗粒形状和表面特征

骨料颗粒形状一般有多面体形、球形、棱角形、针状和片状等几种类型。比较理想的骨料是接近正多面体或球形的颗粒。当骨料中针、片状颗粒含量超过一定界限时，空隙率将增加，不仅影响混凝土拌合物的拌合性能，而且还会不同程度地降低混凝土的强度。碎石和卵石颗粒的长度大于颗粒所属相应粒级平均粒径 2.4 倍的为针状颗粒；厚度小于平均粒径 2/5 的为片状颗粒。平均粒径指该粒级上、下限粒径的平均值。碎石和卵石的针、片状颗粒含量应符合表 1-23 的规定。

表 1-23　碎石和卵石的针、片状颗粒含量

项目	指标		
	Ⅰ类	Ⅱ类	Ⅲ类
针、片状颗粒含量(按质量计，%)	≤8	≤15	≤25

粗骨料的表面特征主要指表面的粗糙度和孔隙特征。它们将影响骨料和水泥浆之间的黏结力，从而影响到混凝土的强度，尤其是抗弯强度。而对于高强度混凝土，这种影响更为显著。一般来说，表面粗糙多孔的骨料，其与水泥浆的黏结力较强；反之，表面圆滑的骨料，与水泥浆的黏结力较弱。在水灰比较低的相同条件下，碎石混凝土较卵石混凝土的强度约高 10%。

③ 最大粒径与颗粒级配

在骨料中最大粒径增大将使骨料的总比表面积减小，因而需水量和水泥用量都将有所减少，拌制的混凝土比较经济。但最大粒径的选用要受到诸如结构物断面尺寸、钢筋间距以及搅拌机容量、叶片强度等因素的制约。

混凝土用粗骨料的最大粒径不应超过构件截面最小尺寸的 1/4，且不应超过钢筋最小净间距的 3/4；对实心混凝土板，粗骨料的最大粒径不宜超过板厚的 1/3，且不应超过 40 mm。对泵送混凝土，粗骨料最大粒径不大于 25 mm 时，可采用内径不小于 125 mm 的输送泵管；混凝土粗骨料最大粒径不大于 40 mm 时，可采用内径不小于150 mm的输送泵管。

粗骨料与细骨料一样，也要求有良好的颗粒级配，以减小空隙率，改善混凝土拌合物和易性及提高混凝土强度，特别是配制高强度混凝土，粗骨料级配尤为重要。

粗骨料的颗粒级配分为连续级配和间断级配两种。连续级配是按颗粒尺寸由小到大连续分级，每级骨料都占有一定的比例。连续级配颗粒级差小，颗粒上、下限粒径之比接近 2，配制的混凝土拌合物和易性好，不易发生离析，应用较为广泛。间断级配是人为剔除某些中间粒级颗粒，大颗粒之间的空隙由比它小的颗粒填充。此类级配颗粒级差大，颗粒上、下限粒径之比接近 6，空隙率的降低比连续级配快得多，可最大限度地发挥骨料的骨架作用，减少水泥用量。但拌合物易产生离析现象，增加施工难度，工程上应用较少。

对于大部分颗粒粒径集中在某一种或两种粒径上的颗粒称为单粒级。单粒级骨料便于分级储运。通过不同的组合，可以配制不同要求的骨料级配，以保证混凝土的质量。工程中不宜采用单粒级粗骨料配制混凝土。普通混凝土用碎石及卵石的颗粒级配见表 1-24。

粗骨料的颗粒级配也是通过筛分析试验来测定的。其标准筛的孔径分别为 2.36 mm、4.75 mm、9.5 mm、16.0 mm、19.0 mm、26.5 mm、31.5 mm、37.5 mm、53.0 mm、63.0 mm、75.0 mm、90.0 mm 共 12 个筛。

表 1-24　普通混凝土用碎石及卵石的颗粒级配

	累计筛余（%） 方孔筛孔径（mm） 公称粒径（mm）	2.36	4.75	9.5	16.0	19.0	26.5	31.5	37.5	53.0	63.0	75.0	90.0
连续级配	5～10	96～100	80～100	0～15	0								
	5～16	95～100	85～100	30～60	0～10	0							
	5～20	95～100	90～100	40～80		0～10	0						
	5～25	95～100	90～100		30～70		0～5	0					
	5～31.5	95～100	90～100	70～90		15～45		0～5	0				
	5～40		95～100	70～90		30～65			0～5	0			
单粒级	10～20		95～100	85～100		0～15							
	16～31.5		95～100		85～100			0～10	0				
	20～40			95～100		80～100			0～10				
	31.5～63				95～100			75～100	45～75		0～10		
	40～80					95～100			70～100		30～60	0～10	

④ 坚固性

坚固性是碎石和卵石在自然风化及其他外界物理、化学因素作用下抵抗破裂的能力。骨料由于干湿循环或冻融交替等作用引起体积变化导致混凝土破坏。骨料越密实，强度越高，吸水性越小，其坚固性越高；而结构越酥松，矿物成分越复杂，构造越不均匀，其坚固性越低。坚固性的测定采用硫酸钠溶液法进行试验，碎石和卵石经 5 次循环后，其质量损失应符合表 1-25 的规定。

表 1-25　碎石、卵石的坚固性指标

混凝土所处环境条件及其性能要求	5 次循环后的质量损失（%）
在严寒及寒冷地区室外使用，并经常处于干湿交替状态下的混凝土；有腐蚀性介质作用或处于水位变化区的地下结构或有抗疲劳、耐磨、抗冲击等要求的混凝土	≤8
在其他条件下使用的混凝土	≤12

⑤ 强度

骨料在混凝土中起骨架作用，因此必须具有足够的强度。

碎石的强度采用岩石抗压强度和压碎指标两种方法检验。岩石抗压强度应比所配制的混凝土强度至少高 20%。当混凝土强度大于或等于 C60 时，应进行岩石抗压强度检验。岩石强度首先应由生产单位提供，工程中可采用压碎指标进行质量控制。

岩石立方体强度检验是将碎石的母岩制成直径和高均为 5 cm 的圆柱体或边长为 5 cm 的立方体。按照规定，火成岩的抗压强度不应小于 80 MPa；变质岩不应小于 60 MPa；沉积岩不应小于 30 MPa。

压碎指标检验是将一定质量气干状态下的石子装入标准圆模内，放在压力机上均匀加荷至 200 kN，卸载后称取试样质量 m_1，然后用孔径为 2.36 mm 的筛筛除被压碎的细颗粒，称出余留在筛上的试样质量 m_2，按下式计算压碎指标值 Q_a：

$$Q_a = \frac{m_1 - m_2}{m_1} \times 100\%$$

压碎指标值越小，表示石子抵抗受压破坏的能力越强。碎石的压碎指标值需符合表 1-26 的规定。

表 1-26　碎石的压碎指标值

岩石品种	混凝土强度等级	碎石的压碎指标值(%)
沉积岩	C60～C40	≤10
	≤C35	≤16
变质岩或深成的火成岩	C60～C40	≤12
	≤C35	≤20
喷出的火成岩	C60～C40	≤13
	≤C35	≤30

卵石的强度可用压碎指标值表示，其压碎指标值需符合表 1-27 的规定。

表 1-27　卵石的压碎指标值

混凝土强度等级	C60～C40	≤C35
压碎指标值(%)	≤12	≤16

⑥ 碱含量

对于长期处于潮湿环境的重要结构混凝土，其所使用的碎石或卵石应进行碱活性检验。

骨料中含有活性二氧化硅时，采用快速砂浆棒法和砂浆长度法进行碱活性检验；骨料中含有活性碳酸盐时，采用岩石柱法进行碱活性检验。

1.2.2　相关实践操作

1.2.2.1　骨料的取样

从料堆上取样时，取样部位应均匀分布。取样前应先将取样部位表层铲除，然后在各部位抽取大致相等的砂 8 份，石子 16 份，组成一组样品。对于每一单项检验项目，每组样品中砂、石取样质量应分别满足表 1-28 和表 1-29 的要求。

表 1-28 每一单项检验项目所需砂的最小取样质量

检验项目	最小取样质量(g)
筛分析	4400
表观密度	2600
吸水率	4000
紧密密度、堆积密度	5000
含水率	1000
含泥量	4400
泥块含量	20000
石粉含量	1600
人工砂压碎指标值	分成公称粒径 5.00～2.50 mm、2.50～1.25 mm、1.25 mm～630 μm、630～315 μm、315～160 μm，每个粒级各需 1000 g
有机物的含量	2000
云母含量	600
轻物质含量	3200
坚固性	分成公称粒径 5.00～2.50 mm、2.50～1.25 mm、1.25 mm～630 μm、630～315 μm、315～160 μm，每个粒级各需 100 g
硫化物及硫酸盐含量	50
氯离子含量	2000
贝壳含量	1000
碱活性	2000

表 1-29 每一单项检验项目所需碎石或卵石的最小取样质量

检验项目 \ 最小取样质量(kg) \ 最大公称粒径(mm)	10.0	16.0	20.0	25.0	31.5	40.0	63.0	80.0
筛分析	8	15	16	20	25	32	50	64
表观密度	8	8	8	8	12	16	24	24
含水率	2	2	2	2	3	3	4	6
吸水率	8	8	16	16	16	24	24	32
紧密密度、堆积密度	40	40	40	40	80	80	120	120
含泥量	8	8	24	24	40	40	80	80
泥块含量	8	8	24	24	40	40	80	80
针、片状颗粒含量	1.2	4	8	12	20	40		
硫化物及硫酸盐含量	1.0							

除筛分析外，当其余检验项目存在不合格项时，应加倍取样进行复检；当复检仍有某项不能满足标准要求时，应按不合格品处理。

1.2.2.2 样品的缩分

(1) 砂样的缩分

砂样的缩分方法有两种：

① 分料器法：将样品在潮湿状态下拌和均匀，然后将其通过分料器，两个接料斗中的样品只留下其中的一份，并将另一份再次通过分料器，重复上述过程，直至把样品缩分到试验所需量为止。

② 人工四分法缩分：将样品置于平板上，在潮湿状态下拌和均匀，并堆成厚度约为 20 mm 的“圆饼”状，然后沿互相垂直的两条直径将其分成大致相等的四份，取其对角的两份重新拌匀，再堆成“圆饼”状，重复上述过程，直至把样品缩分到试验所需量为止。

紧密密度、堆积密度、含水率检验所需的试样，可不经缩分，拌匀后直接进行试验。

(2) 碎石或卵石样的缩分

① 将样品置于平板上，在自然状态下拌匀，并堆成锥体，然后沿互相垂直的两条直径把锥体分成大致相等的四份，取其对角的两份重新拌匀，再堆成锥体状，重复上述过程，直至把样品缩分到试验所需量为止。

② 紧密密度、堆积密度、含水率检验所需的试样，可不经缩分，拌匀后直接进行试验。

练习与讨论

1. 完成表 1-30 天然砂筛分试验记录。

表 1-30　天然砂筛分试验记录

编号：　　　　　　　　　　　　　　　　　　　　　　合同号：

供应单位		取样地点		试验日期	
样品名称		代表数量		试验编号	

	筛孔尺寸(方孔)(mm)	分计筛余质量(g)			分计筛余(%)	累计筛余(%)	规范值(%)
		1	2	平均			
试样质量(g)	9.5	0	0				
	4.75	27	5.4				
	2.36	43	8.6				
	1.18	47	9.4				
	0.6	191	38.2				
	0.3	102	20.4				
	0.15	82	16.4				
	<0.15	8	1.6				

细度模数计算：$\mu_f=\dfrac{A_2+A_3+A_4+A_5+A_6-5A_1}{100-A_1}$

筛分曲线图	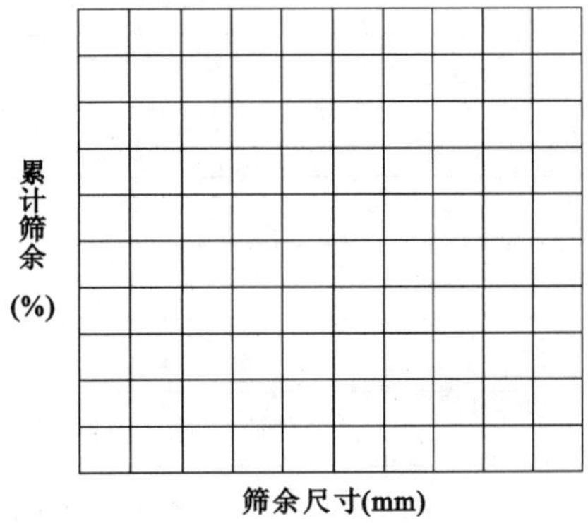
细度模数 μ_f	
试验依据	《普通混凝土用砂、石质量及检验方法标准》(JGJ 52—2006)
试样规格	
试验结果	

技术负责人		复核		试验人	

2.完成表1-31天然砂的含泥量试验记录。

表1-31　天然砂的含泥量试验记录

合同号：　　　　　　　　　　　　　　　　　　　　　　编号：

供应单位		取样地点		试验日期	
样品名称		代表数量		试验编号	

试验次数	容器质量 m_0	试验前烘干试样+容器质量 m_1	试验后烘干试样+容器质量 m_2	试验前烘干试样质量 m_3	试验后烘干试样质量 m_4	洗出质量 m_5	含泥量(%) m_0/m_3	平均含泥量(%)
1								
2								

技术负责人：　　　　　　　　复核：　　　　　　　　试验人：

3.完成表1-32天然砂物理性能的试验记录。

表1-32　天然砂物理性能的试验记录

合同号：　　　　　　　　　　　　　　　　　　　　　　编号：

供应单位		取样地点		试验日期	
样品名称		代表数量		试验编号	

项目		检验结果	技术要求
表观密度(kg/m³)		2640	
堆积密度(kg/m³)		1440	
含水量(%)			
含泥量(%)		2.6	
泥块含量(%)		0.6	
轻物质含量(%)			
云母含量(%)			
氯离子含量(%)		0.001	
坚固性(以质量损失计,%)			
有机物	比标准颜色(比色法)		浅于标准色
	抗压强度比		不应低于0.95
碱活性			
硫化物及硫酸含量(以 SO_3 的含量计,%)			
试验依据		《普通混凝土用砂、石质量及检验方法标准》(JGJ 52—2006)	
结论		符合××类砂标准要求,可用于浇筑C××等级混凝土	

技术负责人：　　　　　　　　复核：　　　　　　　　试验人：

任务1.3　外加剂的检测与验收

追溯到古代，人类就已在建筑用胶凝材料中使用了一些外加剂。有学者考证在罗马斗兽场建筑中已在火山灰等凝胶材料中使用了一些牛血、牛油、牛奶来改善使用性能。而我国古代有史料记载，在秦始皇修建万里长城时，也曾以黏土、石灰等作为凝胶材料，用糯米汁、猪血、豆腐汁等来增加其黏结力。古代历史上在建筑凝胶材料中使用的这些牛血、牛油、牛奶、糯米汁、豆腐汁可以称之为混凝土外加剂的前身，或者说是一类"前外加剂"。

混凝土外加剂作为产品在混凝土中应用的历史有80～90年。20世纪20—30年代，美国将亚硫酸盐纸浆废液加入到混凝土中，以改善混凝土的和易性、强度、耐久性。1937年美国发表了历史上第一个减水剂专利。进入20世纪60年代，日本成功研制出萘磺酸甲醛缩合物高效减水剂，德国成功研制出三聚氰胺磺酸盐甲醛缩合物。而高效减水剂的应用，使混凝土技术发生了划时代的变化，在混凝土中加入高效减水剂可以配制高强度、高性能、大流动性混凝土。

国内的混凝土外加剂研究开始于20世纪50年代，主要产品有以松香皂类引气剂、亚硫酸纸浆废液为原料生成的减水剂、氯盐防冻剂和早强剂。20世纪70—80年代，我国出现了外加剂研究、生产、应用的高潮，研制出了不同品种的外加剂。20世纪90年代高性能混凝土的出现对外加剂提出了更高的要求。高性能外加剂也不断随之出现，如聚羧酸盐减水剂、氨基磺酸盐减水剂、脂肪族减水剂等。相关机构修订了相应的国家标准和行业标准，规范了外加剂的生产应用。

如果说研究混凝土材料科学的目的是为了按指定性能设计制造材料，那么，现代许多特种混凝土正是通过掺用外加剂设计制造出来的。有人称外加剂为"打开现代混凝土材料科学大门的金钥匙"；也有人称它为"混凝土工艺中最富创造性的领域之一"。随着人们认识上的不断进步，外加剂成为混凝土原材料中不可缺少的第五种组分。

1.3.1　相关理论知识

1.3.1.1　外加剂的定义及分类

混凝土外加剂是在拌制混凝土(包括砂浆、净浆)过程中掺入的，用以改善混凝土性能的物质。外加剂掺量不大于胶凝材料质量的5%(特殊情况除外)，并能按要求对混凝土进行改性。

国际标准化组织ISO TC71/SC3对混凝土外加剂的定义如下：在混凝土、砂浆、净浆拌和时，或在额外增加的拌和操作中掺加的不大于水泥质量的5%，使混凝土的正常性能按要求得以改善的物质。

2005年我国制定并颁布混凝土外加剂的国家标准，即《混凝土外加剂定义、分类、命名与术语》(GB/T 8075—2005)，将混凝土外加剂定义为："在混凝土(包括砂浆、净浆)拌和时或拌和前掺入的，掺量不大于水泥质量的5%(特殊情况除外)，并能对混凝土的正常性能按要求而改性的工业产品，称为混凝土外加剂。"根据上述定义，混凝土外加剂不包括水泥生产过程中加入的大量混合材料、调凝剂(石膏)及助磨剂等。

混凝土掺加外加剂是与建筑工业的飞速发展和设计水平的不断提高分不开的。近十年来，在建筑工业中相继出现了滑模、大模板、压入成型、泵送混凝土、喷射混凝土、真空吸水混凝土等新工艺；在混凝土的供应上出现了商品混凝土等；在结构类型上出现了高层、超高层、大跨度、薄壳、折板、剪力墙体系、框架轻板体系、盒子结构、装配结构、无黏结预应力混凝土结构体系、框筒体系等。这些对混凝土的技术性能和经济指标都提出了新的要求，诸如要求混凝土具有流动性、可塑性、密实性、抗渗性、抗冻性、快硬、缓凝、高强、早强、超早强、耐酸、耐碱、耐热、隔音、保温、轻质、防水、防辐射、水下浇筑不离析和无振捣浇筑及钢筋混凝土中的钢筋抗侵蚀等性能。过去使用的一般混凝土已不能满足要求，现在只要增加适当的外加剂，不仅能改善混凝土拌合物硬化过程中或硬化以后的性能，还能改善混凝土的各项物理力学性能，同时还能取得好的经济效益和社会效益。掺入适当的外加剂后，在混凝土的强度等级不变的情况下，可节约10%～20%的水泥；在配制高强或超高强的混凝土时，1 d龄期的混凝土强度可提高100%～200%；可提高混凝土的耐久性，延长使用寿命，减少维修费用等。

混凝土外加剂品种很多，据不完全统计，目前全世界混凝土外加剂产品达400余种，我国生产的外加剂有300多个牌号，混凝土外加剂的分类可按作用、效果或使用目的来区分；也可按材料的组成、化学作用或物理化学作用来区分。

(1) 按主要功能分类

混凝土外加剂按其主要使用功能分为四类：

① 改善新拌混凝土流变性能的外加剂——减水剂、引气剂、泵送剂等；

② 调节混凝土凝结、硬化性能的外加剂——缓凝剂、早强剂、速凝剂等；

③ 改善混凝土耐久性的外加剂——引气剂、阻锈剂、抗冻剂、防水剂和抗渗剂等；

④ 改善混凝土其他性能的外加剂——发气剂、泡沫剂、着色剂、膨胀剂、碱-骨料反应抑制剂等。

目前，正在开发的产品尚有流平剂、疏水剂、灌浆剂、黏结剂、絮凝剂、保水剂、密实剂等。

(2) 按外加剂的化学成分分类

① 无机外加剂，包括各种无机盐、一些金属单质和少量氢氧化物等，此类外加剂主要有早强剂、缓凝剂、防冻剂、着色剂和发泡剂等；

② 有机外加剂，这类外加剂很多，其中大部分属于表面活性剂的范畴，有阴离子型、阳离子型、非离子型及高分子型表面活性剂等；

③ 有机-无机复合外加剂，如早强减水剂、缓凝减水剂、缓凝高效减水剂等。

(3) 按材料的组成分类

按材料的组成可分成以下十大类：

① 减水剂：是指在混凝土坍落度基本相同的条件下，能显著减少拌和用水量，增大混凝土流动性，改善和易性的外加剂，如木质素磺酸钙、糖蜜等普通减水剂，以及高效减水剂、早强型减水剂、缓凝型减水剂、引气型减水剂等。

② 早强剂：是能加速混凝土早期强度发展，降低水泥用量，缩短养护时间，并对后期强度无显著影响的外加剂，如氯化钙、氯化钠等普通早强剂。

③ 抗冻剂：是能降低混凝土的冻结温度，使混凝土在零度以下硬化，并在规定养护条件下达到预期性能的外加剂，如氯化钠、尿素、碳酸钾、氨水等。

④ 速凝剂：是指能加速水泥的水化反应，促使混凝土迅速凝结和硬化的外加剂，如铝氧熟料、水玻璃溶液及铝酸钠等。

⑤ 缓凝剂：是指能延缓混凝土凝结时间，降低水化热，并对混凝土后期强度发展无不利影响的外加剂，如酒石酸、石膏、酒石酸钾钠等。

⑥ 引气剂：是指在混凝土搅拌过程中，能引入大量分布均匀的微小气泡，以减少混凝土拌合物的泌水、离析，改善和易性，并能显著提高硬化混凝土抗冻性、耐久性的外加剂，如松香酸钠、烷基磺酸钠、脂肪醇等。

⑦ 消泡剂(又称去泡剂)：是指可抑制或消除混凝土过多的有害气泡的外加剂，如有机硅、磷酸酯、聚氧乙烯等。

⑧ 膨胀剂：是指混凝土硬化过程中因化学作用使混凝土产生一定的体积膨胀以补偿混凝土的收缩，并在限制条件下出现适宜的自应力的外加剂，如明矾石、石膏、氧化钙、氧化镁等。

⑨ 防水剂:是指能提高水泥砂浆、混凝土在静水压力下的抗渗性能,增加混凝土密实性,对水泥有一定的促凝作用且可提高混凝土强度的外加剂,如氟硅酸盐、粉煤灰、硅藻土、沥青乳液、松香。

⑩ 密实剂:是指可在混凝土中形成胶状的悬浮颗粒,使其堵塞混凝土内毛细通道,提高密实性的外加剂,如三乙醇胺等。

1.3.1.2 外加剂的作用

外加剂不仅能提高混凝土的质量,改进其施工工艺,它还具有如下作用:

(1) 改善混凝土或砂浆拌合物的施工和易性,提高施工速度和质量,减小噪声及劳动强度,满足水下混凝土、泵送混凝土等特殊施工要求。

(2) 提高混凝土或砂浆的强度及其他物理力学性能;提高混凝土的强度等级或用较低标号水泥配制较高强度的混凝土。

(3) 加速混凝土或砂浆早期强度的发展,缩短工期;加速模板及场地周转,提高产量。

(4) 缩短热养护时间或降低热养护温度,节省能源。

(5) 调节混凝土或砂浆的凝结硬化速度。

(6) 节约水泥,还可代替特种水泥。

(7) 调节混凝土或砂浆的空气含量,改善混凝土内部结构,提高混凝土的抗渗性和耐久性。

(8) 降低水泥初期水化热或延缓水化放热。

(9) 提高新拌混凝土的抗冻害功能,促使负温下混凝土强度增长。

(10) 提高混凝土耐各种盐类的腐蚀性能。

(11) 减弱碱-骨料反应。

(12) 提高钢筋的抗锈蚀能力。

(13) 减小或补偿混凝土的收缩,提高混凝土的抗裂性。

(14) 提高骨料与砂浆界面的黏结力;提高钢筋与混凝土的握裹力;提高新老混凝土界面的黏结力。

(15) 改变砂浆及混凝土颜色。

1.3.1.3 外加剂的技术性能指标

混凝土外加剂的技术性能指标分为掺外加剂混凝土性能及外加剂匀质性两部分。

(1) 掺外加剂混凝土性能指标

掺外加剂混凝土性能指标是检验评定外加剂质量的依据标准,是在统一的检验条件下用掺外加剂的混凝土与不掺外加剂的混凝土(基准混凝土)性能的比值或差值来表示,各种类型的减水剂的减水率、缓凝型外加剂的凝结时间差、引气型外加剂的含气量及硬化混凝土的各项性能若符合表1-33的要求,则判定该编号外加剂为相应等级的产品,如不符合上述要求时,则判该编号外加剂不合格。其余项目作为参考指标。

(2) 外加剂的匀质性指标

外加剂的匀质性是表示外加剂自身质量稳定均匀的性能。用来控制产品生产质量的稳定、统一、均匀,用来检验产品质量和质量仲裁。

经检验,外加剂产品匀质性指标应符合表1-34的要求。匀质性指标有固体含量、密度、细度、pH值、表面张力、氯离子含量、硫酸钠含量、还原糖含量、水泥净浆流动度、水泥砂浆流动度、碱含量等指标。

表 1-33　掺外加剂混凝土性能指标

项目		外加剂品种												
		高性能减水剂 HPWR			高效减水剂 HWR		普通减水剂 WR			引气减水剂 AEWR	泵送剂 PA	早强剂 Ac	缓凝剂 Re	引气剂 AE
		早强型 HPWR-A	标准型 HPWR-S	缓凝型 HPWR-R	标准型 HWR-S	缓凝型 HWR-R	早强型 WR-A	标准型 WR-S	缓凝型 WR-R					
减水率(%)		≥25	≥25	≥25	≥14	≥14	≥8	≥8	≥8	≥10	≥12	—	—	≥6
泌水率比(%)		≤50	≤60	≤70	≤90	≤100	≤95	≤100	≤100	≤70	≤70	≤100	≤100	≤70
含气量(%)		≤6.0	≤6.0	≤6.0	≤3.0	≤4.5	≤4.0	≤4.0	≤5.5	≥3.0	≤5.5	—	—	≥3.0
凝结时间之差(min)	初凝	−90～+90	−90～+120	>+90	−90～+120	>+90	−90～+90	−90～+120	>+90	−90～+120	—	−90～+90	>+90	−90～+120
	终凝			—		—			—			—	—	
1 h 经时变化量	坍落度(mm)	—	≤80	≤60	—	—	—	—	—	—	≤80	—	—	—
	含气量(%)	—	—	—						−1.5～+1.5	—			−1.5～+1.5
抗压强度比(%)	1 d	≥180	≥170	—	≥140	—	≥135	—	—	—	—	≥135	—	—
	3 d	≥170	≥160	—	≥130	—	≥130	≥115	—	≥115	—	≥130	—	≥95
	7 d	≥145	≥150	≥140	≥125	≥125	≥110	≥115	≥110	≥110	≥115	≥110	≥100	≥95
	28 d	≥130	≥140	≥130	≥120	≥120	≥100	≥110	≥110	≥100	≥110	≥100	≥100	≥90
收缩率比(%)	28 d	≤110	≤110	≤110	≤135	≤135	≤135	≤135	≤135	≤135	≤135	≤135	≤135	≤135
相对耐久性(200 次,%)		—	—	—	—	—	—	—	—	≥80	—	—	—	≥80

注:① 抗压强度比、收缩率比、相对耐久性为强制性指标,其余为推荐性指标。
② 除含气量和相对耐久性外,表中所列数据为掺外加剂混凝土与基准混凝土的差值或比值。
③ 凝结时间之差性能指标中的“−”号表示提前,“+”号表示延缓。
④ 相对耐久性(200 次)性能指标中的“≥80”表示将 28 d 龄期的受检混凝土试件快速冻融循环 200 次后,动弹性模量保留值≥80%。
⑤ 1 h 含气量经时变化量指标中的“+”号表示含气量增加,“−”号表示含气量减少。
⑥ 其他品种的外加剂是否需要测定相对耐久性指标,由供需双方协商确定。
⑦ 当用户对泵送剂等产品有特殊要求时,需要进行的补充试验项目、试验方法及指标,由供需双方协商确定。

表 1-34 匀质性指标

项目	指标
氯离子含量(%)	不超过生产厂控制值
总碱量(%)	不超过生产厂控制值
含固量(%)	$S>25\%$时,应控制在$(0.95\sim1.05)S$;$S\leqslant25\%$时,应控制在$(0.90\sim1.10)S$
含水率(%)	$W>5\%$时,应控制在$(0.90\sim1.10)W$;$W\leqslant5\%$时,应控制在$(0.80\sim1.20)W$
密度(g/cm^3)	$D>1.1$时,应控制在$D\pm0.03$;$D\leqslant1.1$时,应控制在$D\pm0.02$
细度	应在生产厂控制范围内
pH 值	应在生产厂控制范围内
硫酸钠含量(%)	不超过生产厂控制值

注:① 生产厂商应在相关的技术资料中明示产品匀质性指标的控制值。
② 对相同和不同批次之间的匀质性和等效性的其他要求,可由供需双方商定。
③ 表中的 S、W 和 D 分别为含固量、含水率和密度的生产厂商控制值。

1.3.1.4 外加剂使用注意事项

(1) 外加剂的选择

外加剂的品种很多,各种外加剂都有其特性,如改善混凝土和易性、调节凝结时间、提高强度、改善耐久性等。使用者应根据外加剂的特点,结合使用目的,如节约水泥、改善混凝土性能、加快模板周转等综合指标来考虑,即通过技术、经济比较来确定外加剂的使用品种。尽管在混凝土中掺入外加剂,可明显改善混凝土的许多物理力学性能,取得显著的技术经济效果,但是如果选择和使用不当,也会造成一些工程质量问题。外加剂的选择应注意以下几点:

① 外加剂的品种应根据工程设计和施工要求(如改善混凝土性能、节约水泥、提高耐久性、调节凝结时间等),并通过试验及技术经济比较进行选择。

② 严禁使用易对人体产生危害、对环境产生污染的外加剂。外加剂组成中有的是工业副产品、废料,有的可能是有毒的,有的会污染环境。如有些早强剂、防冻剂中含有有毒的重铬酸盐、亚硝酸盐。而用尿素作为主要成分的防冻剂,在使用过程中会逸出氨气,污染环境,危害人体健康。

③ 在选择外加剂时,应注意其与水泥的适应性。在原材料中,水泥对外加剂的影响最大。水泥品种不同,减水剂的减水、增强效果也不同,其中对减水效果影响更明显。高效减水剂对水泥更有选择性,使用不同水泥时的减水率相差较大。水泥矿物组成、掺合料、调凝剂、碱含量、细度等都将影响减水剂的使用效果。当减水剂可供选择时,应选择与水泥较为适应的减水剂。为使减水剂发挥更好效果,在使用前,应结合工程进行水泥选择试验。

水泥矿物组成中的 C_3S 和 C_3A 对水泥水化速度和强度的发展起决定作用。减水剂加入水泥-水系统后,首先被 C_3A 吸附。在减水剂掺量不变的条件下,C_3A 含量高的水泥,由于减水剂被 C_3A 吸附的量大,必然使得用于分散 C_3S 和 C_2S 等其他组分的量减少,因此,C_3A 含量高的水泥减水效果差。

用硬石膏或工业副产石膏作调凝剂的水泥,对不同种类的减水剂使用效果不同,如掺入木钙、糖蜜缓凝剂时,水泥会出现速凝、不减水等现象。

对于掺早强剂、防冻剂的混凝土,应优先采用早期强度发展快的水泥,以提早达到所要求的强度。对于掺膨胀剂的混凝土,同一掺量、同一种膨胀剂,膨胀率随水泥中铝酸盐矿物、三氧化硫含量的增大而增大。

④ 不同品种外加剂复合使用时,应注意其相容性及对混凝土性能的影响,使用前应进行试验,满足要求时方可使用。

(2) 外加剂的掺量

外加剂掺量应以胶凝材料总量的百分比表示，或以 mL/kg 胶凝材料表示。应按供货单位推荐掺量、使用要求、施工条件、混凝土原材料等因素通过试验确定。

每种外加剂都有适宜的掺量，即使同一种外加剂，不同的用途也有不同的适宜掺量。外加剂的掺量应从技术效果和经济效果两方面来考虑，其最终的原则是在保证混凝土技术要求的条件下，采用最经济掺量。一般外加剂产品均注明了其掺量范围，可根据试验结果确定最佳掺量(最经济合理掺量)。有些外加剂超量掺入不但达不到预期效果，反而会带来负面的作用。普通减水剂掺量过大时会造成严重缓凝，后期强度损失过大。高效减水剂掺量过大，不但减水率增加不明显，反而造成泌水、离析、坍落度损失大等。引气剂或引气减水剂掺量过大则会损失后期强度。早强剂及早强减水剂超量掺加会引起后期强度损失，混凝土表面出现白霜，产生盐析现象。缓凝剂及缓凝减水剂掺量过大会使混凝土长时间不凝结，水分散失后造成表面起砂，严重影响强度。例如，木钙掺量大于水泥质量的 0.5%，会引入过量空气而使初凝缓慢，降低混凝土强度。高效减水剂掺量过小，将失去高效能作用，而掺量过大(大于 1.5%)，则会由于泌水而影响质量。除外加剂本身的性能外，外加剂的掺量还会受到水泥品种、掺合料品种、施工环境温度、外加剂掺加方法的影响。

因此，外加剂掺量应当在给定范围内，根据使用要求、施工的具体条件等经过试验来确定。常用减水剂的掺量范围见表 1-35。

表 1-35　常用减水剂掺量范围

外加剂名称	掺量范围(C×1%)(%)	备注
木质素磺酸盐	0.2～0.3	超掺量将严重缓凝、降低强度
糖蜜减水剂	0.1～0.2	超掺量将严重缓凝
羟基羧酸	0.05～0.3	超掺量将严重缓凝
萘系减水剂	0.5～1.5	
三聚氰胺	0.5～1.5	低水灰比效果更好；超掺量容易泌水
氨基磺酸盐	0.3～1.0	
松香皂引气剂	0.008～0.015	超掺量将降低强度
烷基苯磺酸钠	0.005～0.01	超掺量将降低强度
皂角苷	0.01～0.02	超掺量将降低强度

对含有氯离子、硫酸根等离子的外加剂，应符合《混凝土外加剂应用技术规范》(GB 50119—2013)及有关标准的规定。尤其是氯离子，过量会引起钢筋锈蚀。

处于与水接触或潮湿环境中的混凝土，当使用碱活性骨料时，混凝土含碱量越大，碱-骨料反应产生的危害也越大。因此，在许多国家的标准中规定了混凝土中的总含碱量一般应小于 3 kg/m^3，重要工程应小于 2.5 kg/m^3。由外加剂带入的碱含量(以当量氧化钠计)不宜超过 1 kg/m^3。

(3) 外加剂的掺加方法

外加剂的掺加方法有先掺法、同掺法、滞水法、后掺法和分次加入法。其对混凝土的使用效果也有所不同，可根据不同情况采用不同方法。

① 先掺法

先掺法即将外加剂干粉与水泥混合，然后再与砂、石、水一起搅拌。先掺法的优点是省去了减水剂的溶解、储存、冬季施工时的防冻等工序及设施。缺点是高效减水剂在某些水泥中采用先掺法时塑化效果较差；当减水剂中有粗颗粒时，在拌合物中不易分散，影响混凝土的质量。

木质素磺酸盐减水剂采用先掺法的塑化效果与同掺法、滞水法基本一致；萘系高效减水剂用先掺法的塑化效果比滞水法差。

② 同掺法

同掺法即在搅拌混凝土时将外加剂溶液（粉剂应预先溶解）与水一起掺入混凝土中，是最为常见的一种掺加方法。其优点是与滞水法相比，搅拌时间短，搅拌机生产效率高。与先掺法相比，容易搅拌均匀，计量和控制也比较方便。缺点是增加了减水剂溶解、储存等环节。减水剂中的不溶物及溶解度较小的物质在存放过程中易发生沉淀，造成掺量不准。对某些水泥，用此方法掺高效减水剂的塑化效果较差。

③ 滞水法

搅拌过程中外加剂滞后于水 1～3 min 加入。以溶液加入时称溶液滞水法；以干粉掺入时称为干粉滞水法。滞水法的优点是能提高高效外加剂在某些水泥中的使用效果，减少外加剂的掺量，提高外加剂对水泥的适应性等；缺点是搅拌时间较长，搅拌机生产效率低。

采用此法时要严格控制外加剂的掺量，切忌过量，否则将加剧拌合物的泌水和缓凝现象。

④ 后掺法

后掺法即在混凝土搅拌好后再将外加剂一次或分数次加入混凝土中（须经两次或多次搅拌）。后掺法的优点是能克服混凝土在运输过程中的分层离析和坍落度损失，提高减水剂的使用效果，并能起到降低减水剂掺量、提高减水剂对混凝土的适应性等效果，适宜于运输距离远、运输时间长、坍落度大、以搅拌运输车运输的混凝土。

采用后掺法时，第一次搅拌至加减水剂后进行二次搅拌的时间间隔不能超过 45 min，气温高时间隔时间应更短些。加减水剂后二次搅拌的时间要充分，以确保拌和均匀。

⑤ 分次加入法

在混凝土搅拌过程中，把外加剂分几次加入混凝土拌合物中，这种方法对减小拌合物的坍落度损失效果很好。在相同的条件下，后掺法、分次加入法都可以降低外加剂的掺量。有试验表明后掺法可以降低外加剂掺量 30%～40%，特别是对水泥矿物中 C_3A 及 C_4AF 含量高的水泥。其主要原因是不同的水泥矿物对外加剂的吸附性能是不一样的，水泥矿物的吸附作用顺序为：$C_3A>C_4AF>C_3S>C_2S$，这个顺序恰与水泥矿物的水化速度顺序相同。当水泥水化时 C_3A 与 C_4AF 水化最快，而形成后期强度的矿物为 C_3S 及 C_2S 的水化物。在 C_3A 及 C_4AF 水化后，减水剂才进入溶液，可保证一定浓度的减水剂作用于 C_3S 及 C_2S 的水化过程。

(4) 外加剂的存放

① 外加剂运到工地（或混凝土搅拌站）应立即取代表性样品进行检验，进货质量与工程试配一致时方可入库、使用。若发现不一致，应停止使用。

② 外加剂应按不同供货单位、不同品种、不同牌号分别存放，标识应清楚。

③ 粉状外加剂应防止受潮结块，如有结块，经性能检验合格后应粉碎至全部通过 0.63 mm 筛后方可使用。液体外加剂应放置在阴凉干燥处，防止日晒、受冻、污染、进水或蒸发，如有沉淀等现象，经性能检验合格后方可使用。

④ 外加剂配料控制系统标识应清楚，计量应准确，计量误差不应大于外加剂用量的 1%（水剂）。

1.3.2　相关实践操作

1.3.2.1　外加剂的取样与留样

1) 一般规定

(1) 试验次数与要求

① 每项测定的试验次数规定为两次。取两次试验平均值表示测定结果。

② 所用的水为蒸馏水或同等纯度的水(水泥净浆流动度、水泥砂浆工作性除外)。

③ 所用的化学试剂除特别注明外，均为分析纯级别。

(2) 允许差

① 所列允许差为绝对偏差。

② 室内允许差:同一分析试验室同一分析人员(或两个分析人员)，采用本方法分析试样时，两次分析结果应符合允许差规定。如超出允许范围，应在短时间内进行第三次测定(或第三人的测定)，测定结果与前两次或任一次分析结果之差值符合允许差规定则取其平均值;否则，应查找原因，重新按上述规定进行分析。

③ 室间允许差:两个试验室采用标准方法对同一试样各自进行分析时，所得分析结果的平均值之差应符合允许差规定。如有争议应商定由另一单位按标准进行仲裁分析。以仲裁单位的结果为准，与原分析结果比较，若两个分析结果差值符合允许差规定，则认为分析结果无误。

2) 取样及留样

(1) 取样及编号

① 试样分点样和混合样。点样是从一次生产的产品所得的试样，混合样是 H 个或更多的点样等量均匀混合而取得的试样。

② 生产厂应根据产量和生产设备条件，将产品分批编号，掺量大于或等于 1%同品种的外加剂每一编号为 100 t，掺量小于 1%的外加剂每一编号为 50 t，不足 100 t 或 50 t 的也可按一个批量计，同一编号的产品必须混合均匀。

③ 每一编号取样量不少于 0.2 t 水泥所需用的外加剂量。

(2) 试样及留样

每一编号取得的试样应充分混匀，分为两等份，一份按规定部分项目进行试验。另一份要密封保存半年，以备有疑问时提交国家指定的检验机关进行复验或仲裁。

1.3.2.2　减水率的测定

(1) 基准胶砂流动度用水量测定

① 把水加入锅里，再加入水泥 450 g，把锅放在固定架上，上升至固定位置，然后立即开动机器，低速搅拌 30 s 后，在第二个 30 s 开始的同时均匀地将沙子加入，机器转至高速再拌 30 s。停拌 90 s，在第一个 15 s 内用抹刀将叶片和锅壁上的胶砂刮入锅中，在高速下继续搅拌 60 s，各个阶段搅拌时间误差应在±1 s 以内。

② 在拌和胶砂的同时，用湿布抹擦跳桌的玻璃台面、捣棒、截锥圆模及模套内壁，并把它们置于玻璃台面中心，盖上湿布，备用。

③ 将拌好的胶砂分两次迅速地装入模内，第一次装至截锥圆模的三分之二处，用抹刀在相互垂直的两个方向各划 5 次，并用捣棒自边缘向中心均匀捣 15 次，接着装第二层胶砂，装至高出截锥圆模约 20 mm，用抹刀划 10 次，同样用捣棒捣 10 次，在装胶砂与捣实时，用手将截锥圆模按住，不要使其移动。

④ 捣好后取下模套，用抹刀将高出截锥圆模的胶砂刮去并抹平，随即将截锥圆模垂直向上提起置于台上，立即开动跳桌，以每秒一次的频率使跳桌连续跳动 25 次。

⑤ 跳动完毕用卡尺量出胶砂底部流动直径，取相互垂直的两个直径的平均值为该用水量时的胶砂流动度，用 mm 表示。

⑥ 重复上述步骤，直至流动度达到(180±5) mm。当胶砂流动度为(180±5) mm 时的用水量即为基准胶砂流动度的用水量 M_0。

(2) 掺外加剂胶砂流动度用水量测定

① 按提供的掺量计算外加剂的用量。

② 将水和外加剂加入锅里搅拌均匀，按上述的操作步骤测出掺外加剂胶砂流动度达(180 ±5) mm时的用水量 M_1。

(3) 结果表示

① 胶砂减水率(%)按下式计算：

$$胶砂减水率 = \frac{M_0 - M_1}{M_0} \times 100\%$$

② 外加剂与不同的水泥的适应性不一样，需注明所用水泥的标号、名称、型号及生产厂家。

练习与讨论

1. 根据掺外加剂的含固量检测数据，完成表1-36的试验记录。

表1-36　掺外加剂含固量试验记录

试验次数	称量瓶的质量 m_0(g)	称量瓶+试样的质量 m_1(g)	称量瓶+烘干后试样的质量 m_2(g)	固体含量 X_0(%)	
				测定值	平均值
1					
2					

试验者：　　　　记录者：　　　　校核者：　　　　日期：

2. 根据掺外加剂水泥净浆流动度试验记录数据，完成表1-37的试验记录。

表1-37　掺外加剂水泥净浆流动度试验记录

试验次数	水泥质量 m_0(g)	水质量 m_1(g)	外加剂质量 m_2(g)	流动度(mm)	
				测定值	平均值
1					
2					

试验者：　　　　记录者：　　　　校核者：　　　　日期：

3. 根据掺外加剂水泥砂浆工作性试验记录数据，完成表1-38的试验记录。

表1-38　掺外加剂水泥砂浆工作性试验记录

水泥生产厂			水泥强度等级				
水泥品种			外加剂种类				
	材料称量(g)					流动度(mm)	砂浆减水率(%)
	水泥	外加剂	ISO标准砂	外加剂和基准砂浆流动度的用水量(同掺法)			
基准胶砂						180±5	
掺外加剂胶砂						180±5	

试验者：　　　　记录者：　　　　校核者：　　　　日期：

任务 1.4　掺合料的检测与验收

1.4.1　相关理论知识

1.4.1.1　掺合料的定义及分类

矿物掺合料是以硅、铝、钙等一种或多种氧化物为主要成分，具有规定细度，掺入混凝土中以改善混凝土性能的粉体材料。掺量为水泥质量的 5%以上。掺合料主要是磨细的矿物材料，细度比水泥颗粒小。

使用矿物掺合料的主要目的是降低水化热，节约水泥，降低成本，改善混凝土的工作性，提高混凝土的塑性，增进后期强度，改善混凝土的内部结构，提高抗渗性和抗腐蚀能力，抑制碱-骨料反应等。

矿物掺合料都具有一定的细度和活性，在混凝土中掺入矿物掺合料能有效地改善混凝土拌合物的和易性，可大大地改善拌合物的黏结性和保水性。这些矿物掺合料在混凝土硬化过程中，能发挥其活性，参与水化反应，生成的水化产物有利于提高混凝土的强度。

水泥中的矿渣由于颗粒较粗，水化慢，以致矿渣水泥的保水性差，早期强度低，其混凝土的耐久性不好；而磨细矿渣由于颗粒较细，水化快，并发挥了其填充和改善骨料界面的作用，所以各龄期强度都较高。常用的矿物掺合料有粉煤灰、矿渣粉、硅粉、钢渣粉等。

1.4.1.2　粉煤灰

粉煤灰是在燃煤锅炉内燃烧煤粉时从烟道气体中收集到的细颗粒粉末，其颗粒多呈球形，表面光滑，为灰色或淡灰色。平均粒径为 8～20 μm，比表面积为 300～600 μm^2/kg。粉煤灰的主要化学成分为 SiO_2（占 45%～60%）、Al_2O_3（占 20%～30%）、Fe_2O_3（占 5%～10%），此外，还有一部分 CaO、MgO 和未燃炭。在碱性条件下，粉煤灰中的 SiO_2 和 Al_2O_3 会与水泥水化生成的 $Ca(OH)_2$ 发生反应，生成不溶性的水化硅酸钙和铝酸钙。粉煤灰的主要矿物组成有玻璃体、莫来石、石英、磁珠和炭粉等。

粉煤灰有高钙粉煤灰（C 类）和低钙粉煤灰（F 类）之分。由褐煤燃烧形成的粉煤灰，其氧化钙含量较高（一般大于 10%），呈褐黄色，称为高钙粉煤灰，它具有一定的水硬性；由烟煤和无烟煤燃烧形成的粉煤灰，其氧化钙含量很低（一般小于 10%），呈灰色或深灰色，称为低钙粉煤灰。低钙粉煤灰来源比较广泛，是当前国内外用量最大、使用范围最广的混凝土掺合料。

粉煤灰的性质（除一些物理性质外）主要是通过它的火山灰活性来评价的。

《用于水泥和混凝土中的粉煤灰》（GB 1596—2005）将粉煤灰分为Ⅰ级、Ⅱ级、Ⅲ级三个等级。拌制混凝土和砂浆用粉煤灰应符合表 1-39 的规定。

表 1-39　拌制混凝土和砂浆用粉煤灰技术要求

项目		技术要求		
		Ⅰ级	Ⅱ级	Ⅲ级
细度（45 μm 方孔筛筛余，%）	F 类	≤12.0	≤25.0	≤45.0
	C 类			
需水量比（%）	F 类	≤65	≤105	≤115
	C 类			
烧失量比（%）	F 类	≤5.0	≤8.0	≤15.0
	C 类			

续表 1-39

项目		技术要求		
		Ⅰ级	Ⅱ级	Ⅲ级
含水量(%)	F 类	≤1.0		
	C 类			
三氧化硫(%)	F 类	≤3.0		
	C 类			
游离氧化钙(%)	F 类	≤1.0		
	C 类	≤4.0		
安定性 雷氏夹煮沸后增加距离(%)	C 类	≤5.0		

注：① Ⅰ级粉煤灰适用于钢筋混凝土和跨度小于 6 m 的预应力混凝土。

② Ⅱ级粉煤灰适用于钢筋混凝土和无筋混凝土。

③ Ⅲ级粉煤灰主要用于无筋混凝土。

④ 对设计强度等级 C30 及以上的无筋粉煤灰混凝土，宜采用Ⅰ、Ⅱ级粉煤灰，代替细骨料或用以改善和易性的粉煤灰不受此规定的限制。

粉煤灰活性指数和流动度比试验用砂浆配比见表 1-40。

表 1-40　粉煤灰活性指数和流动度比试验用砂浆配比

砂浆种类	水泥(g)	粉煤灰(g)	中国 ISO 标准砂(g)	水(mL)
对比砂浆	450	—	1350	225
试验砂浆	215	135		

粉煤灰用于混凝土工程，根据粉煤灰的质量等级、水泥品种和混凝土的种类来确定取代水泥的量。粉煤灰在各种混凝土中取代水泥的最大限量以质量计应符合表 1-41 的规定。

表 1-41　粉煤灰取代水泥的最大限量

混凝土种类	粉煤灰取代水泥的最大限量(%)			
	硅酸盐水泥	普通硅酸盐水泥	矿渣硅酸盐水泥	火山灰质硅酸盐水泥
预应力钢筋混凝土	25	15	10	—
钢筋混凝土 高强度混凝土 高抗冻融性混凝土 蒸养混凝土	30	25	20	15
中低强度混凝土 泵送混凝土 大体积混凝土 水下混凝土 地下混凝土 压浆混凝土	50	40	30	20
碾压混凝土	65	55	45	35

粉煤灰颗粒大部分为球形的玻璃体，因此混凝土易于流动，而且其表观密度比水泥小，可增加水泥砂浆的体积，使混凝土具有较好的黏度，从而改善了混凝土的工作性。同时，粉煤灰对混凝土的抗化学侵蚀和抗渗性也有较大提高。另外，粉煤灰能有效地降低混凝土的水化热，掺量越多降低幅度越

大，而且粉煤灰掺量增加后不会引起需水量的增加和混凝土成本的提高，且价格便宜，可用于配制泵送混凝土、大体积混凝土、抗渗结构混凝土、抗硫酸盐和抗软水侵蚀混凝土、蒸养混凝土、轻骨料混凝土、地下工程混凝土、水下工程混凝土、压浆混凝土及碾压混凝土等，特别适用于大体积混凝土。但掺粉煤灰混凝土的 28 d 强度低于基准混凝土，所以《粉煤灰混凝土应用技术规范》规定了粉煤灰混凝土设计强度等级的龄期：地上工程宜为 28 d；地面工程宜为 28 d 或 60 d；地下工程宜为 60 d 或 90 d；大体积混凝土工程宜为 90 d 或 180 d。在满足设计要求的条件下以上各种工程采用的粉煤灰混凝土的强度等级龄期也可采用相应的较长龄期。

1.4.1.3 硅灰

硅灰有时也称硅粉，它是在冶炼硅铁合金或工业硅时，通过烟道排出的硅蒸气氧化后，经收尘器收集得到的以无定形二氧化硅为主要成分的产品。外观为灰色细粉末，颜色依其含碳的多少有深有浅。由于它是一种从烟尘中收集到的很轻的飞灰，所以硅灰会对环境造成极大污染，但同时它又是一种具有广泛应用前景的有利资源。目前，硅灰大量用于水泥及混凝土掺合料，用来改善水泥或混凝土的性能，配制出具有高强、低热、耐磨、耐冲刷、防水、抗冻、耐化学腐蚀的特种混凝土及复合水泥，用以满足各种工程的特殊要求。

硅灰是高温气化的 SiO_2 冷凝形成的细小球形颗粒。一般硅灰中的 SiO_2 含量都在 85%以上，波动不大。其他成分为 $CaO<0.12\%$，$TiO_2<0.1\%$，$P_2O_5<0.07\%$，碱$<1\%$，硫含量为 0.1%～0.2%。

硅灰与混凝土的其他掺合料相比，SiO_2 的含量大得多，但是这种 SiO_2 与石英中的 SiO_2 不同。在微观结构上，硅灰中的 SiO_2 是非晶质，属无定形结构，其物质质点不是处于能量平衡的位置，具有化学不稳定性，所以是一种高活性的火山质材料。而石英中的 SiO_2 则是一种结晶型的硅氧四面体，没有化学活性，所以不能作为火山质材料使用。

硅灰颗粒中 86%～96%是球状体，它的颗粒直径在 1 μm 以下，平均粒径为 0.1 μm 左右。比表面积为 20～25 m^2/g，密度为 2～2.5 g/cm^3 时，松散密度为250～300 kg/m^3。

硅灰具有很高的无定形 SiO_2 成分、极高的比表面积和分散度，颗粒圆整而致密，与其他活性掺合料相比，具有反应快、活性高等优点。混凝土中加入硅灰可取代一部分胶凝材料，由于硅灰的比表面积大，用其取代水泥，有效取代系数可达 3～4，即 1 kg 硅灰可取代 3～4 kg 水泥。掺入硅灰后，混凝土的需水量增大，需改变减水剂掺量来调节混凝土的需水量。高性能混凝土中硅灰的掺量宜控制在 5%～10%之间。

由于硅粉的比表面积较大，混凝土中加入硅灰后，内部的大量毛细水被硅灰所约束，减少了混凝土内部的泌水，提高了水泥浆与骨料及钢筋的黏结强度。并且由于硅灰的火山灰反应改变了混凝土内部的孔结构，大孔减少，小孔增多，孔径变细，使混凝土的强度大幅度提高。有资料显示，掺入占水泥质量 5%～10%的硅灰（水灰比控制在 0.2～0.3，掺入高效减水剂），混凝土的抗压强度可达 80～120 MPa。但随着硅灰掺量的增加，强度增加将变得越来越不明显，这可能是由于需水量增加的缘故。因此，掺硅灰的混凝土必须与高效减水剂同时使用，才能起到既节约水泥，又提高强度的双重效果。

由于硅灰在混凝土中不减水，而且憎水，其需水量比可达 130%。当硅灰掺量超过 15%时，则会导致新拌混凝土因变得干硬而无法操作。因此，在掺用硅灰的同时，应加入高效减水剂，以提高混凝土的和易性，减少需水量。

1.4.1.4 粒化高炉矿渣超细粉

粒化高炉矿渣超细粉是以粒化高炉矿渣为主要原料，掺加少量石膏磨制成一定细度的粉体，简称矿渣粉。

矿渣的化学组成取决于炼铁高炉中所用含杂质的铁矿石和石灰石的成分。主要氧化物是 SiO_2、Al_2O_3、CaO、MgO 等，这四种成分占全部氧化物的 95%以上，表 1-42 列出了矿渣与普通水泥的化学成分，可看出两者的化学成分相似。

表 1-42　矿渣与普通水泥的化学成分（%）

品名＼化学成分	SiO_2	Al_2O_3	CaO	MgO	TiO_2	FeO	Fe_2O_3	MnO	FS	SO_2	Na_2O	K_2O	碱度	玻璃化率
矿渣	33.7	14.4	41.7	6.4	1.1	0.37		0.50	0.98		0.26	0.31	1.86	98.1
普通水泥	21.8	5.1	63.8	1.7	0.34		3.0	0.16		2.0	0.32	0.50		

拌制水泥混凝土作掺合料的矿渣粉成品，矿渣粉生产厂应按技术要求规定的密度、比表面积、活性指数、流动度比、含水量和三氧化硫含量等要求进行检验。矿渣粉技术要求应满足表 1-43 的规定。

表 1-43　矿渣粉的技术指标

项目		级别		
		S105	S95	S75
密度(g/cm^3)		2.8		
比表面积(m^2/kg)		500	400	300
活性指数(%)	7 d	≥95	≥75	≥55
	28 d	≥105	≥95	≥75
流动度比(%)		≥95		
含水量(质量分数,%)		≤1.0		
三氧化硫(质量分数,%)		≤4.0		
氯离子(质量分数,%)		≤0.06		
烧失量(质量分数,%)		≤3.0		
玻璃体含量(质量分数,%)		≥85		
放射性		合格		

矿渣粉活性指数是指试验样品与对比样品同龄期的抗压强度之比，流动度比是指试验样品与对比样品流动度之比，试验用砂浆配比见表 1-44。

表 1-44　试验用砂浆配比

砂浆种类	水泥(g)	粉煤灰(g)	中国 ISO 标准砂(g)	水(mL)
对比砂浆	450	—	1350	225
试验砂浆	225	225		

矿渣粉比表面积通常应为 350～450 m^2/kg，平均粒径与粉煤灰基本相同，现也有细度达到 800 m^2/kg的超细微粉末。比重的标准值在 2.8 以上，一般在 2.90～2.95 范围内。混凝土中掺入矿渣粉后，对混凝土的工作性和耐久性有明显的改善，可提高混凝土的强度、抗渗性、抗冻性以及抗氯盐侵蚀的能力。一般可等量取代部分水泥。

符合表 1-44 中各级技术要求的为合格品。若其中任何一项不符合要求，应重新加倍取样，对不合格的项目进行复验。评定时以复验结果为准。凡不符合表 1-44 中各级技术要求的矿渣粉为不合格品。

矿渣粉出厂编号按矿渣粉生产厂年生产能力规定：年生产能力在 60 万 t 以上的，不超过 2000 t 为一编号；年生产能力为 30～60 万 t 的，不超过 1000 t 为一编号；年生产能力为 10～30 万 t 的，不超过 600 t 为一编号；年生产能力为 10 万 t 以下的，不超过 200 t 为一编号。

1.4.1.5 沸石粉

天然沸石是指以沸石为主要矿物的岩石。沸石是具有架状构造的含水铝酸盐矿物，主要含有Na、Ca、K等金属离子及少数Sr、Ba、Mg等离子。沸石粉是将天然沸石经磨细而成，其比表面积为400～700 m^2/kg，SiO_2含量在65%左右。天然沸石的化学成分见表1-45。

表1-45　天然沸石的化学成分(%)

SiO_2	Al_2O_3	Fe_2O_3	CaO	MgO	K_2O	Na_2O	烧失量
61～69	12～14	8～15	2.5～3.8	0.4～0.8	0.8～2.9	0.5～2.5	10～15

沸石粉加入到混凝土中可使其水化均匀而充分，改善混凝土的强度及密实度。由于沸石粉的需水量较大，低掺量时能减少混凝土泌水或离析，增加黏聚性。但掺量较高时需水量大大增加，易使混凝土产生收缩裂缝。沸石粉在混凝土中的掺量一般不超过10%，并可等量取代5%～10%的水泥。沸石粉按质量要求分为3个等级，需符合《混凝土和砂浆用天然沸石粉》(JG/T 3048—1998)的规定，技术要求见表1-46。

表1-46　沸石粉技术要求

技术指标	质量等级		
	Ⅰ	Ⅱ	Ⅲ
吸铵值(mmol/100 g)	≥130	≥100	≥90
细度(80 μm方孔筛筛余,%)	≤4	≤10	≤15
沸石粉水泥胶砂需水量比	≤125	≤120	≤120
沸石粉水泥胶砂28 d抗压强度比	≥75	≥70	≥62

沸石粉活性指数测定试验用砂浆配比见表1-47。

表1-47　沸石粉活性指数测定试验用砂浆配比

砂浆种类	水泥(g)	沸石粉(g)	中国ISO标准砂(g)	水(mL)
对比砂浆	540	—	1350	238
试验砂浆	378	162	1350	259

沸石粉水泥胶砂需水量比测定试验用砂浆配比见表1-48。

表1-48　沸石粉水泥胶砂需水量比测定试验用砂浆配比

砂浆种类	水泥(g)	沸石粉(g)	中国ISO标准砂(g)	流动度(mm)
对比砂浆	300	—	750	125～135
试验砂浆	210	90	1350	

1.4.1.6 钢渣粉

钢渣是炼钢过程中产生的副产物，钢渣粉是将钢渣经磁选初选除铁处理后粉磨达到一定细度的产品。主要化学成分有：CaO、SiO_2、FeO、Al_2O_3、MgO等，成分组成基本稳定。

钢渣的主要矿物组成为橄榄石($2FeO \cdot SiO_2$)、硅酸二钙($2CaO \cdot SiO_2$)、硅酸三钙($3CaO \cdot SiO_2$)、铁酸二钙($2CaO \cdot Fe_2O_3$)，与矿渣相似。除此之外，还有部分氟磷灰石($9CaO \cdot 3P_2O_5 \cdot CaF_2$)和游离氧化钙(f-CaO)。同时，随着碱度不同，钢渣中主体矿物相有所差别。

钢渣粉的技术指标应满足《用于水泥和混凝土中的钢渣粉》(GB/T 20491—2006)的规定，见表1-49。

表1-49　钢渣粉的技术指标

项目		级别	
		一级	二级
密度(g/cm^3)		≥2.8	
比表面积(m^2/kg)		≥400	
活性指数(%)	7 d	≥65	≥55
	28 d	≥80	≥65
流动度比(%)		≥90	
含水量(质量分数,%)		≤1.0	
三氧化硫(质量分数,%)		≤4.0	
游离氧化钙(质量分数,%)		≤3.0	
碱度系数		≤3.0	
玻璃体含量(质量分数,%)		≥1.8	
安定性	沸煮法	合格	
	压蒸法	当钢渣中MgO含量大于13%时应经检验合格	

1.4.1.7　*磷渣粉*

磷渣粉是电炉法制取黄磷时得到的一种经冷淬处理后的工业废渣——粒化电炉磷渣，简称磷渣。其主要成分为硅酸盐玻璃体，主要化学成分是CaO、SiO_2、Al_2O_3，此外还有少量的TiO_2、Fe_2O_3、P_2O_5、MgO、F以及微量的MnO、K_2O、Na_2O，具有较高的潜在水化活性。据统计，每生产1 t黄磷要排放8～10 t的磷渣，我国每年排放磷渣500～600万t，基本上没有得到有效的利用。磷渣作为废渣堆积如山，不仅占用大量土地，而且其中含有的少量磷酸根离子和氟离子也会随雨水渗入地下，严重污染环境。经过大量的试验研究发现：磷渣是一种优良的混凝土矿物掺合料，掺入混凝土后可以降低其水化热，改善混凝土的抗裂性；优化混凝土内孔结构与孔级配，降低大孔孔隙率，提高细孔比例，最终提高混凝土的强度和抗渗性；此外还可降低碱-骨料和硫酸盐造成的膨胀等的损害程度。

1.4.2　相关实践操作——矿渣粉的活性指数测试

(1) 样品

① 对比水泥采用合格的强度等级为42.5的硅酸盐水泥或普通硅酸盐水泥，且7 d抗压强度为35～45 MPa，28 d抗压强度为50～60 MPa；比表面积为300～400 m^2/kg；SO_3质量含量为2.3%～2.8%；碱含量($m_{Na_2O}+m_{0.658K_2O}$)为0.5%～0.9%。

② 试验样品由对比水泥和矿渣粉按质量比1∶1组成。

(2) 试验方法

对比胶砂和试验胶砂按表1-50配比制成胶砂试块。

表1-50　胶砂配比

胶砂种类	对比水泥(g)	矿渣粉(g)	中国ISO标准砂(g)	水(g)
对比胶砂	450	—	1350	225
试验胶砂	225	225	1350	225

在标准养护条件下养护 7 d、28 d，分别测定对比胶砂和试验胶砂的抗压强度。

(3) 活性指数计算(计算结果保留至整数)

矿渣粉 7 d 活性指数计算：

$$A_7 = \frac{R_7 \times 100}{R_{07}}$$

式中 A_7——矿渣粉 7 d 活性指数，%；

R_7——试验胶砂 7 d 抗压强度，MPa；

R_{07}——对比胶砂 7 d 抗压强度，MPa。

矿渣粉 28 d 活性指数计算：

$$A_{28} = \frac{R_{28} \times 100}{R_{028}}$$

式中 A_{28}——矿渣粉 28 d 活性指数，%；

R_{28}——试验胶砂 28 d 抗压强度，MPa；

R_{028}——对比胶砂 28 d 抗压强度，MPa。

练习与讨论

1. 为什么混凝土拌合物中加入掺合料能改善和易性？
2. 掺合料改善混凝土的耐久性的作用机理是什么？

任务 1.5　拌合水

1.5.1　相关理论知识

水是混凝土的一个重要组成部分，它不仅能保证新拌混凝土有足够的流动性，以满足输送和施工的需要，也是水泥水化反应的一个反应物。同时，它对混凝土的许多性能都有显著的影响。

(1) 水是胶凝材料水化反应的反应物

混凝土的各种性能来源于胶凝材料的水化反应，而在这一反应中，水是一个不可缺少的反应物。没有水，混凝土的所有性能都无从谈起。

(2) 水是混凝土流动性的调节组分

一般来说，在混凝土中，水是唯一的一个液态组分，其余都是固态组分。一些液体的化学外加剂也是由固态外加剂组分溶解在水中形成的。显然，仅仅依靠固态组分是不可能流动的，只能靠水的流动来带动其他固体颗粒的运动，以形成新拌混凝土的流动性，保证混凝土的正常施工。显然，水是新拌混凝土流动性的一个重要调节组分。

(3) 水是各种组分运动的载体

在水泥基材料的各种反应中，一些组分的运动是这些反应进行的前提条件，没有这些组分的运动，反应很难进行。例如，水泥、掺合料的水化反应，只有当 Ca^{2+} 到达矿物外加剂表面时，这一反应才有可能进行；同样，对于碱-骨料反应，也只有当碱到达活性骨料表面时才能进行。在这些反应过程中，水起到一个输送载体的作用，将各种反应物运送到目的地。环境中的一些有害物质也是通过水带入混凝土中的。此外，一些化学外加剂也是通过溶解在水中，由水带到各种颗粒的表面而发挥作用的。尽管在一些反应中，水不是反应物，但这种载体作用不容忽视。

(4) 水是产生膨胀的源泉

混凝土中许多反应会产生膨胀，这也与水有着密切的关系。例如钙矾石的膨胀，尽管钙矾石的形成途径各有不同，但从本质上说，都是由于固相体积增大而造成的，引起固相体积增大的一个很重要的原因就是大量的水进入晶格结构而成为结晶水。碱-硅酸反应形成碱硅凝胶，只有当这种凝胶吸水时才会产生膨胀。混凝土的冻融破坏也是由于水结冰膨胀而造成的。可以说，在水泥基材料中，几乎所有的膨胀反应都与水有关。在这些反应中，水是产生膨胀的源泉。

由此可见，在水泥基材料中，水起到一个非常重要的作用，这种作用不仅表现在混凝土的施工阶段，也表现在混凝土材料的使用阶段，可以说贯穿于混凝土性能发展的整个过程。在分析和认识混凝土各种性能时，要特别注意水的作用。当然，水的作用有正面的，也有反面的。要充分地发挥水的正面作用来为混凝土性能服务，同时也要注意减少水的反面作用以防止对混凝土造成破坏。

一般来说，几乎所有的天然水，只要它不含过量的盐类，特别是硫酸盐和酸性氧化物以及有机杂质，都可以用于拌制混凝土混合料。如水中盐类的总含量超过 5000 mg/L，或硫酸盐含量超过 2700 mg/L，以及 pH 值$<$4 的水都不能用于拌制混凝土。在制备混凝土时，不允许使用富含有机杂质的沼泽水，含有腐植酸或其他酸、盐的污水和工业废水。含盐量在上述范围内的海水允许用于拌制混凝土，但使用这种水拌制混凝土时，混凝土表面会生成盐霜。如对这一方面有较高要求的话，则不宜采用海水拌制；同时不能用海水拌制矾土水泥混凝土。

目前，绝大多数情况下都是用饮用水来配制混凝土。近年来，有人开始利用一些废水来配制混凝土。从环境保护的角度来说，这是一个很好的途径。但应注意对混凝土性能的影响，特别是对混凝土耐久性能的影响。原则上说，只要满足混凝土拌和用水技术指标的水，都是可以加以利用的。例如冲洗混凝土搅拌车、搅拌机的水，经过沉淀后仍然可以用于拌制混凝土。还有一些废水也是可以加以利用的，但在利用之前，应进行充分的试验研究。

对混凝土拌和用水水质要求主要是不影响混凝土的凝结硬化，不影响混凝土的强度发展和耐久性；不加快钢筋的锈蚀，不会导致预应力钢筋的脆断；不污染混凝土表面。混凝土拌和用水的主要控制项目有 pH 值、不溶物含量、可溶物含量、SO_4^{2-} 含量、Cl^- 含量、水泥凝结时间差和水泥胶砂强度比。当混凝土采用碱活性骨料时，主要控制项目还应包括碱含量。对混凝土拌和用水水质要求见表 1-51。

表 1-51　混凝土拌和用水水质要求

项目	预应力混凝土	钢筋混凝土	素混凝土
pH 值	≥5.0	≥4.5	≥4.5
不溶物(mg/L)	≤2000	≤2000	≤5000
可溶物(mg/L)	≤2000	≤5000	≤10000
Cl^-(mg/L)	≤500	≤1000	≤3500
SO_4^{2-}(mg/L)	≤600	≤2000	≤2700
碱含量(rag/L)	≤1500	≤1500	≤1500

注：① 碱含量按 $m_{Na_2O}+m_{0.658K_2O}$ 计算值来表示。采用非碱活性骨料时，可不检验碱含量。
② 混凝土养护用水可不检验不溶物和可溶物，其他检验项目应符合标准要求。

对于设计使用年限为 100 年的结构混凝土，Cl^- 含量不得超过 500 mg/L；对使用钢丝或经热处理钢筋的预应力混凝土，Cl^- 含量不得超过 350 mg/L；未经处理的海水严禁用于钢筋混凝土和预应力混凝土。

1.5.2　相关实践操作

1.5.2.1　取样

(1) 水质检验水样不应少于 5 L；用于测定水泥凝结时间和胶砂强度的水样不应少于 3 L。

(2) 采集水样的容器应无污染；容器应用待采集水样冲洗三次再灌装，并应密封待用。

(3) 地表水宜在水域中心部位、距水面 100 mm 以下采集，并应记载季节、气候、雨量和周边环境的情况。

(4) 地下水应在放水冲洗管道后接取，或直接用容器采集；不得将地下水积存于地表后再从中采集。

(5) 再生水应在取水管道终端接取。

(6) 混凝土企业设备洗刷水应沉淀后，在池中距水面 100 mm 以下采集。

1.5.2.2　检验期限和频率

(1) 水样检验期限应符合下列要求：

① 水质全部项目检验宜在取样后 7 d 内完成；

② 放射性检验、水泥凝结时间检验和水泥胶砂强度检验宜在取样后 10 d 内完成。

③ 地表水、地下水和再生水的放射性应在使用前检验；当有可靠资料证明无放射性污染时，可不检验。

(2) 地表水、地下水、再生水和混凝土企业设备洗刷水在使用前应进行检验。在使用期间，检验频率宜符合下列要求：

① 地表水每 6 个月检验一次。

② 地下水每年检验一次。

③ 再生水每 3 个月检验一次;在质量稳定一年后,可每 6 个月检验一次。

④ 混凝土企业设备洗刷水每 3 个月检验一次;在质量稳定一年后,可一年检验一次。

⑤ 当发现水受到污染或对混凝土性能有影响时,应立即检验。

1.5.2.3　结果评定

(1) 符合生活饮用水卫生标准的饮用水可以不经检验,直接用于混凝土生产。

(2) 满足混凝土拌和用水要求即可满足混凝土养护用水的要求;混凝土养护用水要求可略低于混凝土拌和用水要求。

(3) 若水泥凝结时间检验和水泥胶砂强度不符合要求,有可能是材料(如水泥)或操作等因素的影响,应对这两项进行复检。

练习与讨论

1. 混凝土拌和用水为什么要限制 SO_4^{2-}、Cl^- 的含量?

2. 为什么海水严禁用于钢筋混凝土和预应力混凝土?

项目2　混凝土生产

混凝土生产包括搅拌、输送和浇筑施工等几个过程。在相同的成本投入下，可以生产高质量的混凝土，也可能会生产低质量的混凝土。同时，生产出和易性好的混凝土拌合物，还需要选择不同的方法和设备进行混凝土的输送、浇筑，这就要求混凝土在完成浇筑前的一些性质没有发生明显的变化。这些性质包括水胶比、坍落度、气体含量及均匀性等。因此，混凝土的生产应按照混凝土相关技术标准，制定较高的企业内部质量标准，精心计划和控制混凝土生产的各个过程，保证混凝土的出厂质量。

任务2.1　混凝土原材料的储存与计量

2.1.1　原材料储存

2.1.1.1　原材料堆场

混凝土生产使用的粗、细骨料都应按照相关的技术要求进行选择、准备和处理，以保证生产的正常进行。混凝土用骨料应尽量均匀，尤其是有两种或两种以上骨料时，应选择合适的配比，以使混合骨料有合适的粒径分布；采取正确的方法进行输送和储存，必要的时候可考虑再混合。料堆堆场应有坚硬的表面和良好的排水系统，以防止一些杂物的混入，不同的料堆之间应有隔墙，或是相互隔开一定的距离，同时还应采取措施防止风力过大吹散干燥的骨料。因此，堆放砂、石等原材料堆场的地坪应采用混凝土铺成，并有良好的排水功能。不同规格的砂、石骨料应分别堆放，并有醒目的标志，标明品种、规格，防止混料。《预拌混凝土绿色生产及管理技术规程》规定原材料的运输、装卸和存放应采取降低噪声和粉尘的措施。

2.1.1.2　粉料筒仓

水泥作为普通混凝土的一种主要材料，其储存一定要注意防潮，对于不同品种的水泥应分别进行储存。储存水泥的设备主要是筒仓。筒仓内部平滑，密封性能良好，底部具有较大的倾角，可防止水泥受潮、结块。同时为了防止筒仓因内部起拱造成出料不畅，一般在筒仓锥体部位都设置高压空气进气口用于破拱。筒仓的出料通常采用单管螺旋输送机。粉煤灰、矿渣超细粉等掺合料（矿物外加剂）的输送和存储要求与水泥基本相同。

一般一台搅拌机配有4～6只筒仓，分别存放水泥、掺合料等。筒仓的容量取决于混凝土的产量和原材料的供应情况。筒仓应能保证混凝土的正常生产，通常情况下，每只筒仓的容量在100～300 t之间。每只筒仓应有醒目的标志，标明其所存放的原材料的品种。在每只筒仓的进料口也应有与筒仓相一致的标志，必要时进料口可加锁，并有专人负责进料管理。这些措施可防止进料和用料发生错误，避免造成质量事故。

2.1.2　配料、计量系统

2.1.2.1　配料系统

配料系统是预拌混凝土生产的重要部分，主要是为了进行准确的配比，以通过搅拌保证生产的混凝土的各种性能的均匀性。配料系统由水泥、水、砂、石、掺合料和外加剂等原材料的进料设备(相对于搅拌机来说)、计量设备、卸料设备和控制设备等组成。预拌混凝土的生产特点决定了预拌混凝土配料系统应满足以下几个要求:

(1) 配料系统自动控制

对于预拌混凝土搅拌站,配料系统应实现自动控制。目前广泛采用计算机控制,当混凝土配合比或混凝土配合比编号输入计算机后,原材料的上料、计量、搅拌、卸料、数据采集和信息储存全部由计算机控制和操作,操作人员只要开启总开关即可。

(2) 配料速度

在预拌混凝土搅拌站,搅拌机每一个拌制周期约为2 min,其中搅拌时间约为40 s,配料速度要与生产要求相适应。实践证明配料速度直接影响混凝土搅拌的产量,特别对一些叠加式计量装置(如砂和石叠加、水泥和掺合料叠加等),工艺设计时一定要经过正确的计算。通常在计量料斗和搅拌机之间设置一只中间料斗,这样可保证配料速度和搅拌机生产能力的发挥。

2.1.2.2 计量系统

(1) 计量系统

计量系统是预拌混凝土生产的核心,材料的计量准确与否会直接影响预拌混凝土质量,而计量的速度则直接影响预拌混凝土生产能力。为了达到混凝土材料计量的快速、准确,在预拌混凝土生产中通常都采用重量法进行计量。

① 砂和石的计量

砂和石的计量形式决定了预拌混凝土生产的工艺布置。在单阶式工艺布置中,砂和石的计量一般设置在搅拌机的上方,砂、石分别计量。而在双阶式工艺布置中,砂和石的计量设置在地面(或较低的位置),计量后再用皮带机送至设在搅拌机上方的中间仓内,砂、石一般采用叠加计量的方法,即砂和石在同一计量斗内计量,生产时先将砂(或石)计量到规定(设定)值后,再自动切换,进行另一种料的计量。

② 水泥和掺合料的计量

水泥和掺合料的计量一般设在搅拌机的上方,有分别计量的,也有叠加计量的。

③ 水计量

水计量一般设在搅拌机的上方,目前采用较多的方法是重量法。

④ 外加剂

外加剂有液体和粉状两种,液体外加剂的计量有两种方法。

a. 外加剂原液计量后同计量后的水一起加至搅拌机。这种方法较简单,但对外加剂计量精度要求较高。

b. 根据混凝土用水量及外加剂掺量,先将一定量的外加剂与一定量的水混合,配料时外加剂同水一起计量后加至搅拌机。这种方法外加剂掺量准确,但需要有专用的水池供混合用。

粉状外加剂通常预先计量后分装在塑料袋或盛器内,配料时直接加至搅拌机。

(2) 计量精度

计量精度直接影响混凝土质量,按照国家标准,混凝土原材料计量允许偏差应符合表2-1的规定。

表2-1 混凝土原材料计量允许偏差

原材料品种	水泥	骨料	水	外加剂	掺合料
每盘计量允许偏差(%)	±2	±3	±1	±1	±2
累计计量允许偏差(%)	±1	±2	±1	±1	±1

注:累计计量允许偏差是指每辆运输车中各盘混凝土的每种材料计量和的偏差。

为了保证计量精度，应选择量程合适的计量装置，通常情况下生产时的计量值应在计量装置额定量程的 20%～80%之间。

2.1.3　计量设备的校准

2.1.3.1　计量装置的检定和检验

(1) 计量装置的检定

计量装置必须按规定由法定计量部门进行检定，并取得法定计量部门签发的《检定证书》，每年不少于一次，当计量装置经过大修或搬迁后也要进行检定。

(2) 静态计量校验

静态计量校验由企业计量部门进行，正常情况下每月至少自检一次，当发生下列情况时也要进行静态计量校验：停产一个月以上，需要恢复生产前；生产大方量混凝土前；发生异常情况时。

静态计量校验的方法可参照计量检定方法。一般在计量料斗内逐级加入规定数量的标准砝码，比较计量料斗内标准砝码的数量与搅拌机操作台显示仪上显示的值，由此判定计量装置的计量精度。如果发现问题应及时找出原因，必要时由法定计量部门重新进行计量检定。静态计量校验的加荷总值(计量料斗内标准砝码的数量)应与该计量料斗实际生产时需要的计量值相当。静态计量校验加荷应分级进行，分级数量不少于五级。表 2-2 为静态计量校验记录，可供参考。

表 2-2　静态计量校验记录

搅拌机型号				校验日期		年　月　日
计量料仓名称				最大计量值(kg)		
静态计量校验	序号	加荷百分比(%)	加荷值(kg)	显示值(kg)	误差值(kg)	误差(%)
	1	0				
	2	20				
	3	40				
	4	60				
	5	80				
	6	100				
	7	80				
	8	60				
	9	40				
	10	20				
	11	0				

校验意见和结论：

记录：　　　　　　　　　　　　　　校验负责人：

(3) 动态计量校验

动态计量校验由搅拌机操作人员在生产时进行，生产时应及时检查原材料设定值与实际计量值的误差，以便及时调整，使原材料的计量误差符合表 2-1 的规定。每一工作班开始前，应对计量设备进行零点校准。

2.1.3.2　计量记录

由于预拌混凝土有些质量指标(如强度等)在出厂时难以直接检测,混凝土出厂检验必须通过间接检测。间接检测的途径主要有以下三种:

(1) 混凝土配合比是成熟的,经过试验或应用证明按照所设计的混凝土配合比能生产出合格的混凝土。

(2) 生产混凝土所用的原材料是符合国家有关规定的,且满足混凝土配合比的要求。

(3) 出厂混凝土中各种原材料的实际数量是与混凝土配合比的要求相一致的。

为了保证预拌混凝土质量,掌握预拌混凝土的实际情况,要求能逐盘记录混凝土实际计量值。因此,计量记录不仅反映混凝土搅拌系统的计量精度,更能反映出混凝土的实物质量,是一项重要的质量记录。

在预拌混凝土搅拌站,计量逐盘记录的方式主要有电脑存盘(硬盘或软盘)和逐盘打印两种。从管理和数据处理角度来看采用电脑存盘(特别是数据自动保存在硬盘后能备份至软盘)方式较好。

练习与讨论

1. 混凝土搅拌站储存设备有哪些种类?

2. 计量设备如何进行校准,多久校准一次?

3. 模拟搅拌站进行混凝土原材料储存设备选择及计量设备的校准,并填写仪器内校报告单(表 2-3)。

表 2-3　仪器内校报告单

仪器名称		仪器编号		标准件编号	
温度		计量精度		标准件名称	
校验记录					
校验值	实际值	校验值	实际值	校验值	实际值
判定结论:					
校验者		批准			

任务 2.2　混凝土的组织与生产

2.2.1　混凝土生产工艺

普通混凝土拌合物的制备工艺通常包括原料的储存、称量配料、搅拌、运输等工序。根据搅拌车间竖向布置和物料提升次数的不同，混凝土拌合物的制备工艺可分为单阶式和双阶式两种。

单阶式工艺是将材料一次提升到车间最高点的储料仓中，经过称量配料和搅拌直至混凝土混合料制成，靠物料自重，由上而下形成的一个垂直生产工艺系统。工艺流程如图 2-1 所示。优点在于产量高，占地小，工艺布置紧凑，便于自动控制，但投资较高。

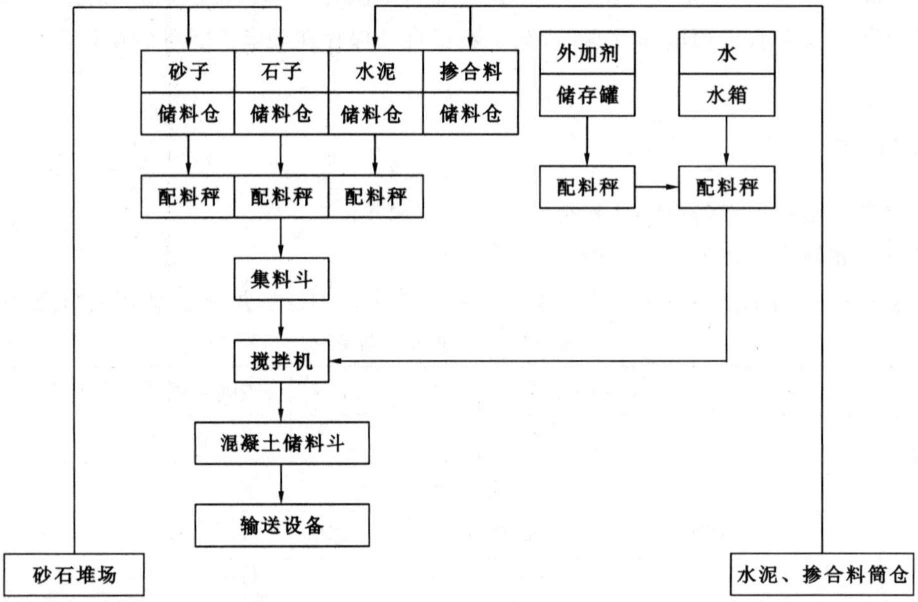

图 2-1　混凝土拌合物制备单阶式生产工艺

双阶式工艺是将材料分两次提升，第一次提升到储料仓，经过称量配料再经第二次提升进入搅拌机，工艺流程如图 2-2 所示。优点在于设备简单，对厂房结构要求低，投资小。缺点是辅助设备多，动力消耗大，工作条件差。

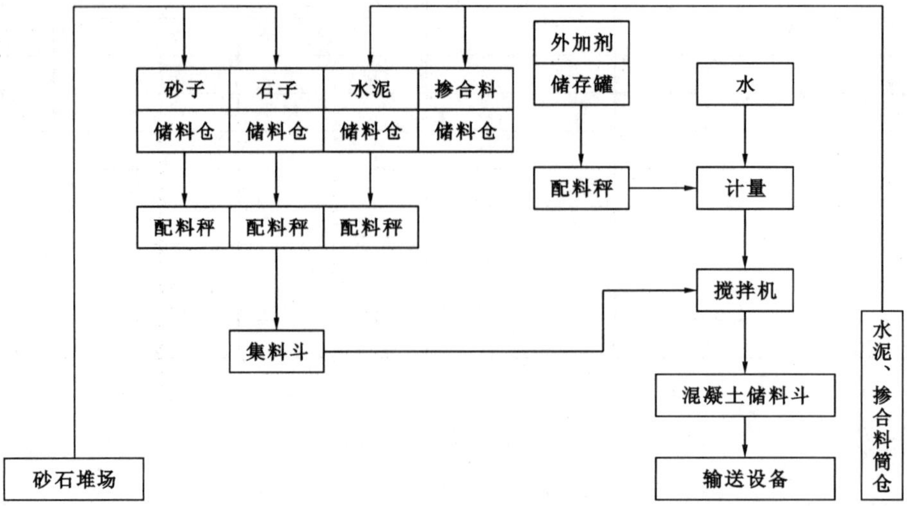

图 2-2　混凝土拌合物制备双阶式生产工艺

2.2.2　混凝土拌合物的搅拌

混凝土拌合物的搅拌涉及其中固、液、气三相物质的搅拌，还涉及物料互相间的化学和物理变化，所以搅拌工艺是一个非常复杂的问题。评价搅拌工艺的优劣除了混凝土搅拌均匀性质量指标外，还要考虑混凝土的结构形成，即搅拌强化的问题。下面介绍混凝土搅拌方法。

2.2.2.1　人工搅拌

当混凝土用量不大而又缺乏机械设备，或对混凝土强度要求不高时，可用人工搅拌。人工搅拌一般用铁板或包有白铁皮的木拌板，一般采用"三干三湿"法，即先将砂倒在拌板上，稍加摊平，再把水泥倒在砂上干拌两遍，摊平加入石子再翻拌一遍，之后逐渐洒入定量的水，湿拌三遍，直至颜色一致、石子与水泥浆无分离现象为止。

人工搅拌混凝土，劳动强度大，要求的坍落度较大，否则很难搅拌均匀。当水胶比不变时，人工搅拌要比机械搅拌多耗10%～15%的水泥。

2.2.2.2　机械搅拌

混凝土搅拌机是使混凝土配合料均匀拌和而制备混凝土的专用机械。为适应不同混凝土搅拌要求，搅拌机有多种机型。按照工作性质分，有周期式和连续式搅拌机；按搅拌原理分，有自落式和强制式搅拌机；按搅拌筒形状分，有鼓筒式、锥式和圆盘式。此外，还有圆槽式(即卧轴式)等混凝土搅拌机。图 2-3 为自落式和强制式搅拌机工作原理。

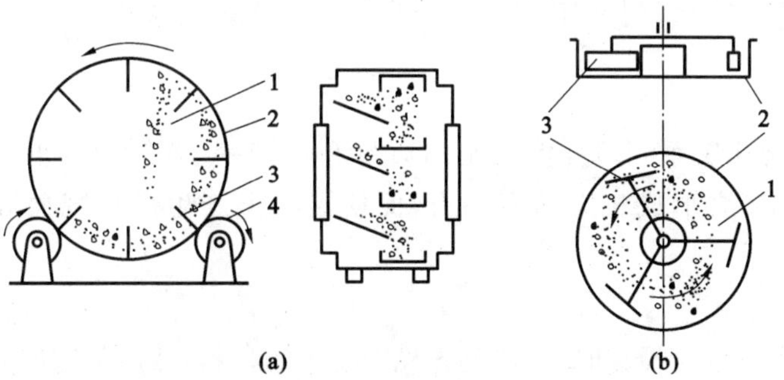

图 2-3　自落式与强制式搅拌机工作原理

(a) 自落式；(b) 强制式

1—混凝土拌合料；2—搅拌筒；3—搅拌叶片；4—托轮

自落式搅拌机工作机构为筒体，沿筒内壁圆周安装有若干搅拌叶片。工作时，筒体绕其自身轴旋转，利用叶片对筒内物料进行分割、提升、洒落和冲击，使配合料之间的相互位置不断进行重新分布而得以拌和均匀。其特点是搅拌强度不大，效率低，只适用于搅拌一般骨料的塑性混凝土。

强制式搅拌机的搅拌机构是水平式垂直设置在筒内的搅拌轴，轴上安装搅拌叶片。工作时，转轴带动叶片对筒内物料进行剪切、挤压和翻转推移，产生强制搅拌作用，使配合料在剧烈的相对运动中得到均匀拌和。其搅拌质量好，效率高，特别适用于搅拌干硬性混凝土和轻质骨料混凝土。

2.2.2.3　搅拌强化

所谓搅拌强化就是能够用以改变搅拌工艺效果而加速胶凝材料水化反应，从而提高混凝土早期或后期强度的方法，包括三种基本方法。

(1) 均匀强化

普通搅拌机只能使拌合物达到宏观均匀，而不能使细小颗粒和拌和用水均匀分布。但在搅拌的同时加以振动，即能使水泥颗粒处于颤动状态，使水泥颗粒与水均匀分布，并增大水泥颗粒的运动速度，加速水泥水化。振动搅拌的第二个作用是净化骨料表面，从而增大水泥石和骨料间的黏结力，这不但改善了混凝土的流动性，也有效地提高了混凝土的强度。

（2）粉碎强化

超声波是粉碎强化的一种办法。它是先以超声波发生器活化搅拌水泥砂浆，再用这种砂浆在普通搅拌机中与骨料混合。由于超声波作用使水泥颗粒进一步粉碎而加速水化反应。超声活化对过期水泥有更明显的效果。

（3）加热强化

采用加热强化，合理提高搅拌时的料温，不但有利于加速水泥水化，并且还可以消除混凝土在养护过程中升温期对混凝土结构造成的破坏作用。用加热强化来缩短混凝土制品的养护周期，提高早期强度是一种常用的强化方法，特别是在冬季施工，效果更为明显。

综合运用以上三种方法，可取得更好的效果。

2.2.2.4 影响混凝土搅拌质量的因素

影响混凝土拌合物搅拌质量的因素有原材料性质、配合比、搅拌设备及操作过程。但在某一地区，原材料供应比较稳定、材料性质变化不大、混凝土配合比也比较固定，在这种情况下，搅拌机的类型及工艺参数就成为影响搅拌质量的主要因素。

（1）搅拌机类型

我国当前常用的搅拌机有锥形搅拌机、卧轴式搅拌机、涡浆式搅拌机和行星式搅拌机等。不同稠度的混凝土需要用相应的搅拌机。如搅拌塑性和低流动性混凝土可选用锥形搅拌机或梨形搅拌机，而干硬性及半干硬性混凝土最适宜的是强制式搅拌机。

（2）工艺因素

① 转速

强制式搅拌机的转速关系到搅拌混凝土的质量和生产率，若转速偏低将使搅拌时间增加、生产率降低；若转速过高又会形成较大的离心力，促使混凝土产生离析现象破坏均匀性，导致质量降低。

② 投料顺序

不同密度的物料进行混合搅拌时，一般是先投密度小的物料，然后将密度大的物料逐步投入密度小的物料中，边倒边搅拌。当搅拌几种物料的混合数量之比相差较大时，应先投数量多的物料，然后投入数量少的物料。其作用有：首先是提高了混凝土拌合物的均匀度，从而提高了混凝土的强度；其次是减少了骨料对搅拌叶片及拌合物与搅拌筒的黏结；再次是可降低能耗，提高生产率，减少粉尘污染，改善工作环境等。

③ 搅拌时间

以原材料完全投入搅拌机起到开始卸料时止所用的时间为搅拌时间。搅拌时间与搅拌机以及拌合物的和易性、流动性有关。在生产中，应根据混凝土拌合料要求的均匀性、搅拌机容量及生产效率等因素，规定合适的搅拌时间。混凝土搅拌的最短时间，应符合表 2-4 的规定。

表 2-4 搅拌时间的规定

公称容量(L)	50～500		750～1000		1250～2000		2500～6000	
搅拌方式	自落式	强制式	自落式	强制式	自落式	强制式	自落式	强制式
搅拌时间(s)	≤45	≤35	≤60	≤40	≤80	≤45	≤100	≤45

④ 加水方法

混凝土拌合物在搅拌时的加水方法也是影响混凝土质量的因素，特别是强制式搅拌机，其加水方法影响较为明显。如向搅拌筒整个空间均匀供水时，只需 30 s 即可搅拌均匀，若集中向一处供水，不但搅拌时间长，而且强度变异系数大。所以，当强制搅拌机中环形供水管损坏改为人工供水时，必须延长搅拌时间。

2.2.3　混凝土的生产操作

2.2.3.1　预拌混凝土生产前的组织准备

预拌混凝土生产前的组织准备工作主要包括签发“生产任务单”、签发“混凝土配合比通知单”、原材料的组织供应、设备检查和试运转、预拌混凝土的供应五项工作，这些工作是保证预拌混凝土正常生产的前提。

(1)“生产任务单”的签发

“生产任务单”是预拌混凝土生产的主要依据，预拌混凝土生产前的组织准备工作和预拌混凝土的生产是依据“生产任务单”进行的。“生产任务单”是由经营部门依据预拌混凝土“供销合同”等向生产部门和技术质量部门签发的。如表 2-5 所示，“生产任务单”主要包括购货单位、工程名称、工程部位、混凝土品种、交货地点、供应日期和时间、供应数量和供应速度以及其他特殊要求。签发“生产任务单”时应填写正确、清楚，项目齐全，确保“生产任务单”的各项内容已被生产部门和技术部门正确理解，并做好签收记录。

表 2-5　预拌混凝土生产任务单

<table>
<tr><td colspan="2">施工单位</td><td colspan="3"></td><td colspan="2">工程部位</td><td></td></tr>
<tr><td colspan="2">送货地点</td><td colspan="3"></td><td colspan="2">部位</td><td></td></tr>
<tr><td>技术要求</td><td></td><td colspan="6"></td></tr>
<tr><td rowspan="2">强度等级</td><td colspan="2">R28</td><td>坍落度</td><td colspan="2"></td><td>石子规格</td><td></td></tr>
<tr><td colspan="2">R60</td><td>特殊要求</td><td colspan="2"></td><td></td><td></td></tr>
<tr><td colspan="2">生产日期</td><td></td><td rowspan="2">施工方法</td><td colspan="2">泵送</td><td rowspan="2">班次</td><td></td></tr>
<tr><td colspan="2">生产数量</td><td></td><td colspan="2">非泵送</td><td></td></tr>
<tr><td>备注</td><td colspan="7"></td></tr>
</table>

制单人：　　　　签发人：　　　　签收人：　　　　年　月　日

(2)“混凝土配合比通知单”的签发

“混凝土配合比通知单”是由技术质量部门向生产部门签发的。当技术质量部门收到“生产任务单”后，应根据“生产任务单”中混凝土品种、工程部位、运输距离、气候情况等，并结合搅拌站实际情况(现有原材料情况等)，选择适宜的混凝土配合比。

签发“混凝土配合比通知单”的依据有：

① 经营部门签发的“生产任务单”中的有关内容，其中混凝土品种、工程部位、运输时间和特殊要求是技术质量部门签发“混凝土配合比通知单”时应重点考虑的内容。

② 混凝土配合比

预拌混凝土搅拌站作为一个专业生产预拌混凝土的企业，应具备较齐全的混凝土配合比。混凝土配合比设计资料应能满足常用的混凝土生产需要，不同混凝土强度等级、不同坍落度、不同原材料和不同季节应有不同的混凝土配合比，并统一编号，汇编成册。这些设计资料必须符合有关标准。这种配合比通常称为基准配合比。

③ 砂、石含水率测定结果

混凝土基准配合比一般不包括砂、石含水率，但是实际生产时砂、石是有一定含水率的，而且砂、石含水率是受气候影响变化的。因此在签发“混凝土配合比通知单”前应测定砂、石含水率，并在混凝土配合比中作相应调整。砂、石含水率是签发“混凝土配合比通知单”的重要根据。

④ 砂、石级配的变化

实际生产时，砂、石的质量（规格、细度、粒径等）是在一定范围内波动的，经常出现砂、石质量与混凝土配合比设计时所采用的砂、石质量不完全一致。同样是中砂，但是其细度模数和颗粒级配是不同的。同样规格的碎石，其颗粒级配也是不同的。这就需要在签发“混凝土配合比通知单”时做适当的调整。这种配合比通常称为施工配合比（或生产配合比）。

例如：当砂变细时，可有两种方法进行调整。第一种方法是按一定比例掺一部分粗砂，细砂和粗砂的掺合比例要经过筛分析试验，细砂和粗砂掺合后进行的筛分析试验结果应与混凝土配合比设计时所采用的砂的质量基本一致，这种方法比较科学、合理，同时配料系统的计量能对细砂和粗砂分别计量、控制。第二种方法是调整混凝土的砂率，当无法组织到可供与细砂相掺的粗砂或配料系统无法将细砂和粗砂分别计量、控制时，可适当降低砂率。碎石的颗粒级配变化也是经常发生的，同样可用调整砂的办法调整碎石。

“混凝土配合比通知单”的签发技术质量部门依据“生产任务单”的要求和混凝土配合比设计资料，经试验、计算和调整向生产部门签发“混凝土配合比通知单”。如表 2-6 所示，“混凝土配合比通知单”主要包括日期、工程名称、工程部位、混凝土品种（强度、坍落度）、混凝土配合比设计编号、原材料的名称和品种规格、混凝土配合比、砂和石的含水率、每盘（或每立方米）混凝土所用各种原材料的实际用量等。签发“混凝土配合比通知单”时应填写正确、清楚，项目齐全，确保“混凝土配合比通知单”的各项内容易被有关操作人员正确理解，做好签发和签收记录。有些搅拌站为了使混凝土配合比准确无误地输入生产控制电脑，采取由试验人员进行输入操作的办法；也有的搅拌站采取由电脑操作员输入，试验人员核实的办法。

表 2-6　混凝土配合比通知单

编号：　　　　　　　　　　　　通知日期：

委托单位		工程部位			
工程名称		强度等级		坍落度(mm)	
水泥品种		砂		石子	
外加剂		掺和料			
技术要求					

混凝土配合比（kg/m^3）

材料名称	胶凝材料		砂子		石子		水	外加剂		
	水泥	粉煤灰	砂 1	砂 2	石 1	石 2				
试验编号										
材料用量										
比例										

备注：

试验员：　　　　　　　　签发人：　　　　　　　　签收人：

（3）原材料的组织供应

① 生产部门依据“生产任务单”和“混凝土配合比通知单”，组织原材料的供应，保证原材料的品种、规格、数量和质量符合生产要求。在原材料组织供应中应注意，生产预拌混凝土用的各种原材料不仅要符合标准的要求，还要符合“混凝土配合比通知单”的要求。

② 各种原材料存放的位置应符合生产要求，各种原材料应有醒目的标志标明原材料的品种和规格。特别对筒仓内粉状原材料更要标注清楚。

③ 操作人员应明确各种原材料的存放地点。

④ 对于需外购的原材料必须按有关要求做好原材料的进场验收、检验和管理工作，生产大方量混凝土时，还要有专门部门组织各种原材料的供应。

(4) 设备检查和试运转

① 班前计量检查

预拌混凝土生产前(班前)应做好配料系统的计量检查，其主要内容有：

a. 计量装置检查，重点检查各计量料斗的工作情况，防止计量料斗的卡、顶等现象发生。

b. 荷重传感器的工作情况和有关导线的接触情况检查，防止导线脱落。

c. 传感器灵敏度检查，可以在各计量料斗内放置一定数量的标准砝码，采用"静态计量校验"的方法校验，确定计量系统的灵敏度和计量误差。

d. 计量显示器的零点复位检查，计量显示器应复零。

② 搅拌机的空运转

生产前对搅拌机进行一次检查，包括搅拌机各连接部位的连接情况、润滑情况，在检查无误的情况下，启动搅拌机进行空运转检查，运转正常后方可生产。

③ 上料设备和筒仓出料设备的确认

为了防止误用原材料，生产前应对各上料设备和筒仓出料设备进行一次全面的检查，保证原材料的品种、规格符合"混凝土配合比通知单"所规定的要求。

(5) 预拌混凝土的供应

混凝土生产前应按混凝土供应的速度安排运输车辆，明确送货地点和运输路线，施工现场应有专人负责混凝土的接收、指挥和协调。

2.2.3.2　预拌混凝土生产

(1) 混凝土配合比的输入和原材料的确认

① 生产时必须严格按照技术质量部门签发的"混凝土配合比通知单"，将混凝土配合比输入搅拌机的配料系统。为了防止出错，这项工作一般应有两人操作，其中一人负责将混凝土配合比输入计算机，另一人负责核查确认。

② 要严格核查原材料的品种、规格以及数量，保证混凝土用各种原材料的质量符合有关标准的要求和"混凝土配合比通知单"的规定。特别要注意原材料筒仓的编号、筒仓内原材料的品种和出料闸门(阀门)。

③ 对混凝土配合比的输入工作应做好记录。

(2) 计量

各种原材料应按"混凝土配合比通知单"规定值计量，确保混凝土配合比的正确，保证混凝土质量。

(3) 搅拌

当原材料的供应得到保证，生产设备运行可靠，混凝土配合比输入和原材料得以确认，混凝土运输和施工现场准备工作完毕后方可生产混凝土，混凝土生产时应做好下面几项工作：

① 每次开拌前应先开动搅拌机空运转，运转正常后方可加料搅拌，加料的程序和搅拌时间应按规定进行。

② 搅拌机启动并开始拌料后，立即对机械设备的运转、计量料斗的工作情况再进行一次检查，确保运行正常。同时对所用原材料还要进行一次核查，防止误用。各项检查完成，并符合生产要求时，才能正常生产混凝土。

③ 在混凝土生产过程中，还要经常对机械设备的运行和原材料的使用进行巡回检查。

④ 做好首盘（前期生产）的质量检查。做好混凝土前期生产的质量检查十分关键，第一盘以目测为主，检测宜从第二、第三盘开始，检测的主要内容有混凝土的稠度（坍落度）和和易性。当检测结果与“混凝土配合比通知单”的要求有较大误差时，应分析原因，必要时由技术质量部门进行调整。

(4) 混凝土配合比调整

混凝土在生产过程中由于某种原因，需要对“混凝土配合比通知单”所规定的配合比进行调整。

① 配合比调整的原因

a. 砂、石含水率的变化

砂、石含水率会因砂、石所处的不同区域发生变化，从而造成混凝土稠度（坍落度）发生变化。因此，生产混凝土时应随时注意砂、石含水率的变化，并按规定调整配合比中的用水量。

b. 坍落度损失的变化

由于运输时间、气候变化等常常会造成混凝土坍落度损失发生变化。运输时间长，温度高，气候干燥，坍落度损失就大；反之，坍落度损失就小。当出现这种变化时，应调整出厂坍落度。常用的方法是在保证混凝土水胶比不变的情况下调整用水量（同时要调整水泥用量）或调整外加剂。

c. 现场施工需要

施工现场由于浇捣部位不同，对混凝土稠度（坍落度）要求也不一样，例如，大体积混凝土施工时，在后期为了有利于收尾（头）或因泵送距离缩短可适当减小坍落度。

② 混凝土配合比调整的基本要求

实际生产过程中，可根据需要调整混凝土配合比，但调整时要求：

a. 调整要有足够的理由和依据，防止随意调整。

b. 调整应不影响混凝土质量，通常情况下，调整过程中混凝土水胶比不能发生变化。

c. 调整必须按规定程序进行，要由技术质量部门或有技术质量部门授权的具有专业知识的部门进行。

d. 要做好调整记录。

(5) 动态计量检验

在混凝土生产过程中，操作人员应注意动态计量误差，当原材料的设定值与实际计量值（使用值）的偏差超过规定时，要找出原因，及时处理。技术质量部门也要加强对混凝土生产时的动态计量精度的抽查，一般情况下，每个工班不少于一次。

(6) 计量记录

混凝土生产时应对每一盘的原材料实际使用值进行记录。计量记录是反映混凝土实物质量的有效依据。应认真做好计量记录和计量记录的归档保存工作。

(7) 拌合物质量抽检

生产过程中应加强对拌合物质量抽检，一般情况下，每工作班不少于一次。

(8) 质量检验

依据国家标准《预拌混凝土》(GB/T 14902—2012)的规定，预拌混凝土的质量检验分为出厂检验和交货检验。预拌混凝土在生产过程中和出厂前应做好质量检验工作。通常情况下，质量检验的检验项目有混凝土坍落度、混凝土强度和耐久性能检验。质量检验的取样和试验应按照有关要求进行。经质量检验符合标准和合同要求的混凝土方可出厂。

表 2-7 为混凝土生产配合比（开盘鉴定）单。

表 2-7　混凝土生产配合比(开盘鉴定)单

任务编号：　　　　　　　　　　生产线：　　　　　　　　　　通知日期：

工程名称				浇筑部位	
强度等级				设计坍落度	
水泥品种				掺合料	
砂子		石子		外加剂	
搅拌时间		号站		其他要求	

混凝土配合比(kg/m³)

材料名称		胶凝材料		砂		石		水	外加剂		
		水泥	粉煤灰	砂 1	砂 2	石 1	石 2				
材料用量	每 m^3										
	每盘										
砂、石含水率											
仓号											

鉴定内容	实测坍落度(mm)		和易性情况		试块编号		鉴定人		鉴定时间	
	混凝土配合比及其他技术要求是否与“生产任务单”相符						是/否			
	原材料是否与本通知单相符						是/否			
	输入微机的各种材料是否与本通知单相符						是/否			

配合比批准人：　　　　　　　　　　　　　　签发人：

练习与讨论

1. 简述不同混凝土搅拌机的工作方式。
2. 简述混凝土生产工艺。
3. 简述混凝土生产的操作流程。
4. 模拟现场搅拌站进行混凝土的生产。

任务 2.3　混凝土和易性的检测与调试

2.3.1　和易性的定义

和易性是指新拌混凝土易于各工序施工操作(搅拌、运输、浇筑、捣实),并能获得质量均匀、成型密实的混凝土性能。主要表现为:是否易于搅拌和卸出;运输过程中是否分层、泌水;浇筑时是否离析;振捣时是否易于填满模型。可见,和易性是一项综合性能,包括流动性、黏聚性和保水性三个方面。

流动性是指混凝土能够均匀密实地填满模型的性能。混凝土拌合物必须要有好的流动性,以利于施工。

黏聚性是指拌合物在施工过程中,各组成材料互相之间有一定的黏聚力,不出现分层离析,保持整体均匀的性能。为什么要有好的黏聚性呢?黏聚性差的拌合物中的石子容易与砂浆分离,并出现分层现象,振实后的混凝土表面还会出现蜂窝、空洞等缺陷。

保水性是指混凝土拌合物保持水分,不致产生严重泌水的性质。保水性差,泌水倾向加大,振捣后拌合物中的水分泌出、上浮,使水分流经的地方形成毛细孔隙,成为渗水通道;上浮到表面的水分,形成疏松层,如继续浇灌混凝土,则新旧混凝土之间形成薄弱的夹层;上浮过程中积聚在石子和钢筋下面的水分形成水隙,影响水泥浆与石子和钢筋的黏结。

2.3.2　和易性的测定方法

混凝土拌合物和易性是一项极其复杂的综合指标,到目前为止尚无能够全面反映混凝土和易性的测定方法,通常通过测定流动性,再辅以其他直观观察或经验综合评定混凝土和易性。流动性的测定方法有坍落度法、维勃稠度法、探针法、斜槽法、流出时间法和凯利球法等十多种,对普通混凝土而言,最常用的是坍落度法和维勃稠度法。

2.3.2.1　坍落度法

坍落度试验是用标准坍落圆锥筒(图 2-4)测定,该筒由钢皮制成,高度 $H=300$ mm,上口直径 $d=100$ mm,下底直径 $D=200$ mm,试验时,将圆锥置于平台上,然后将混凝土拌合物分三层装入标准圆锥筒内,每层用弹头棒均匀地捣插 25 次。多余试样用镘刀刮平,然后垂直提取圆锥筒,将圆锥筒与混合料排放于平板上,测量筒高与坍落后混凝土试体最高点之间的高差,即为新拌混凝土的坍落度,以 mm 为单位(精确至 5 mm)。如图 2-5 所示。

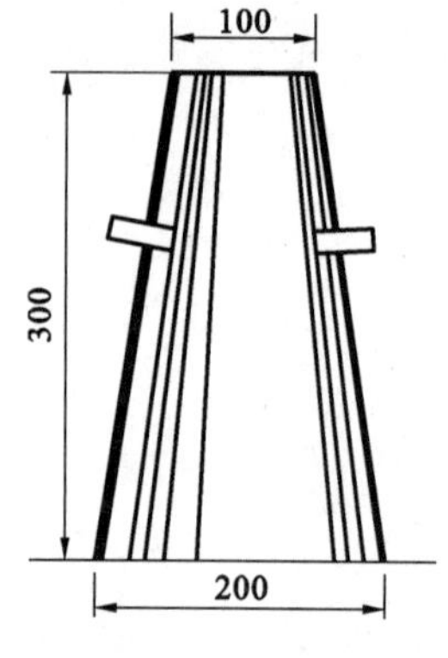

图 2-4　坍落度筒

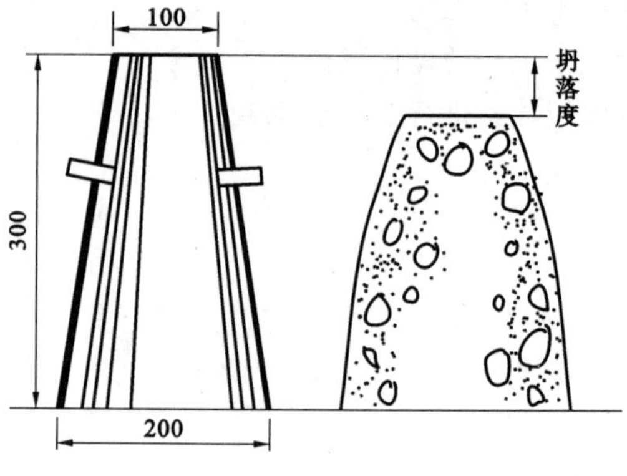

图 2-5　混凝土拌合物的坍落度

坍落度越大,流动性越好。根据混凝土拌合物坍落度 S 大小,可进行混凝土拌合物坍落度等级划分,见表 2-8。

表 2-8　混凝土拌合物坍落度等级划分

等级	坍落度(mm)
S1	10～40
S2	50～90
S3	100～150
S4	160～210
S5	≥220

若 $S \geqslant 220$ mm，需要加测混凝土拌合物的扩展度，混凝土拌合物的扩展度等级划分见表 2-9。

表 2-9　混凝土拌合物的扩展度等级划分

等级	扩展直径(mm)
F1	≤340
F2	350～410
F3	420～480
F4	490～550
F5	560～620
F6	≥630

测定坍落度后，观察拌合物的下述性质：

黏聚性：用捣棒在已坍落的拌合物锥体侧面轻轻敲打，如果锥体逐步下沉，表示黏聚性良好；如果突然倒塌，部分崩裂或石子离析，则为黏聚性不好的表现。

保水性：当提起坍落度筒后如有较多的稀浆从底部析出，锥体部分的拌合物也因失浆而骨料外露，则表明保水性不好。如无这种现象，则表明保水性良好。

2.3.2.2　维勃稠度法

维勃稠度试验适用于维勃稠度值为 5～30 s 的混凝土拌合物，测定方法是将坍落度筒放在直径为 40 mm、高度为 200 mm 圆筒中，圆筒安装在专用的振动台上，如图 2-6 所示。按坍落度试验的方法将新拌混凝土装入坍落度筒内后再提起坍落度筒，并在新拌混凝土顶上置一透明圆盘。开动振动台并记录时间，从开始振动至透明圆盘底面被水泥浆布满瞬间止，所经历的时间，以秒计(精确至 1 s)，即为新拌混凝土的维勃稠度值。

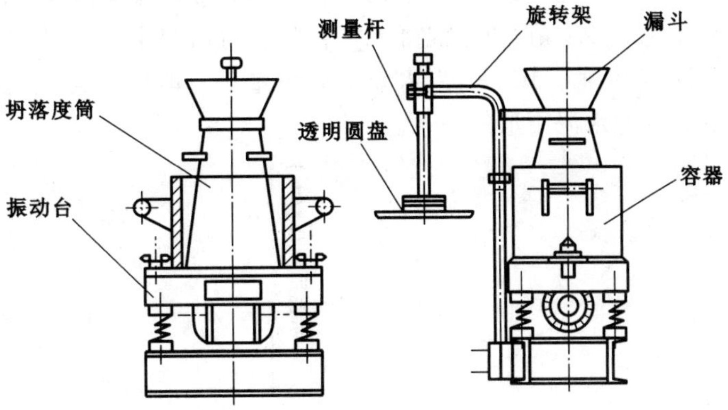

图 2-6　维勃稠度仪

根据混凝土拌合物维勃稠度值大小，可将混凝土拌合物进行维勃稠度等级划分，见表 2-10。

表 2-10　混凝土拌合物的维勃稠度等级划分

等级	维勃稠度(s)
V0	≥31
V1	30～21
V2	20～11
V3	10～6
V4	5～3

2.3.2.3　流动性(坍落度)的选择

混凝土拌合物在满足施工要求的前提下,尽可能采用较小的坍落度。泵送混凝土拌合物坍落度一般控制在 180 mm 左右。混凝土拌合物的坍落度经时损失不应影响混凝土的正常施工,泵送混凝土拌合物的坍落度经时损失不宜大于 30 mm/h。

2.3.3　和易性的影响因素

2.3.3.1　影响新拌混凝土的和易性的因素

(1) 水泥浆数量的影响

水泥浆的作用为填充骨料空隙,包裹骨料形成润滑层,增加流动性。混凝土拌合物在保持水胶比和水灰比不变的情况下,水泥浆用量越多,流动性越大,反之越小。但水泥浆用量过多,黏聚性及保水性变差,对强度及耐久性将产生不利影响。水泥浆用量过小,黏聚性差。

因此,水泥浆用量不能太少,但也不能太多,应以满足拌合物和易性要求为宜。

(2) 用水量的影响

根据试验,在配制混凝土的过程中,在采用一定量骨料,所用粗、细骨料种类及比例一定,水胶比在一定范围内变动时,即使单位加水量变化,流动性混凝土拌合物的坍落度也大体上保持不变,这一规律称为固定需水量定则,或称恒定用水量法则。即为获得要求的流动性,所需拌和用水量基本是一定的。

(3) 砂率的影响

砂率是指混凝土中砂的质量占砂、石总质量的百分率。

由胶凝材料和适当含量的细骨料组成的砂浆,在拌合物中起着润滑作用,可减小骨料颗粒之间的摩擦力,但砂率过大,孔隙率及总表面积大,拌合物干稠,流动性小;砂率过小,砂浆数量不足,流动性降低,且影响黏聚性和保水性。故砂率大小将影响拌合物的工作性及胶凝材料用量。

合理砂率是指在用水量及水泥用量一定的情况下,能使混凝土拌合物获得最大的流动性,且能保持良好的黏聚性和保水性时的砂率值;或指混凝土拌合物获得所要求的流动性及良好的黏聚性和保水性,而水泥用量最少时的砂率值。图 2-7 为水和水泥用量一定时砂率与坍落度的关系。图 2-8 为达到相同坍落度条件下砂率与水泥用量的关系。

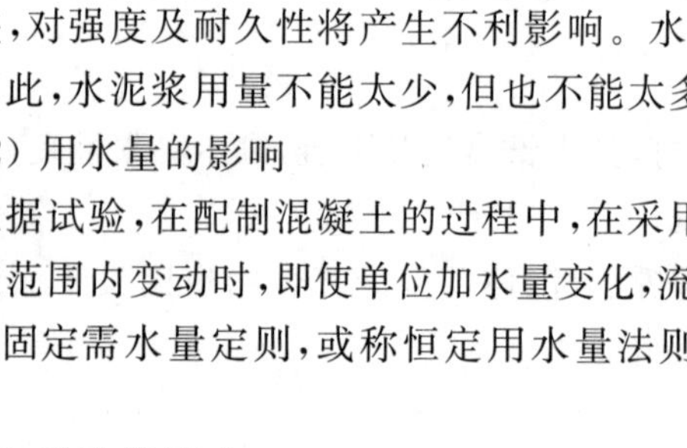

图 2-7　砂率与坍落度的关系

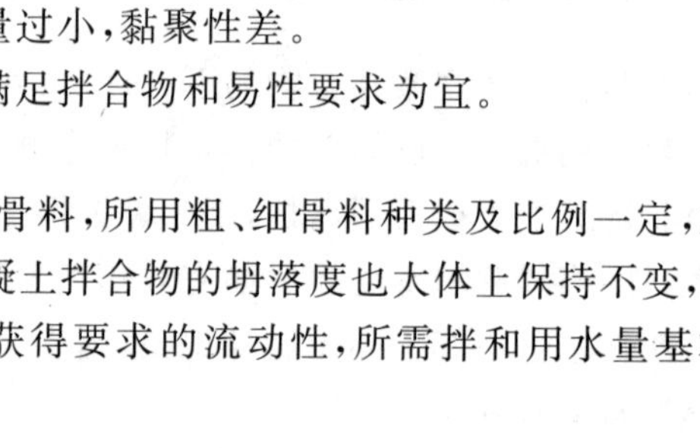

图 2-8　砂率与水泥用量的关系

(4) 组成材料性质的影响

① 水泥品种的影响

水泥品种不同,其需水量也不一样,混凝土拌合物的和易性也会造成一定的影响。一般来说当水胶比相同时,使用不同水泥拌制的混凝土其和易性由好至坏为:粉煤灰水泥→普通水泥、硅酸盐水泥→矿渣水泥(流动性大,但黏聚性差)→火山灰水泥(流动性差,但黏聚性和保水性好)。

② 骨料性质的影响

骨料的品种、粒径、级配和表面形状等都对混凝土拌合物的和易性产生影响。在材料用量相同的情况下,粒径越大,总比表面积越小,剩余水泥浆就较多,就可在骨料表面形成较厚的水泥浆层而提高拌合物流动性。卵石拌制的混凝土拌合物流动性优于碎石混凝土。骨料级配好,其空隙率小,具有较好的和易性和保水性。若石子中针、片状颗粒增多,拌合物和易性下降。

(5) 外加剂的影响

外加剂(如减水剂、引气剂等)对混凝土的和易性有很大的影响。少量的外加剂能使混凝土拌合物在不增加胶凝材料用量的条件下,获得良好的和易性。不仅流动性显著增加,而且还能有效地改善拌合物的黏聚性和保水性。

(6) 拌合物存放时间及环境温度的影响

① 温度:环境温度升高,水分蒸发,水化反应加快,相应坍落度下降。

② 时间:时间延长,拌合物水化反应加快,表面水分蒸发,坍落度下降。

(7) 施工工艺

同样的配合比设计,机械拌和时坍落度大于人工拌和时坍落度,且搅拌时间长,则坍落度大。

2.3.3.2 改善新拌混凝土和易性的措施

采用合理砂率,并尽可能使用较低的砂率。改善砂、石的级配;在可能的条件下,尽量采用较粗的砂、石。当拌合物坍落度太小时,保持水胶比不变,增加适量的水泥浆,或保持其他材料不变,适当增加外加剂掺量。当拌和物坍落度太大时,保持骨料总量不变,提高砂率;或水胶比保持不变,减少用水量或减少外加剂掺量。

2.3.4 混凝土坍落度的检测

坍落度法适用于骨料最大粒径不大于 40 mm、坍落度值不小于 10 mm 的混凝土拌合物稠度测定。

(1) 主要仪器设备

坍落度筒、捣棒、拌板、铁锹、小铲、钢尺等。

(2) 试验步骤

① 湿润坍落度筒及底板,在坍落度筒内壁和底板上应无明水。底板应放置在坚实水平面上,并把筒放在底板中心,然后用脚踩住两边的脚踏板,坍落度筒在装料时应保持固定的位置。

② 把按要求取得的混凝土试样用小铲分三层均匀地装入筒内,使捣实后每层高度为筒高的 1/3 左右。每层用捣棒插捣 25 次。插捣应沿螺旋方向由外向中心进行,各次插捣应在截面上均匀分布。插捣筒边混凝土时,捣棒可以稍稍倾斜。插捣底层时,捣棒应贯穿整个深度,插捣第二层和顶层时,捣棒应插透本层至下一层的表面。浇灌顶层时,混凝土应灌到高出筒口。插捣过程中,如混凝土沉落到低于筒口的位置,则应随时添加。顶层插捣完后,刮去多余的混凝土,并用抹刀抹平。

③ 清除筒边底板上的混凝土后,垂直平稳地提起坍落度筒。坍落度筒的提离过程应在 5～10 s 内完成;从开始装料到提起坍落度筒的整个进程应不间断地进行,并应在 150 s 内完成。

④ 提起坍落度筒后,测量筒高与坍落后混凝土试体最高点之间的高度差,即为该混凝土拌合物的坍落度值(以 mm 为单位,结果精确至 5 mm)。坍落度筒提离后,如试体发生崩坍或一边剪坏现

象，则应重新取样进行测定。如第二次仍出现这种现象，则表示该拌合物和易性不好，应予记录备查。

⑤ 观察坍落后的混凝土试体的黏聚性及保水性。黏聚性的检查方法是用捣棒在已坍落的拌合物锥体侧面轻轻敲打，此时如果锥体逐渐下沉，则表示黏聚性良好，如果锥体倒坍、部分崩裂或出现离析，即表示黏聚性不好。保水性以混凝土拌合物稀浆析出的程度来评定，坍落度筒提起后如有较多的稀浆从底部析出，锥体部分的拌合物也因失浆而骨料外露，则表明此混凝土拌合物的保水性不好；如坍落度筒提起后无稀浆或仅有少量稀浆自底部析出，则表明此混凝土拌合物保水性良好。

⑥ 当混凝土拌合物的坍落度大于 220 mm 时，用钢尺测量混凝土扩展后的最大直径和最小直径，在这两个直径之差小于 50 mm 的条件下，用其算术平均值作为坍落扩展度值；否则，此次试验无效。

如果发现粗骨料在中央堆集或边缘有水泥浆析出，表示此混凝土拌合物和易性不好，应予记录。

(3) 注意事项

① 当混凝土流动性小于设计要求时，为了保证混凝土的强度和耐久性，不能单独加水，必须保持水胶比不变，增加胶凝材料用量。但胶凝材料特别是水泥用量过多，则混凝土成本提高，混凝土的收缩和水化热也将增大等，混凝土的黏聚性和保水性也可能下降。

② 当坍落度大于设计要求时，可在保持砂率不变的前提下，增加砂、石用量。实际上相当于减少了胶凝材料用量。

③ 改善骨料级配，既可增大混凝土流动性，又能改善黏聚性和保水性。但当骨料占混凝土用量的 75%左右时，实际操作难度往往较大。

④ 掺减水剂或引气剂是改善混凝土和易性的最有效措施。

⑤ 尽可能选用最优砂率。当黏聚性不足时可适当增大砂率。

表 2-11 为混凝土和易性原始记录单。

表 2-11 混凝土和易性原始记录单

<table>
<tr><td colspan="2">试验编号</td><td colspan="2"></td><td colspan="2">试验日期</td><td colspan="4">年 月 日</td></tr>
<tr><td colspan="2">工程部位</td><td colspan="2"></td><td colspan="2">坍落度(mm)</td><td colspan="4"></td></tr>
<tr><td colspan="2">主要仪器设备</td><td colspan="2"></td><td colspan="2">试验温、湿度</td><td colspan="4">℃ %</td></tr>
<tr><td rowspan="3">配合比</td><td rowspan="2">试配强度(MPa)</td><td rowspan="2">组数</td><td rowspan="2">配合比(质量比)</td><td colspan="6">原料用量(kg/m^3)</td></tr>
<tr><td>水泥</td><td>砂</td><td>石</td><td>外加剂</td><td>掺合料</td><td>水</td></tr>
<tr><td></td><td></td><td></td><td></td><td></td><td></td><td></td><td></td><td></td></tr>
<tr><td rowspan="2">原材料</td><td>水泥</td><td colspan="2"></td><td>砂</td><td colspan="2"></td><td>石</td><td colspan="2"></td></tr>
<tr><td>掺和料</td><td colspan="2"></td><td colspan="3">外加剂</td><td colspan="3"></td></tr>
<tr><td rowspan="5">测定情况</td><td>次数</td><td colspan="2">坍落度(mm)</td><td>扩展度(mm)</td><td colspan="2">含砂情况</td><td colspan="2">黏聚性</td><td>保水性</td></tr>
<tr><td>1</td><td colspan="2"></td><td></td><td colspan="2"></td><td colspan="2"></td><td></td></tr>
<tr><td>2</td><td colspan="2"></td><td></td><td colspan="2"></td><td colspan="2"></td><td></td></tr>
<tr><td>3</td><td colspan="2"></td><td></td><td colspan="2"></td><td colspan="2"></td><td></td></tr>
<tr><td>均值</td><td colspan="2"></td><td></td><td colspan="2"></td><td colspan="2"></td><td></td></tr>
<tr><td colspan="2">执行标准</td><td colspan="8"></td></tr>
<tr><td colspan="2">备注</td><td colspan="8"></td></tr>
<tr><td colspan="2">结论</td><td colspan="8">选择________号配合比，按该配合比制作的砂浆试件，其________d 标准养护试块抗压强度代表值达到试配强度的________%；其________d 标准养护试块抗压强度代表值达到试配强度的________%</td></tr>
</table>

试验： 复核：

练习与讨论

1. 什么是混凝土拌合物的和易性？它有哪些含义？
2. 影响混凝土和易性的因素有哪些？如何影响？
3. 什么是合理砂率？采用合理砂率有何技术及经济意义？
4. 模拟某搅拌站出现混凝土拌合物和易性不正常的情况，并对其进行调整。

任务 2.4　混凝土的输送

混凝土拌合物的运输是混凝土生产环节中的一个重要组成部分。主要包含两个环节，一是从混凝土搅拌站到建筑工地的输送；二是从混凝土运输车到浇筑面的输送。在混凝土的整个生产过程中，除了计量、搅拌等一整套设备外，运输设备则是将搅拌均匀的混凝土，在符合质量要求的前提下，运输到施工场地的工具。根据条件和要求的不同，所采用的运输工具也不相同。主要有混凝土输送车和混凝土输送泵。

2.4.1　混凝土输送车

2.4.1.1　混凝土的运输

混凝土的运输按照运送的距离和要求不同可分为两大类：现场运输和远距离运输。现场运输是在施工现场或预制品工厂内的运输，往往是固定点位之间的运输，方法较多，主要有：双轮翻斗车、机动翻斗车、自卸汽车、电动运料车、吊机、吊斗、滑槽、皮带运输、现场管道泵送等方式。

远距离运输是预拌混凝土工厂（搅拌站）将混凝土从工厂通过移动运输工具，运送至施工现场的运送方式。远距离运输最常用的运输工具是混凝土搅拌车。

为了避免在运输过程中造成混凝土拌合物的分层离析，必须注意以下几个问题：

（1）将混凝土拌合物输送至浇灌地点浇灌入模的时间不得超过混凝土的初凝时间。

（2）大风、寒冷或炎热天气时，运输过程中应采取相应有效的保温、隔热、防风、防雨的措施。

（3）运输过程应平稳，当用车辆运输时，道路应平坦，行车要平稳。若在运输过程中造成混凝土拌合物的分层离析，则应在浇灌前进行第二次搅拌。

（4）尽量减少运转次数。垂直运输时，自由落差不得超过 2 m，否则应加设分级溜管、溜槽，溜管倾角不得小于 60°，卸料溜槽倾角不得小于 55°。

2.4.1.2　混凝土搅拌运输车

混凝土搅拌运输车或称搅拌车，是运送预拌混凝土的专用车，具有运输兼搅拌混凝土拌合物的双重功能。由于它的外形，也常被称为田螺车。搅拌车上装有圆筒形搅拌筒，它适用于输送已搅拌好的混凝土拌合物，在将混凝土拌合物运往施工现场的途中以 1～4 r/min 速度慢速旋转，以防止混凝土拌合物的分层离析。

（1）分类

按照搅拌筒搅动容量大小把混凝土运输车分为 2 m^3、3 m^3、4 m^3、6 m^3、8 m^3、9 m^3、10 m^3、12 m^3、14 m^3 9 个档次。不同类型搅拌车的相关参数见表 2-12。

表 2-12　不同类型搅拌车的相关参数

车型	最大总质量(kg)	搅拌筒搅动容量(m^3)	搅拌筒几何容量(m^3)
二轴搅拌车	16000	≤4	≤7.7
三轴搅拌车	25000	≤6	≤11.6
四轴搅拌车	31000	≤8	≤15.5
一轴半挂搅拌车	18000	≤6	≤11.6
二轴半挂搅拌车	35000	≤12	≤23.3
三轴半挂搅拌车	40000	≤14	≤27.2

注：当驱动轴为每轴每侧双轮胎且装备空气悬架时，该限值可加大 1000 kg。

(2) 搅拌运输车的构造和性能

① 构造

混凝土搅拌车结构分为两大部分，即汽车运输和搅拌筒系统两个部分。汽车运输部分主要由驾驶室、底盘车架、发动机等组成；搅拌筒系统部分由搅拌筒、静液驱动系统、加水系统、装料和卸料系统、料槽及操作系统等组成。

② 性能

根据混凝土搅拌车的使用功能，要求其不但具有良好的汽车运输性能，而且其搅拌筒搅拌系统应具有良好的搅拌功能。后者是考察搅拌车性能的主要指标。

搅拌筒是运输搅拌车的核心，现今各式搅拌车的搅拌筒均是倾斜式，其轴线倾角为15°～18°。筒体中段为圆柱形，两端是圆锥形，分别用厚4.5～5 mm薄钢板制成，进料斗则用厚度3.5 mm薄钢板制成。筒底端承受轴向力、水平力及扭矩，故采用双层拱形结构，以增强刚度。筒内焊装有螺旋形叶片，叶片用厚4.5～5 mm耐磨及耐腐蚀高强度低合金钢板制作。目前国内外混凝土运输搅拌车生产厂家致力于搅拌筒设计的改进，以提高混凝土运输搅拌车的性能。

搅拌车的驱动方式有以载重卡车发动机为动力源和以专用发动机为动力源两类。混凝土运输搅拌车的供水系统有两种：一种是离心水泵供水系统；另一种是压力水箱供水系统，后者应用较为普遍。压力水箱供水系统的原理是：将载重卡车气路系统中储气筒内的压缩空气通过截止阀、安全阀引入密闭的压力水箱，水箱中的水在压力作用下，通过截止阀水管、喷嘴进入搅拌筒内。

混凝土搅拌车性能指标主要包括容积、搅拌筒转速、运输时间、装料时间、出料时间、进料速度和出料速度等。在运输途中，搅拌筒应保持1～3 r/min的慢速转动，最快速度不超过50 km/h。进料速度不小于2.7 m^3/min，出料速度不小于0.64 m^3/min。筒壁及叶片须用耐磨、耐腐蚀的优质材料制作，有适当厚度；备有完善的安全防护装置；操作简单，清洗方便；性能可靠，维修保养容易。

(3) 生产运输过程中的协调工作

① 协调供应速度

生产调度部门在生产过程中，必须使预拌混凝土的供应速度与需方的浇筑速度相协调。这就需要掌握施工工程的浇筑部位、作业面大小、水平及垂直运输方式及速度、振捣难易程度等情况。因为这些情况决定了需用混凝土的供应速度。为了避免出现混凝土供不应求，甚至停工待料的情况，应避免混凝土搅拌运输车的等候时间过长，以致影响混凝土的性能，还应合理安排运输车的数量及供货速度。

② 现场信息反馈

了解现场信息是协调混凝土供应速度的依据。由于在施工过程中常会发生一些不可预见的情况影响混凝土的浇筑速度，这就要求调度人员及时了解现场情况，并立即将情况通知预拌混凝土生产部门，以便调整生产速度及供货速度。

③ 预拌混凝土质量的反馈

在预拌混凝土供应过程中，当出现天气的影响、停放时间过长所引起的或出厂时未能发现的质量事故问题(如和易性差、较严重离析或坍落度损失过大)时，应尽早反馈给质量技术部门予以处理。

④ 施工现场的工作配合

供应预拌混凝土时，要配合需方做好以下工作：

a. 根据《预拌混凝土》的规定，预拌混凝土的运送时间应满足合同规定。当合同未作规定时，采用搅拌运输车运送的混凝土，宜在90 min内卸料；采用翻斗车运送混凝土，宜在45 min内卸料；当最高气温低于25 ℃时，运送时间可延长0.5 h。生产企业在运送预拌混凝土时应要求需方及时接收。

混凝土运送时间是指从混凝土由搅拌机卸入运输车开始至运输车开始卸料为止。

b. 应监督施工单位严禁向运输车内的混凝土任意加水，配合需方做好交货检验工作。

c. 应积极配合需方做好混凝土浇筑，浇筑结束前，应对混凝土的最后需要量(俗称“尾数”)做出正确估计，以免造成混凝土的浪费。

2.4.2　混凝土输送泵

2.4.2.1　混凝土输送泵简介

混凝土泵有活塞泵、气压泵和挤压泵等几种不同形式，应用较多的是活塞式的混凝土泵，其工作原理如图 2-9 所示，进入料斗的混凝土，经拌合器搅拌可避免分层。喂料器可帮助混凝土拌合物由料斗迅速通过吸入阀进入工作室。吸入时活塞左移，吸入阀开，压出阀闭，混凝土吸入工作室[图 2-9(a)]。压出时活塞右移，吸入阀闭，压出阀开，工作室内的混凝土拌合料被活塞挤出进入输送管[图 2-9(b)]。

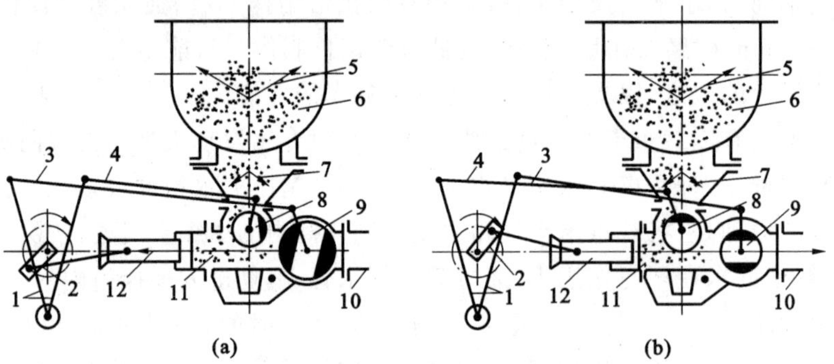

图 2-9　活塞式混凝土泵工作原理图

(a) 混凝土被吸入料斗；(b) 混凝土被挤出料斗

1—筛网；2—拌合物；3—加料斗；4—喂料器；

5—活塞；6—气缸；7—工作室；8—吸入阀；10—导管

液压活塞泵是一种较为先进的混凝土泵。其工作原理为：当混凝土泵工作时，搅拌好的混凝土拌合料被装入料斗，吸入端片阀移开，排出端片阀关闭，活塞在液压作用下左移，混凝土混合料在自重及真空吸力作用下进入混凝土缸内。然后液压系统中压力油的进出方向相反，活塞右移，同时吸入端片阀关闭，压出端片阀移开，混凝土被压入管道，输送到浇筑地点。

混凝土汽车泵(或移动泵车)是将液压活塞或混凝土泵安装在汽车底盘上，使用时开到需要施工的地点，进行混凝土泵送作业施工。一般情况下，此种泵车都附带装有全回转三段折叠臂架式的布料杆。整个泵车主要由混凝土推送机构、分配闸阀机构、料斗搅拌装置、悬臂布料装置、操作系统、清洗系统、传动系统、汽车底盘等部分组成。这种泵车使用方便，适用范围广，它还可以利用在工地配置装接的管道将混凝土输送到需要浇筑的地点。

施工时，要合理布置混凝土泵车的安放位置。一般混凝土泵车应尽量靠近浇筑地点，并要满足两台混凝土搅拌运输车能同时就位，使混凝土泵能不间断地得到混凝土供应，进行连续压送，以充分发挥混凝土泵的有效能力。

使用固定式混凝土输送泵时，需要用汽车将它拖至施工地点，然后进行混凝土输送。这种形式的混凝土泵主要由混凝土推送机构、分配闸机构、料斗搅拌装置、操作系统、清洗系统等组成。它具有输送能力大、输送高度高等特点。

混凝土泵是通过输送管将混凝土送到浇筑地点的，混凝土输送管道一般用钢管制成。管径通常有 100 mm、125 mm、150 mm 几种，标准管长 3 m，配套管有 1 m 和 2 m 两种，另配有 90°、45°、30°、15°等不同角度的弯管，以供管道转折处使用。

输送管的管径选择主要根据混凝土骨料的最大粒径以及管道的输送距离、输送高度和其他工程条件决定。输送管道的敷设应符合“路线短、弯道少、接头密”的要求。混凝土输送管分水平管和垂直管两种，水平管又有地面水平管和楼面水平管之分。地面水平管一般是固定的，随着浇筑距离的由远而近，逐步予以拆除。楼面水平管每浇一层就要重新铺设一次。垂直管可以沿建筑物外墙或外柱铺接，也可以铺设在电梯井内。工地上更多的做法是因地制宜，利用塔吊的塔身等设置垂直管道。

2.4.2.2 混凝土的泵送

混凝土泵送是指在压力作用下，通过硬质导管或软质导管，将混凝土拌合物输送到浇筑现场指定位置的过程。混凝土泵可在水平或垂直方向上进行连续输送，速度快，效率高，尤其在诸如隧道等工作空间有限的场合，较其他输送方式有明显的优势。通过混凝土泵，混凝土水平方向可以输送到1400 m的距离，垂直方向可输送到420 m的高度。

当混凝土采用泵送施工时，需要特别注意混凝土的配合比设计。泵送混凝土与其他混凝土没有巨大的差异，但应特别注意的是，泵送混凝土应该是流动性的，干硬性的混凝土无法进行泵送。通常，泵送失败的主要原因是摩擦阻力过大或混凝土离析。对于泵送施工的混凝土，应通过试验确定其具有很好的可泵性，配合比不当的混凝土常常会导致堵管事故发生。

泵送混凝土粗骨料采用卵石与碎石均可。粗骨料的最大粒径根据输送管最小内径来确定。碎石最大粒径应小于输送管道最小内径的1/3，卵石最大粒径应小于输送管道最小内径的2/5。当采用轻骨料时，为防止骨料吸水影响混凝土和易性，拌制混凝土前应将轻骨料浸湿饱和。

泵送混凝土中，应含有足够的保水性良好的砂浆。在泵送过程中，流动的砂浆是泵送的媒介，粗骨料则悬浮其中，因此特别需要注意保证充足的细骨料用量。泵送混凝土较普通混凝土有较高的砂率，一般来讲，其砂率宜控制在40％～45％，砂率过高，影响混凝土强度，过低，则影响混凝土可泵性。混凝土坍落度对拌合物的泵送性能有极大的影响。坍落度过小，则管道摩擦阻力过大，吸入泵体混凝土量过少，影响正常泵送施工；坍落度过大，则在泵送输送过程中易导致混凝土离析或水分流失。在通常情况下，泵送混凝土坍落度宜控制在80～180 mm。

泵送混凝土中掺加适量的粉煤灰、矿渣粉等矿物掺合料，可有效地改善混凝土和易性与可泵性，特别是在泵送混凝土中使用了较多细骨料的情况下，掺入矿物掺合料可有效地减少水泥用量。此外，掺加外加剂也是改善混凝土和易性与可泵性的有效途径，适用于泵送混凝土的外加剂主要有泵送剂、减水剂、引气剂等。泵送剂是专门用于泵送混凝土的外加剂。在水灰比相同的条件下，掺泵送剂的拌合物坍落度有一定的增加，且经一段时间仍能保留一定的坍落度值，泌水率也较小，使拌合物具有较好的可泵性。减水剂是在不增加用水量的情况下，增大拌合物的流动性，改善和易性，便于泵送。引气剂在拌合物中形成众多微小气泡，起到润滑的作用，减小摩擦阻力，便于泵送。

2.4.2.3 泵送混凝土操作中的注意事项

(1) 混凝土在泵送以前，应先开机用水润湿整个管道，之后投入水泥浆、1∶2水泥砂浆或含有除粗骨料外的其他成分且具有相同的配合比的水泥砂浆，使管壁处于充分润滑状态，再正式泵送混凝土。

(2) 开始泵送时要注意观察混凝土泵的液压表和各部位工作状态，一般在泵的出口处(即Y形管和锥管内)最易发生堵塞现象。如遇堵塞，应立即将泵机反转运行，使泵出口处堵塞分离的混凝土能回流到料斗内，将它搅拌后再进行泵送，这时油泵的转速应定在1100 r/min以下。经这样处理3～4次若仍不见效，应停泵拆管，清除堵塞部位的混凝土。待清理完毕后重新安装好管道再进行泵送。

(3) 混凝土的供应必须保证混凝土泵能连续工作，尽可能避免或减少泵送时中途停歇。如果混凝土供应不上，可降低压送速度，以保持泵送连续进行。如出现因停料而迫使混凝土泵停车，则混凝土泵可利用泵车料斗内料进行间歇反泵和正泵，慢速间歇泵送时，应每隔4～5 min进行约4个行程的正、反泵。如果泵送停歇时间超过45 min或混凝土出现离析，应立即用压力水或其他方法排除管道内的混凝土，经认真清洗后再重新压送。

(4) 在压送混凝土时，应注意不要把料斗内剩余的混凝土降低到200 mm以下。如果剩料过少，不但会使输送量减少，而且易于吸入空气，造成堵塞。如果吸入空气致使转换开关阀间造成混凝土逆流，则需要将泵机反转把混凝土退回到料斗，除去空气后再正转压送。

(5) 泵送时，应做到每2 h换一次水洗槽里的水，并检查泵缸活塞行程，如有变化应及时调整。活塞行程可根据机械性能按需要予以确定。为了减少缸体内壁不均匀磨损和闸阀磨损，一般情况下，以尽量开动长行程。

(6) 垂直向上输送混凝土时，由于重力作用使混凝土产生逆流，输送效率下降，这种现象随着垂直向上的高度越高越明显。为此，应在泵车与垂直管之间设置一段10～15 m长的水平管，以抵消反坠冲力影响，并在混凝土泵出料口附近的输送管上加一个上流阀。泵送开始时，将上流阀打开，混凝土就能顺利地输送。当暂停混凝土输送或混凝土出现倒流时，就及时予以关闭。

(7) 往地下或基坑输送混凝土时，由于混凝土在倾斜的下行管道中容易离析造成堵塞，而压送中断时管内又会混入空气，对压送不利，为此应根据不同情况采取下列措施：

当管道的倾斜角度在4°以下时，输送管里的混凝土一般不会出现自重流淌，可与水平管道同样对待。当管道的倾斜角度大于4°时，管道里的混凝土会在自重下移动，造成石子与砂浆分离，容易堵塞管道。为此，当高度大于20 m时，应在下行倾斜管道的前端设置一段水平配管，长度要相当于5倍的落差，以减少混凝土产生离析的机会。如因场地等限制，不能设置水平管时，也可改用弯管或环形管等办法来达到此目的。另外，还应在下行管上部另装一个排气阀，在开始泵送以后按需要随时排气。

在高温施工条件下，要在水平输送管上覆盖两层湿草袋，以防止直接日照，并注意每隔一定的时间洒水湿润。这样能使管道中的混凝土不至于因为吸收大量热量而失水，从而导致管道堵塞，并能减少混凝土的温升。严寒季节施工时，宜用保温材料包裹混凝土输送管，防止管内混凝土受冻，并保证混凝土的入模温度。

练习与讨论

1. 简述混凝土输送泵的工作过程。
2. 简述混凝土输送泵的操作方式。
3. 简述混凝土搅拌输送车的操作。
4. 根据给定情境，模拟搅拌站调度员合理安排混凝土的生产与运输。

任务2.5　混凝土的浇筑成型

2.5.1　混凝土成型工艺

由搅拌制得的混凝土拌合物，在浇灌入模之后必须密实成型，才能赋予混凝土制品一定的外形和内部结构。混凝土拌合物的成型工艺目的在于使混凝土拌合物按一定的要求成型并达到结构密实。

常见混凝土的密实成型工艺有振动密实成型工艺、离心脱水密实成型工艺、真空脱水密实成型工艺及其他密实成型工艺。

2.5.1.1　振动密实成型工艺

利用机械措施迫使混凝土拌合物的颗粒发生振动，从而使不易流动的拌合物液化，以达到密实成型的目的。此工艺方法设备简单，密实效果好，不仅在预制混凝土构件密实成型过程中，而且在现浇混凝土构件的密实成型过程中得到广泛应用。

(1) 振动密实成型工艺原理

经搅拌还未成型的混凝土拌合物，水泥的水化反应尚处初期，生成的凝胶体还不丰富，拌合物内主要是粗细不匀的固体骨料和水分，且混有大量的空气。因此，混凝土拌合物的结构非常松散，骨料颗粒间常呈不连续状态。在这种情况下，当振动机械通过某种方式将一定频率、振幅和激振力的振动能量传递给混凝土拌合物时，混凝土拌合物中的所有骨料颗粒便处于强迫振动中，即骨料颗粒不断受到振动冲击力的作用而引起颤动。此时，拌合物内的颗粒颤动并非同时同向进行，而是在不同的时间内此起彼伏。当振动源传递出的振动能量达到一定程度，使其振动足以克服骨料颗粒间原有的黏结力、机械力和啮合力（即内阻力）时，拌合物颗粒的接触点便松开而使得混凝土拌合物的内阻力大大减小，从而最后导致混凝土拌合物部分或全部液化。这时，骨料颗粒犹如悬浮在液体中，在其自重作用下，纷纷沉落滑移并趋于紧密排列的稳定位置，其中水泥砂浆包裹石子并填充在石子的空隙间，而水泥净浆包裹砂子并填充于砂子的空隙间。在这个过程中，原来存在于拌合物中的大部分空气也被同时排除，从而使骨料和水泥浆在模具中得到致密的排列和充分的填充，致使原来的松散堆聚结构变为密实堆聚结构。

(2) 振动成型设备

混凝土拌合物的振动成型设备多为电振动设备，另外还有气动和电磁振动等振动设备。这里介绍电振动设备。

① 内部振动器　又称插入式振动器，作业时将振动器插入混凝土拌合物中进行振捣。内部振动器的工作部件是一个棒状空心圆柱体，其内安装偏心振动子。在动力源的驱动下，偏心振动子的振动使整个棒体产生高频微幅的机械振动。作业时，将其插入混凝土拌合物中，通过棒体将振动波直接传递给混凝土骨料，一般只需 10～20 s 的振动时间即可把棒体周围 10 倍于棒径范围内的混凝土拌合物振动密实。

② 外部振动器　又称附着式振动器，将其安设在成型模板外侧，通过模板将振动作用传递给混凝土拌合物。外部振动器是将电动机与偏心块部件连接为一整体，利用螺栓或钳型夹具固定在模具模板外侧。电动机启动时，偏心块产生的离心惯性力使其产生机械振动并通过模板传递给混凝土拌合物。

③ 表面振动器　又称平板式振动器，作业时将振动器安放在混凝土拌合物的表面上，通过振动器的振动作用传递给混凝土拌合物。表面振动器是放在混凝土表面上进行作业的一种机械，在外部

振动器下面装设一个底板，即构成表面振动器。表面振动器适用于表面积大而平整的结构和构件，如空心楼板、屋面板等薄壁构件的振动成型在小型露天构件厂中被广泛采用。

④ 振动台　作业时将成型模具安放在振动台上，通过底面将振动器的振动作业传递给混凝土拌合物。它是混凝土制品厂的主要设备。振动台由台架、激振器、传动装置、支承弹簧及模具固定装置等组成。在激振器作用下，台架连同模具及拌合物一起振动，使拌合物振动密实成型。振动台有较大适应性和稳定的工作制度，故是混凝土制品厂的主要密实成型设备，适用于空心板、平板、轨枕及厚度不大的梁柱等构件。振动台下面装有相同偏心块的两平行轴，以相等的角速度做相反方向旋转时，由于激振能力水平分力互相抵消，仅做垂直定向振动。

2.5.1.2　离心脱水密实成型工艺

利用模型在离心机上高速旋转，模型内的混凝土拌合物受离心力的作用，脱去部分多余水分而密实成型。离心密实成型是流动性混凝土拌合物成型工艺中的一种机械脱水密实成型工艺，其特点是通过离心力将拌合物挤向模壁，从而排出拌合物中的空气和多余水分(20%～30%)，使拌合物密实并获得较高的强度。此种工艺适用于制造不同直径和长度的环状制品，如管材、电线杆及管桩等。

(1) 离心脱水密实成型工艺原理

当管模以一定角速度自转而产生的离心力足以克服管模中的混凝土拌合物本身重力和骨料颗粒间的黏结力及机械啮合力时，混凝土拌合物中的粗、细骨料和水泥粒子便沿离心力方向运动，此时可视为向管壁沉降，其结果是把混凝土拌合物中的水分挤压出来从而提高了混凝土的密实度，形成具有一定厚度、外径等于管模内径的环状制品，此种密实成型过程称为离心脱水密实成型过程。

(2) 离心密实成型设备

离心密实成型机按钢模支承方法可分为托轮式、车床式和胶带式三种。托轮式离心机又可分为单管机和多管机，以同时离心的管模数区分。

2.5.1.3　真空脱水密实成型工艺

真空脱水密实成型是机械脱水密实成型工艺之一，这种工艺可采用原始水灰比较大的流动性混凝土拌合物，利用真空作用排出多余水分，既便于浇灌和制作厚度较小、形状复杂的制品，又可以在脱水密实成型后获得较高的初始结构强度，以利于快速脱模。硬化后的混凝土密实度较高，耐久性及耐磨性较好。在实际生产中，常将真空脱水与振动密实成型工艺配合使用，这样效果更佳。

(1) 真空脱水密实原理

真空脱水处理是使成型后的混凝土拌合物的某一部分形成负压，即在此部分形成真空，使大气压力作用于另一部分，形成压力差，部分多余水分及空气即在此压力差的作用下被排出，使制品密实。随着真空处理时间的延续，其压力差向混凝土深处传播。压力差所产生的向混凝土真空方向的挤压力如同离心挤压力，迫使混凝土拌合物中的水分脱除(当然两者挤压原理并不一样)。显然，真空度越大，其压力差也越大，混凝土所受的压力也越大。当真空度为 80 kPa 时，每平方米混凝土约受到 80 kN压力的作用。

(2) 真空脱水的分类

根据构件种类及真空脱水装置的不同，真空脱水有上吸法、下吸法、侧吸法和内吸法四种脱水方法。

上吸法是将真空脱水装置的真空腔安装在混凝土上面进行真空脱水。此法除可用于预制混凝土构件外，还可用于现浇楼板、地面、机场坪道、停车场等。下吸法在结构构件底面设置真空腔，从下部进行脱水。此法适用于预制构件生产，但必须配备脱模装置以提高真空底板周转率。侧吸法用于柱墙等现浇垂直构件，用真空腔板作为构件侧模板，当构件断面面积较大时，可以两面或数面进行真空脱水。内吸法是将一组包有滤布的真空芯管埋在混凝土中进行真空脱水，每组芯管相距 45～90 cm，芯管应略有锥度，以便拔出，拔出后的孔洞用混凝土或砂浆堵塞。此法可用于截面形状简单的现浇框架、预制梁柱以及大体积结构。

2.5.2　施工部位混凝土浇筑

混凝土浇筑是指将混凝土拌合物浇筑入模并使之密实成型的工艺过程。在浇筑过程中，正确的操作可以防止粗骨料离析，而粗骨料离析往往会导致混凝土呈蜂窝状。浇筑前，应检查和控制模板、钢筋、保护层和预埋件等的尺寸、规格、数量和位置，其偏差值应符合现行国家相关标准的规定。对模板的缝隙和孔洞应封堵严密，不漏浆；对模板内的杂物和钢筋上的油污等应清理干净；对木模板等吸水模板应预先浇水润湿，但模板内不得有积水；需要时，可在模板内涂刷隔离剂，但应注意不得污染钢筋。此外，还应检查模板支撑的稳定性以及接缝的密合情况。模板和隐蔽项目应分别进行预检和验收，符合要求时，方可进行浇筑。

(1) 柱的浇筑

柱的结构特点是对硬化混凝土强度和耐久性能要求较高，施工特点是施工工作面较小。根据柱的这些特点，在施工中保证混凝土的密实是关键，施工速度在很大程度上取决于振捣速度，而不是物料输送速度。因此，泵送混凝土输送速度较快的优点在柱的施工中得不到充分发挥。相反，浇筑速度太快，混凝土来不及振捣，有可能造成混凝土的不密实。泵送混凝土每小时的浇筑量可达 30～40 m^3。也就是说，对于一个截面积为 0.5 m^2 的柱子，采用泵送混凝土浇筑，每分钟的浇筑高度是1～1.3 m。如果混凝土每层浇筑的高度控制在 0.5～0.65 m，则混凝土浇筑时间仅为 30 s。泵送混凝土的浇筑要求具有连续性，因此，要求在 30 s 内振捣完毕。如此短的振捣时间是难以保证质量的。采取吊车斗运的方式施工，可以利用吊运的时间进行振捣。如果安排得当，施工速度并不一定慢，而且可以保证施工质量。由此可见，泵送混凝土方式在柱的施工中并不能扬其所长，而吊车斗运的方式恰恰能避其所短。因此，一般在柱的施工中，采取吊车斗运的方式更为合适。

(2) 梁的浇筑

梁的施工工作面要比柱大得多，混凝土的振捣可采用多个振捣器同时振捣，使得振捣速度赶上甚至超过浇筑速度，施工过程受物料输送速度控制，因而泵送混凝土输送速度较快的优势可以得到充分发挥。而垂直方向的距离较小，泵送混凝土对模板侧压力较大的问题不突出。在梁的施工中，采用泵送混凝土能够扬长避短。当然，梁的施工工作面并不十分大，施工速度一般不会影响整个构件浇筑的连续性，因此，也可采用吊车斗运的内部输送方式。根据一些工程的施工经验来看，对于梁的浇筑，这两种输送方式的施工进度相差不大。

(3) 板的浇筑

板的浇筑施工工作面较大，垂直距离较小，更有利于泵送混凝土优势的发挥。因此，在板的施工中采用泵送混凝土是适宜的。但是，对于厚板的浇筑，例如，一些大型建筑物的底板，当厚度超过一定范围时就属于大体积混凝土的范畴。大体积混凝土最突出的问题是温控防裂，一方面，泵送混凝土可以通过加大掺合料用量来减少水泥用量和通过延长缓凝时间来控制温度裂缝；另一方面，泵送工艺施工速度较快，有利于防止出现施工冷缝，这对大体积混凝土来说，同样是十分重要的。采取泵送方式应妥善解决温控防裂问题；采取吊车斗运或其他输送方式，则应采取有效的措施防止施工冷缝的产生。应该注意，任何一种输送方式都会带来一些问题，必须采取有效的措施加以解决。

(4) 墙的浇筑

在墙的施工中，主要应根据布筋方式来考虑混凝土的内部输送方式。

如果板中钢筋采用细筋密排形式，混凝土的振捣密实阻力较大，但由于钢筋间距较小，不太容易产生沉降收缩裂缝，施工中的主要问题是保证混凝土的密实。因此，新拌混凝土的流动性可以大一些。对于这种流动性较大的混凝土，可以采取泵送的输送方式。如果板中钢筋采取粗筋稀排形式，浇筑时混凝土的密实阻力较小。但是，由于钢筋的间距较大，如果混凝土的稳定性较差，沉降收缩变形较大的话，容易产生沉降收缩裂缝，施工中的主要问题是防止产生沉降收缩裂缝。减小新拌混凝土的坍落度是提高混凝土稳定性的一个技术措施。因此，在这种情况下，应控制混凝土的坍落度，宜采用坍落度较小的混凝土。

混凝土的浇筑是混凝土工程施工的一个重要环节，它既可能影响到工程的施工速度，也可能影响到混凝土工程的施工质量。因此，在选择浇筑工艺方式时，应同时考虑对这两方面的影响。当这两方面发生冲突时，应优先考虑混凝土工程的施工质量。

2.5.3 混凝土的浇筑及注意事项

2.5.3.1 混凝土浇筑施工准备

(1) 制订施工方案

根据工程对象、结构特点，结合具体条件，制订混凝土浇筑的施工方案。

(2) 机具准备及检查

搅拌机、运输车、料斗、串筒、振动器等机具设备按需要准备充足，并考虑发生故障时的修理时间。重要工程应有备用的搅拌机和振动器。特别是采用泵送混凝土时，一定要有备用泵。所用的机具均应在浇筑前进行检查和试运转，同时配有专职技工，随时检修。浇筑前，必须核实一次浇筑完毕或浇筑至某施工缝前的工程材料，以免停工待料。

(3) 掌握天气和季节变化情况

加强气象预测预报工作。在混凝土施工阶段应掌握天气的变化情况，特别在雷雨台风季节和寒流突然袭击之际，更应注意，以保证混凝土连续浇筑的顺利进行，确保混凝土质量。

根据工程需要和季节施工特点，应准备好在浇筑过程中所必需的抽水设备和防雨、防暑、防寒等物资。

(4) 检查模板、支架、钢筋和预埋件

在浇筑混凝土之前，应检查和控制模板、钢筋、保护层和预埋件等的尺寸、规格、数量和位置，其偏差应符合现行国家标准《混凝土结构工程施工质量验收规范》(GB 50204—2002)的相关规定。此外，还应检查模板支撑的稳定性以及模板接缝的密合情况。

在浇筑混凝土前，模板内的垃圾、木片、刨花、锯屑、泥土和钢筋上的油污、零落的铁皮等杂物应清除干净。木模板应浇水加以润湿，但不允许留有积水。湿润后，木模板中尚未膨胀密实的缝隙应贴严，以防漏浆。金属模板中的缝隙和孔洞也应予以封闭。

检查安全设施、劳动配备是否齐全、妥当，能否满足浇筑速度的要求。

(5) 其他

在地基或基土上浇筑混凝土，应清除淤泥和杂物，并应有排水和防水措施。对干燥的非黏性土，应用水湿润；对未风化的岩石，应用水清洗，但其表面不得留有积水。

2.5.3.2 浇筑注意事项

(1) 在浇筑工序中，应控制混凝土的均匀性和密实性。混凝土拌合物运至浇筑地点后，应立即浇筑入模。在浇筑过程中，如发现混凝土拌合物的均匀性和稠度发生较大的变化，应及时处理。

(2) 浇筑混凝土时，应注意防止混凝土的分层离析。混凝土从料斗、漏斗内卸出进行浇筑时，其自由倾落高度一般不宜超过 2 m，在竖向结构中浇筑混凝土的高度不得超过 3 m，否则应采用串筒、溜槽、溜管等下料。

(3) 浇筑混凝土时应经常观察模板、支架、钢筋、预埋件和预留孔洞的情况，当发现有变形、移位时，应立即停止浇筑，并在已浇筑的混凝土凝结前修整好。

练习与讨论

1. 混凝土成型的工艺有哪些？各有何特点？
2. 如何正确选用混凝土工艺进行浇筑？
3. 模拟工地现场进行结构的浇筑。

任务2.6 混凝土的养护

混凝土浇捣后能逐渐凝结硬化，主要是水泥水化作用的结果，而水化作用则需要适当的温度和湿度条件，因此为了保证混凝土有适宜的硬化条件，使其强度不断增长，必须对混凝土进行养护。养护过程中主要应建立水化或水热合成反应所需要的介质温度及湿度条件，并力求降低能耗。因此，施工单位在施工前，应根据其施工对象、采用的原材料以及对混凝土性能的要求，提出既切实可行而又能保证混凝土强度和质量的养护方案。

2.6.1 混凝土养护方法

混凝土养护可分为标准养护、自然养护和快速养护。

2.6.1.1 标准养护

标准养护是指在温度为(20±2) ℃，相对湿度为95%以上的潮湿环境下或水中进行的养护，这是目前实验室常用的方法。

2.6.1.2 自然养护

在自然气候条件(平均气温高于5 ℃)下，于一定时间内采取浇水润湿或防风防干、保温防冻等措施养护，称为自然养护。自然养护主要有覆盖浇水养护和表面密封养护两种。

覆盖浇水养护是在混凝土表面覆盖草垫等遮盖物，并定期浇水以保持湿润的养护。覆盖浇水养护简单易行、费用低，是现场采用得最多的养护方法。表面密封养护是利用混凝土表面养护剂在混凝土表面形成一层养护膜，从而阻止自由水的蒸发，保证水泥充分水化。这种方法主要适用于不宜浇水养护的高耸构筑物或大面积混凝土结构，可以节省人力。

(1) 自然条件下温、湿度对混凝土硬化过程的影响

在其他条件一定的情况下，自然养护混凝土强度主要取决于水泥的强度等级、品种以及外界环境的平均温度。在炎热区域，高温下新拌混凝土坍落度的损失增大，初凝提前，易因振捣不良而形成孔隙、麻面与蜂窝；早凝、表面易干燥，均易导致干缩裂缝；白昼浇捣及养护时，以及夜间环境降温后的内外温差，易导致温度裂缝。在寒冷地区，当温度低于4 ℃时，水的体积膨胀，冻结后其体积约增大9%。解冻后，混凝土孔隙率增加，骨料与水泥石的黏结力受到损害，使其强度降低。冻结和解冻过程中，混凝土内水分的迁移、体积变化及组分体积膨胀系数的差异，均将导致结构的开裂。

(2) 自然养护的方式

覆盖浇水养护：露天养护时，为保持一定的湿度，需在制品表面覆盖草垫等遮盖物，并定期浇水(覆盖塑料薄膜者除外)。

表面密封养护：它是将塑料溶液喷洒在混凝土表面上，溶剂挥发后，在混凝土表面形成一层薄膜，使混凝土表面与空气隔绝，封闭在混凝土中的水分不再蒸发，而完成水化作用。这种方法适用于表面积大的混凝土施工和缺水地区。

(3) 寒冷环境下的养护方法

在寒冷环境下，混凝土的养护方法主要有掺用外加剂法、蓄热法和热混凝土法。

① 掺用外加剂法：在混凝土中掺用外加剂，使其强度在负温下能继续增长并防止冻裂的方法，与其他方法综合应用，更能加速养护，保证质量，节约能耗。寒冷环境下常用的外加剂有：早强剂、防冻剂、引气剂、阻锈剂。

② 蓄热法：在混凝土或热混凝土成型后的覆盖保温、防止预加热量和水化热过快损失、减缓混凝

土冷却速度，使之保持正温并增长至所需强度的方法。这种方法无需热养护设备，费用低廉，简便易行，是寒冷条件下应首先考虑的方法。

③ 热混凝土法：有原料预热、热搅拌、混凝土拌合物在中间料斗的预热等三种方法，目的在于使浇筑成型后的制品仍蓄有一定的热量，保持正温，防止冻裂，并增长至所需强度。通常采用蒸汽对原料预热，值得提出的是水的比热容比骨料高5倍左右，故应优先考虑水的预热，若仍不能满足要求，再考虑其他原材料预热。拌合物在中间料斗中进行电加热的优点是能耗低，时间短。

2.6.1.3 快速养护

随着建筑施工技术的发展，自然养护已满足不了需要。对于混凝土制品生产而言，加速混凝土强度的增长具有重要意义。凡是能加速混凝土强度发展过程的工艺措施，均属于快速养护。快速养护时，在确保产品质量和节约能源的条件下，应满足不同生产阶段对强度的要求，如脱模强度、放张强度等。快速养护在混凝土制品生产中占有重要地位，是继搅拌及密实成型后，保证混凝土内部结构和性能指标的决定性工艺环节。采用快速养护有利于缩短生产周期，提高设备的利用率，降低产品成本。快速养护按其作用方式可分为热养护法、化学促硬法、机械作用法及复合法等。

(1) 热养护

热养护是利用外界各种热源对成型的混凝土制品加热硬化的方法。热养护又可分为湿热养护、干热养护和干-湿热养护三种。湿热养护法以相对湿度90%以上的热介质加热混凝土，升温过程中有冷凝而无蒸发过程发生。随着介质压力的不同，湿热养护有常压、无压、微压及高压湿热养护等。干热养护时，制品不可与热介质直接接触，或以低湿介质升温加热，升温过程中则以蒸发过程为主。热养护是快速养护的主要方法，效果显著，但能耗较大。

① 湿热养护

湿热养护是指在湿热介质作用下，引起混凝土一系列物理、化学和力学的变化，从而加速混凝土内部结构的形成，获得早强快硬效果的方法。

由于蒸汽的凝结放热系数很高，故用加热混凝土的方式进行湿热养护。常压湿热养护时，介质温度不超过100 ℃，相对湿度不低于90%，又称蒸汽养护，通常采用养护窑养护。微压养护时，严格密封的窑内湿热介质工作压力增至0.03 MPa，以抑制其结构破坏过程。高压养护在表压为1.3 MPa、温度不超过185 ℃的纯饱和蒸汽中进行，又称压蒸养护。

结构形成和结构破坏是贯穿于各种热养护过程中的一对主要矛盾，各种热养护制度的确定和热养护混凝土的性能均取决于这对矛盾的正确解决。湿热养护混凝土的性能与标准养护混凝土相比，有明显的区别。蒸汽养护硅酸盐水泥混凝土的28 d抗压强度比标准养护时低10%～15%，养护温度越高，升温速度越快，相差越大。例如，快速升温至100 ℃的蒸汽养护混凝土28 d强度可能损失30%～40%。蒸汽养护混凝土的弹性模量比强度相同的标准养护低5%～10%，其耐久性也有所降低。这一切均表明，湿热养护在加速混凝土结构形成的同时，也造成了其结构的损伤。

② 干热养护和干-湿热养护

在湿热养护的发展和改进过程中，仅从传热学角度选择高湿介质的参数，改进供热方法，力图强化对流换热过程，以加速混凝土强度的增长，却忽视了湿热膨胀的结构破坏作用，因而，又不得不以限制升温、变速升温及预养等措施力求对换热过程进行消极的反限制。因此，存在目的、措施和效果的自相矛盾，难以获得既缩短养护周期，又改善混凝土性能和制品表面质量的综合效益。

干热和干-湿热养护突破传统思路，以低湿介质进行升温，削弱了结构破坏作用，有利于结构的形成。干热养护是升温过程中混凝土不增湿或少增湿，甚至以水分蒸发过程为主的养护方法，通常以热空气为介质。低湿介质对混凝土的破坏作用小，因此，混凝土结构的表面质量好。但是，干热养护却存在混凝土失水过多、水泥水化不充分、后期强度损失较大、降温效果较差等弊端。干-湿热养护是指在升温、恒温阶段用干热介质，在降温阶段补充湿介质的养护方法。这种方法除具有低湿介质升温的一般优点外，还具有混凝土结构致密、水泥水化条件较合理、降温效果好、养护后混凝土无严重失水现象等优点。

湿热养护混凝土的结构破坏主要发生在升温期，而干热及干-湿热养护混凝土的主要特点在于，低湿介质升温可以削弱结构破坏过程，使混凝土变形随介质相对湿度的降低而大幅度减小。热养护时混凝土的结构破坏过程随介质相对湿度的降低而减弱的主要原因在于混凝土的加热速度减缓，最高温度有所降低，从而有利于形成较为密实的结构。同时，混凝土内部气相剩余压力降低，以及早期干缩变形抵消了部分湿热膨胀变形。

(2) 化学促硬法

化学促硬法是用化学外加剂（如早强减水剂、化学促硬剂）或早强快硬水泥来加速混凝土强度的发展过程，简便易行，节约能源。

(3) 机械作用法

机械作用法是以活化水泥浆、强化搅拌混凝土拌合物、强制成型低水灰比干硬性混凝土及机械脱水密实成型促使混凝土早强的方法。该方法设备复杂，能耗大。

在实际操作应用中，提倡将多种工艺措施合理综合运用，如热养护和促硬剂、热拌热膜养护和外加剂等，力求获得最大的技术经济效益。

2.6.2 混凝土养护不善带来的问题

(1) 混凝土强度不足

混凝土的强度发展是胶凝材料水化的结果，而胶凝材料的水化与环境有着密切的关系。只有在适当的温度和潮湿环境下，胶凝材料才能较好地水化，混凝土的强度才能得到较好的发展。如果不能很好地养护，在低温环境下，胶凝材料的水化速度将显著减慢，使得混凝土的强度发展较慢；在干燥环境下，混凝土的水分大量失去，使得胶凝材料没有足够的水分进行水化反应，也将影响混凝土的强度发展。混凝土的养护除了促进胶凝材料的水化作用以外，也是对混凝土的一种保护。如果不对混凝土进行合理的养护，就意味着混凝土失去了适当的保护，从而导致混凝土缺陷的大量形成，混凝土中已有的缺陷迅速扩展，使得混凝土的强度降低。

因此，当养护不善时，尽管混凝土的配制强度较高，但混凝土的实际强度也有可能较低，达不到设计的要求。

(2) 产生裂缝

受到环境的影响，混凝土的养护不当将发生变形。当混凝土的变形受到限制时，在混凝土中就会形成内应力。由于混凝土材料的弹性模量较大，极小的变形就可能形成相当大的内应力。然而，混凝土的抗拉性能是较低的。当混凝土处于受拉状态时，很容易破坏而形成裂缝。在自然环境下，混凝土的变形常常表现为收缩，而混凝土的收缩变形恰恰使混凝土处于受拉状态，因此，容易产生裂缝。

(3) 表面粉化

一方面，胶凝材料的水化需要水；另一方面，新浇筑混凝土与环境之间较大的湿度差导致了混凝土中的水分容易向环境中蒸发而失去。因此，在混凝土新浇筑后的一段时间内存在着环境与胶凝材料对水的争夺。在这种争夺中，如果环境占了上风，混凝土中大量的水向环境流失，胶凝材料则没有充足的水进行水化，表面混凝土则表现出类似于黏土的失水硬化，而不是水化硬化。这种硬化所产生的强度是极低的，因而表面出现类似于粉化的现象，或者说表面起粉。

如果混凝土的凝结时间太长，或混凝土中掺有较大量的掺合料，或在混凝土养护初期遇到干燥、大风天气时，混凝土表面大量的水分在胶凝材料开始水化前已经失去，胶凝材料的早期水化受到限制。因而胶凝材料几乎不发生水化，而是干燥硬化，则有可能出现上述的表面起粉现象。

由此可见，混凝土浇筑后的养护是十分重要的，它将对混凝土的性能产生相当大的影响。

2.6.3　确定混凝土养护制度

2.6.3.1　自然养护

(1) 自然养护的相关规定

采用自然养护，应遵守下列规定：① 在浇筑完成后 12 h 以内进行覆盖保湿养护；② 混凝土强度达到 1.2 MPa 才允许操作人员在上面行走，安装模板和支架，但不得做冲击性或类似劈打木材的操作，达到 1.2 MPa 强度所需龄期随不同的水泥和混凝土强度不同而不同；③ 不允许用悬挑构件作为交通运输的通道，或作为工具、材料的堆场；④ 对于大体积混凝土的养护，应根据气候条件及混凝土本身的温度采取控温措施，两者温差不宜超过 25 ℃。

(2) 覆盖浇水养护

覆盖浇水时，一般采用纤维质吸水保温材料，如麻袋、草垫等，水质应符合拌合水的要求。就开始覆盖和浇水时间而言，塑性混凝土应不迟于成型后 6～16 h，干硬性混凝土应不迟于 1～2 h，炎热及大风时，应不迟于 2～3 h。每日浇水次数取决于气候条件及覆盖物的保湿能力。一般气温约 15 ℃时，成型后 3 d 内，白天应每隔 2～3 h 浇水一次，夜间不得少于两次，以后随气温的不同，按表 2-13 所示的次数浇水。高强度等级的水泥水化热高，水分蒸发较快，浇水次数应适当增加，干燥气候下也是如此。气温低于 5 ℃时，为防止气温骤降而使混凝土受冻，不宜浇水。覆盖天数随气温不同而不同。浇水养护日期取决于水泥品种、用量及混凝土强度。通常，普通水泥和矿渣水泥混凝土不少于 7 d；掺有缓凝剂或有抗渗要求的混凝土不得少于 14 d。

表 2-13　混凝土养护时浇水次数

正午气温(℃)	10	20	30	40
浇水次数(次/d)	2～3	4～6	6～9	8～12

(3) 喷膜养护

喷膜养护的操作要点如下：

① 喷洒压力以 0.2～0.3 MPa 为宜，喷洒出来的溶液以呈较好的雾状为佳。压力小，不易形成雾状；压力大，会破坏混凝土表面，喷洒时应离混凝土表面 50 cm。

② 应掌握混凝土水分蒸发情况，在不见浮水、混凝土表面以手指轻按无指印时，即可进行喷洒。过早会影响薄膜与混凝土表面结合，过迟则影响混凝土强度。

③ 溶液喷洒厚度以溶液的耗用量来衡量，通常以每平方米耗用养护剂 2.5 kg 为宜，喷洒厚度要求均匀一致。

④ 通常要喷两遍，待第一遍成膜后再喷第二遍，喷洒时要求有规律，固定一个方向，前后两遍的走向应互相垂直。

⑤ 溶液喷洒后很快形成薄膜，为达到养护目的，必须保证薄膜的完整性，要求不得有损坏破裂，不得在薄膜上行人、拖拉工具，如发现损坏应及时补喷。如气温较低，应设法保温。

2.6.3.2　蒸汽养护

蒸汽养护分为常压及高压湿热养护两种。

① 常压养护制度

a. 预养期　用以增强混凝土对升温期结构破坏作用的抵抗能力，于制品成型后及蒸汽养护开始前所进行的室温养护期为预养期，又称静停期，一般为 2～4 h。

b. 升温期　升温速度取决于混凝土的允许升温速度及最高养护温度。升温过快会使混凝土内部产生微裂缝等缺陷。

c. 恒温期　升温至要求温度后即应在此温度下恒温养护一段时间，以使混凝土获得一定的强度。

d. 降温期　经定期的恒温养护后，需要缓慢降温，由恒温温度降至室温的时间为降温期。降温速度与构件尺寸及混凝土的水灰比有关。

为避免蒸汽温度骤然升降而引起混凝土构件产生裂缝变形，必须严格控制升温和降温的速度。出槽的构件温度与室外温度相差不得大于 40 ℃，当室外温度低于 0 ℃时，相差不得大于 20 ℃。

② 高压蒸汽养护制度

高压蒸汽养护根据升压方法的不同又可以分为排气法、真空法和快速升压法等。一般用于多孔混凝土制品及高强度混凝土桩的养护，其养护时需要 100 ℃以上的温度，常压蒸汽养护条件无法达到此温度，就需要蒸压釜增加饱和蒸汽压力，以提高养护温度。

练习与讨论

1. 混凝土养护有几种方法？各有什么特点？

2. 冬季适合什么方式的养护？

3. 模拟工地现场，分别对某一结构物的混凝土试件进行标准养护、自然养护、快速养护，并比较其性能。

项目 3　混凝土力学性能及测试

混凝土作为重要的建筑结构材料，力学性能是其最重要的性能之一，也是混凝土配合比设计的主要依据。混凝土力学性能包括抗压强度、轴压强度、弹性模量、劈裂抗拉强度和抗折强度。

强度就是材料抵抗外力而不受破坏的能力，是混凝土最重要的力学性能。根据混凝土的受力形式，混凝土强度主要有抗压强度、抗拉强度、剪切强度和钢筋的黏结强度等。其中抗压强度最高，抗拉强度最低。混凝土的强度越高，混凝土的其他性能，如抗冻性、抗渗性、耐磨性、耐腐蚀性等越好。通常将抗压强度作为评定混凝土的质量和评价各种因素影响程度的重要指标。

任务 3.1　混凝土强度的质量检验

3.1.1　相关理论知识

3.1.1.1　混凝土的强度

混凝土的强度是指混凝土试件达到破坏时的应力最大值。混凝土所受应力超过其强度时，混凝土将产生裂缝而破坏。实际工程中提到的强度一般就是指立方体抗压强度。

1）混凝土抗压强度

（1）混凝土立方体抗压强度

将混凝土拌合物取样，按标准方法成型为 150 mm×150 mm×150 mm 的标准试件，在标准条件[温度(20±2) ℃、相对湿度 95%以上]下，养护到 28 d 龄期，用标准试验方法测得的抗压强度值为混凝土立方体抗压强度，以 f_{cu}表示。当混凝土强度等级小于 C60 时，骨料最大粒径较大或较小时，允许采用非标准试件，但在抗压数据处理中，乘以试件不同尺寸的强度换算系数(表 3-1)，换算为标准尺寸的抗压强度。当混凝土强度等级大于或等于 C60 时，宜采用标准试件；使用非标准试件时，尺寸换算系数应由试验确定，其试验组数应不少于 30 组。

表 3-1　试件不同尺寸的强度换算系数

骨料最大粒径(mm)	试件尺寸(mm×mm×mm)	换算系数
31.5	100×100×100	0.95
40	150×150×150	1
60	200×200×200	1.05

混凝土强度等级应按立方体抗压强度标准值来确定。立方体抗压强度标准值是指按标准方法制作和养护的边长为 150 mm 的立方体试件，在 28 d 龄期用标准试验方法测得的具有 95%保证率的抗压强度，以 $f_{cu,k}$表示。混凝土强度等级应按立方体抗压强度标准值(MPa)划分为 C10、C15、C20、

C25、C30、C35、C40、C45、C50、C55、C60、C65、C70、C75、C80、C85、C90、C95 和 C100 十九个等级，强度等级采用符号 C 与立方体抗压强度标准值表示。例如 C30 表示混凝土立方体抗压强度不小于 30 MPa 的保证率为 95%，即立方体抗压强度标准值为 30 MPa。

混凝土强度等级是混凝土结构设计、施工质量控制和工程验收的重要依据。不同的建筑工程及建筑部位需采用不同强度等级的混凝土。素混凝土结构的混凝土强度等级不应低于 C15；钢筋混凝土结构的混凝土强度等级不应低于 C20；采用 400 MPa 级的钢筋时，混凝土强度等级不应低于 C25；采用 500 MPa 级的钢筋时，混凝土强度等级不应低于 C30；预应力混凝土结构的混凝土强度等级不宜低于 C40，且不应低于 C30；承受重复荷载的钢筋混凝土构件，混凝土强度等级不应低于 C25。

(2) 混凝土轴心抗压强度

实际工程中钢筋混凝土构件形状以棱柱状或圆柱体为多。为了使测得的混凝土强度接近于混凝土构件的实际情况，在混凝土计算中，常用轴心抗压强度(f_{cp})作为设计计算依据。

轴心抗压强度采用 150 mm×150 mm×300 mm 的棱柱体标准试件进行抗压强度试验。如有必要，可采用棱柱体非标准试件，如 100 mm×100 mm×300 mm 或 200 mm×200 mm×400 mm 的试件。在特殊情况下，可采用 ϕ150 mm×300 mm 的圆柱体标准试件或 ϕ100 mm×200 mm 或 ϕ200 mm×400 mm 的圆柱体非标准试件。

混凝土轴心抗压强度 f_{cp} 比同截面的立方体抗压强度 f_{cu} 小。棱柱体试件高宽比(h/a)越大，轴心抗压强度越小，但当 h/a 达到一定值后，强度不再降低。有的试验表明，当圆柱体试件高度/直径(h/a)小于 2 时，随着试件高度减小，混凝土抗压强度增大。

在混凝土立方体抗压强度 f_{cu}=10～55 MPa 的范围内时，轴心抗压强度 $f_{cp} \approx (0.70 \sim 0.80) f_{cu}$。

2) 混凝土抗拉强度

混凝土的抗拉强度比较低，一般只有抗压强度的 1/20～1/10，其拉/压强度比随混凝土强度等级的升高而降低。因此，在钢筋混凝土结构设计时，一般不考虑混凝土承受拉力，而是通过配置钢筋，由钢筋来承担结构的拉力。但抗拉强度对混凝土抗裂性具有重要作用，是结构设计时确定混凝土抗裂性的重要指标，有时也常用它来间接衡量混凝土与钢筋的黏结强度。

混凝土抗拉强度的测定方法有三种，即轴向拉伸试验法、弯曲试验法和劈裂试验法。

(1) 混凝土轴向抗拉强度

混凝土轴向抗拉强度是混凝土抵抗直接拉伸应力的性能。由于这种受力状况与混凝土的实际受力状况比较接近，因此，混凝土轴向抗拉强度在混凝土结构受力分析中有着特别重要的作用。

轴向抗拉强度随抗压强度升高而升高，但它们不是线性关系，随着混凝土抗压强度提高，拉/压强度比降低。

(2) 混凝土劈裂抗拉强度

混凝土劈裂抗拉强度是间接测定混凝土抗拉强度的方法，由于这种方法操作比较简单，因此得到普遍应用。

混凝土劈裂抗拉强度采用 150 mm×150 mm×150 mm 的立方体作为标准试件，在立方体试件中心平面内用圆弧形钢块作垫块(半径为 75 mm)，垫块下有垫条(宽度为 20 mm，厚度为 3～4 mm 的胶合板)，垫条应放在试件的中间，上下对齐，并保证两垫条在同一平面上，如图 3-1(a)所示，施加两个方向相反、均匀分布的压应力，当压力增大至一定程度时试件就沿此平面劈裂破坏，这样测得的强度称为劈裂抗拉强度。劈裂试验时垂直受力面的应力分布见图 3-1(b)。混凝土的劈裂抗拉强度(f_{ts})可按式(3-1)计算。

$$f_{ts} = \frac{2F}{\pi A} = 0.673\frac{F}{A} \tag{3-1}$$

式中　f_{ts}——混凝土的劈裂抗拉强度，MPa；

F——试件破坏荷载，N；

A——试件承压面积，mm^2。

试验证明，同一混凝土，不同尺寸的立方体试件在相同条件下测得的劈裂抗拉强度是不同的，当混凝土强度等级小于 C60，不同尺寸立方体试件劈裂强度的换算系数见表 3-2。在相同条件下，同一混凝土，轴向拉伸法测得的抗拉强度比劈裂法测得的抗拉强度略小，二者比值约为 0.90。

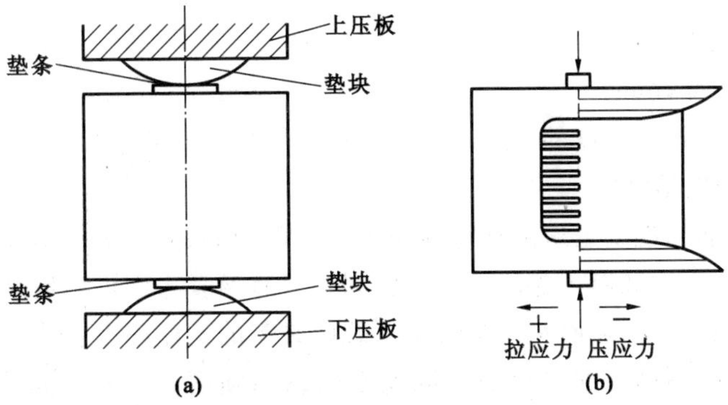

图 3-1　劈裂强度试验

(a) 劈裂试验装置图；(b) 劈裂试验时垂直受力面的应力分布

混凝土劈裂抗拉强度与混凝土立方体抗压强度之间的关系可用如下经验公式计算：

$$f_{ts} = 0.35 f_{cu}^{\frac{3}{4}} \tag{3-2}$$

表 3-2　不同尺寸立方体试件劈裂强度的换算系数

试件尺寸(mm×mm×mm)	劈裂强度换算系数
100×100×100	0.85
150×150×150	1
200×200×200	1.15

3) 混凝土抗折强度

混凝土材料在承受弯曲荷载，达到破坏时单位面积上的最大应力，称为混凝土的抗折强度。当混凝土小梁在受到外力弯曲时，内侧处于受压状态，外侧处于受拉状态。混凝土材料是一种脆性材料，能承受较大的压应力，但仅能承受较小的拉应力，因此，试件破坏时，首先从拉应力区破坏。

混凝土弯曲试验常用简支梁，加荷方法采用三分点加荷法。标准试件采用 150 mm×150 mm×600 mm(或 150 mm×150 mm×550 mm)的棱柱体，特殊情况也可采用 100 mm×100 mm×400 mm 棱柱体非标准试件，数据处理时应乘以尺寸换算系数 0.85。当混凝土强度等级大于或等于 C60 时，宜采用标准试件，采用非标准试件时，尺寸换算系数应由试验确定。混凝土抗弯强度三分点加荷试验装置如图 3-2 所示。

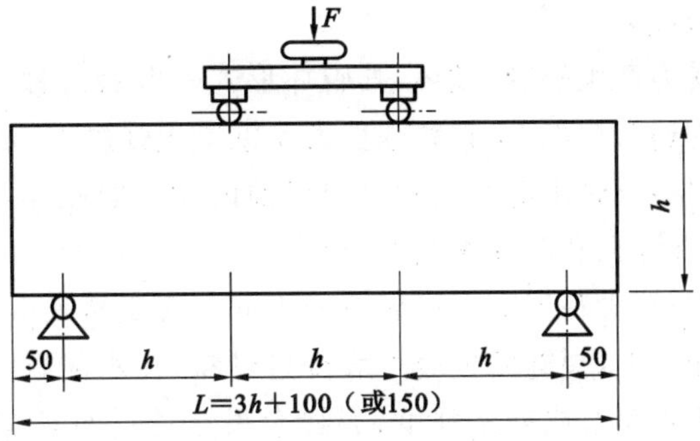

图 3-2　三分点加荷试验装置

混凝土的抗折强度可通过式(3-3)计算：

$$f_f = \frac{Fl}{bh^2} \tag{3-3}$$

式中　f_f——混凝土的抗折强度，MPa；

F——试件破坏荷载，N；

l——支座间跨度，mm；

h——试件截面高度，mm；

b——试件截面宽度，mm。

混凝土的抗折强度为抗压强度的10%～20%，为劈裂抗拉强度的1.5～3.0倍。

4）混凝土与钢筋的黏结强度

钢筋混凝土是由钢筋与混凝土这两种特性完全不同的材料组成的，其作为一种非均质的整体材料，必须保证钢筋与混凝土之间有可靠的黏结和锚固。只有两者之间可靠地黏结起来，才能在钢筋与混凝土交界面处实现应力传递，从而建立起结构承载所必需的工作应力。

钢筋表面单位面积的黏结力即为钢筋与混凝土的黏结强度。两者之间的黏结强度由四部分组成：水泥浆与钢筋表面之间的胶结力；混凝土收缩、裹紧钢筋产生的摩阻力；钢筋表面凹凸不平与混凝土之间产生的机械咬合力；钢筋端部弯钩、弯折，在锚固区焊短钢筋、短角钢等提供的锚固力。黏结强度的主要影响因素有：钢筋直径和表面形状、混凝土的强度、配筋率、保护层厚度、混凝土浇筑方向、横向配筋、钢筋锈蚀度以及干湿变化、温度变化等。

目前黏结强度的试验方法主要有三种：中心拔出试验、梁式试验、钢筋内贴应变片拔出试验，各种试验方法都有局限性，常用装置简单的中心拔出法。

为确保钢筋与混凝土之间具有足够的黏结力，在选材和构造方面采取如下措施：选用适宜的混凝土强度等级；采用变形钢筋；光圆钢筋的端部应做成弯钩；绑扎钢筋的接头必须有足够的长度；保证受力钢筋具有足够的锚固长度；钢筋周围的混凝土应有足够的厚度；设置一定数量的横向钢筋。

3.1.1.2　*混凝土的破坏过程*

混凝土是由粗骨料、硬化水泥砂浆及两者之间的过渡层组成的非均匀三相复合材料。在混凝土硬化、成型过程中，由于受多种因素的影响，在混凝土中分散存在着孔隙、水隙和界面微裂缝。当混凝土受荷载作用时，这些孔隙和微裂缝就成为最先受到破坏的应力集中点。通常把这些孔隙和微裂缝称为混凝土的结构缺陷，混凝土结构缺陷越多，强度越低，越易破坏。

混凝土的破坏过程是渐变过程，在压应力作用下，加荷初期，混凝土的一些微裂缝会由于荷载作用而闭合，而在一些拉应力高度集中的点上将会出现新的微裂缝，这些微裂缝将随荷载的增加而扩展，这种微裂缝的产生和扩展对混凝土的破坏是局部的，试件尚能承受荷载的增加。此时，若保持应力不变，则裂缝的扩展也就停止。若继续增加荷载，裂缝将进一步扩展，混凝土的破坏范围将增大，裂缝数量也将不断增多并相互连通。最后，即使荷载不再增加，裂缝也会扩展，使结构处于不稳定状态并带有突变性，从而失去承载能力。

在荷载作用下，混凝土受力产生裂缝、破坏，其破坏形式一般有三种：一是骨料颗粒内部的破坏，这种破坏的可能性很小，因为通常情况下，骨料强度大于混凝土强度；二是水泥石或砂浆的破坏，这种现象在水泥石强度较低时发生；三是水泥石与骨料的界面的黏结面破坏，这是最常见的破坏形式，因为在水泥石与骨料的界面往往存在孔隙和潜在的微裂缝。

通常普通混凝土的破坏与轻骨料混凝土有显著的不同。对于普通混凝土，其骨料强度一般大于水泥石或砂浆强度，在荷载作用下，裂缝的扩展一般绕过骨料，在水泥石或砂浆中进行。而在轻骨料混凝土中，骨料强度一般低于水泥石或砂浆强度，裂缝会贯穿骨料而发展，如图3-3所示。对于高强混凝土也可能发生骨料颗粒破坏的情况。因此，轻骨料混凝土的破坏速度要较普通混凝土快。

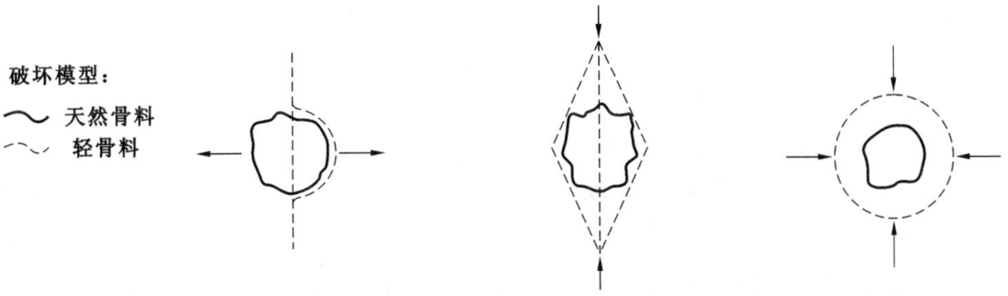

图 3-3　混凝土的破坏途径

(a) 单向拉伸；(b) 单向压缩；(c) 双向压缩

3.1.1.3　影响混凝土强度的因素

混凝土的强度主要取决于水泥石的强度及其与骨料表面的黏结强度。水泥石的强度及其与骨料表面的黏结强度与水泥的强度等级、水灰比、密实度、矿物外加剂及骨料的性质有密切的关系，施工过程中的振捣、密实、成型、养护对混凝土强度增长也有很大的影响。

1) 水泥的强度和水灰比

水泥的强度和水胶比是影响混凝土强度的最主要因素。水泥是混凝土中的主要胶结组分，其强度的大小直接影响混凝土的强度。在配合比相同的条件下，水泥的强度越高，混凝土强度也越高。当采用同一种水泥(品种和强度相同)时，混凝土的强度主要决定于水灰比。在混凝土能充分密实的情况下，水灰比愈大，混凝土中的孔隙愈多，强度愈低，与骨料黏结力也愈小，混凝土的强度就愈低；反之，水灰比愈小，混凝土的强度愈高。

1918 年，艾布拉姆斯提出了混凝土在充分密实的状态下，其强度与水灰比的关系，即“水灰比定则”：

$$f_c = \frac{K_1}{K_2^{W/C}} \tag{3-4}$$

式中　f_c——混凝土抗压强度；

W/C——水灰比；

K_1, K_2——试验常数。

混凝土强度与水灰比的关系呈典型的双曲线[图 3-4(a)]，而混凝土强度与灰水比的关系呈直线[图 3-4(b)]。水灰比越小，混凝土强度越高。但是，如果水灰比过小，拌合物过于干稠，在一定的施工振捣条件下，混凝土不能被振捣密实，将出现较多的蜂窝、孔洞，反而导致混凝土强度严重下降。

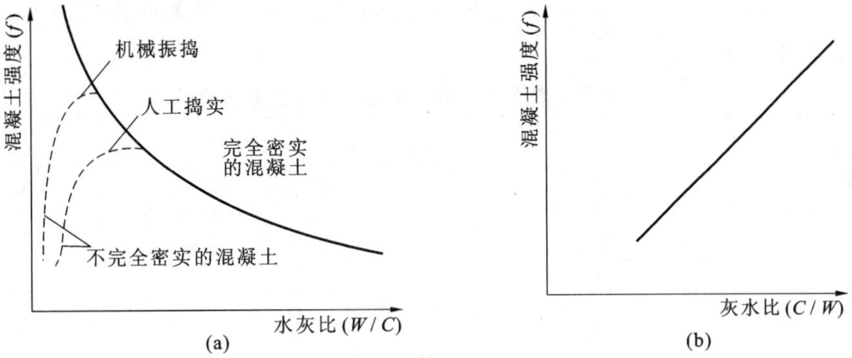

图 3-4　混凝土强度与水灰比、灰水比的关系

(a) 混凝土强度与水灰比的关系；(b) 混凝土强度与灰水比的关系

现在的混凝土中通常掺有较大量的矿物外加剂和化学外加剂，根据实践经验，可建立如下的混凝土强度与胶水比(B/W)、水泥强度等因素之间的经验公式：

$$f_{cu}=\alpha_a f_b\left(\frac{B}{W}-\alpha_b\right) \tag{3-5}$$

式中　f_{cu}——混凝土 28 d 龄期的抗压强度，MPa；

B——每立方米混凝土中的胶凝材料用量，kg；

W——每立方米混凝土中的用水量，kg；

B/W——混凝土胶水比；

α_a，α_b——回归系数，与骨料品种及水泥品种等因素有关，其数值通过多次试验求得，若无试验统计资料，则可按《普通混凝土配合比设计规程》(JGJ/T 55—2011)提供的系数取用：

碎石　$\alpha_a=0.53$，$\alpha_b=0.20$

卵石　$\alpha_a=0.49$，$\alpha_b=0.13$

f_b——胶凝材料 28 天胶砂抗压强度，MPa，可实测。无实测值时，也可按下式确定：

$$f_b=\gamma_f\gamma_s f_{ce} \tag{3-6}$$

式中　γ_f，γ_s——粉煤灰影响系数和粒化高炉矿渣粉影响系数，可按《普通混凝土配合比设计规程》(JGJ/T 55—2011)提供的系数选用；

f_{ce}——水泥 28 d 胶砂抗压强度，MPa，可实测。无实测值时，也可按下式确定：

$$f_{ce}=\gamma_c f_{ce,g} \tag{3-7}$$

γ_c——水泥强度等级值的富余系数，可按实际统计资料确定，当缺乏实际统计资料时，也可按表 3-3 选用；

$f_{ce,g}$——水泥强度等级值，MPa。

表 3-3　水泥强度等级值的富余系数 γ_c

水泥强度等级值	32.5	42.5	52.5
富余系数	1.12	1.16	1.10

2）掺合料和化学外加剂

在混凝土中掺入早强剂可提高混凝土早期强度；掺入减水剂可减少用水量，降低水胶比，混凝土仍能较好地成型密实，强度升高。在混凝土中掺入高效减水剂的同时掺入磨细的掺合料即矿物外加剂（如硅灰、优质粉煤灰、超细矿渣等），可以与水泥的水化产物进一步发生反应，产生大量的胶凝物质，使混凝土更加密实，可显著提高混凝土的强度。

用比表面积分别为 400 m^2/kg、500 m^2/kg、600 m^2/kg 的磨细矿粉配制三组混凝土，取代水泥量为 45%，并配制一组不掺矿粉的基准混凝土，各组所用粗骨料直径为 5～31.5 mm 的石灰石，细骨料为人工砂（中砂），水灰比为 0.5；使用 FTS 高效减水剂（掺量 1%），坍落度为120～140 mm，水泥为 P·S 42.5，试验结果见表 3-4。

表 3-4　不同比表面积的磨细矿粉对混凝土强度的影响

比表面积 (m^2/kg)	抗压强度(MPa)		
	7 d	28 d	90 d
基准组	41.4	53.4	65.5
400	25.6	49.9	61.8
500	28.6	53.8	65.7
600	27.6	61.7	74.6

从表 3-4 中数据可见，掺磨细矿粉的混凝土早期（7 d）强度低于基准混凝土，这是由于矿粉需要一定的 CH 浓度激发下才能发生反应，到 28 d、90 d 龄期，掺矿粉已经接近、持平甚至高于基准混凝

土，说明掺入矿粉会充分发挥填充和改善骨料界面的作用，改善水泥石与骨料的界面黏结强度，并可提高混凝土的长期强度。因此，在混凝土中掺入高效减水剂和掺合料是制备高强度和高性能混凝土必需的技术措施。

3）骨料

骨料对混凝土强度的影响主要有骨料的强度、级配、粒径、形状及表面状态等。

骨料的强度对混凝土强度的影响较大。无论高强混凝土还是普通混凝土，骨料种类不同，力学性能就相差很大，但其对普通混凝土的影响明显小一些。一般，骨料强度越高，所配制的混凝土强度也越高，尤其在低水灰比和配制高强混凝土时特别明显。试验研究认为在普通混凝土中，玄武岩和卵石配制的混凝土具有相同的抗压强度，石灰岩混凝土的强度较高。粗骨料岩石的立方体抗压强度值宜为所配混凝土强度等级的 1.3 倍，配制 C40 混凝土的粗骨料岩石的立方体抗压强度不得低于 50 MPa，碎石和砾石的压碎值不应大于 16%，变质岩或火成岩的最大压碎值不得大于 20%。

当骨料级配良好、砂率适当时，有较大的堆积密度，较小的空隙率，可减少水泥用量并保证密实度；总表面积小，可减少湿润骨料表面的需水量；有少量的细颗粒，可满足和易性的要求，由于组成了紧密的骨架，有利于混凝土强度的提高。当骨料级配不好时，即没有或只有很少中间颗粒时，混凝土含有过多不易密实的砂浆，造成混凝土内部均匀性差，强度变异性大；而且还会造成混凝土拌合物流动性差，离析严重，容易在内部形成蜂窝孔洞等缺陷，从而直接降低了混凝土的强度。

粗骨料最大粒径对混凝土性能的影响是个复杂的问题，国内外在这方面的研究很多。从提高混凝土工作性能，减少水泥用量的角度上分析，粗骨料的粒径越大，其比表面积越小，因此所需包裹骨料的水泥浆量相应减少，在一定的和易性和一定水泥用量的条件下，则能减少用水量而提高混凝土强度。而且粗骨料能阻碍裂缝的发展，提高断裂韧度，有利于混凝土强度提高。但是随着粗骨料尺寸增大，粗骨料比表面积减小，导致界面黏结强度下降，而且较大粗骨料对水泥浆约束较大，易使水泥浆中产生附加内应力，从而缺陷增多，均质性变差，进而导致混凝土强度降低，如图 3-5 所示，故高强混凝土的骨料最大粒径应为 20 mm。这种混凝土强度随骨料粒径变化的现象称为粒径效应。粒径效应在富水泥（水泥用量大于 350 kg/m^3）混凝土中表现得较为明显，而在贫水泥（水泥用量小于 280 kg/m^3）混凝土中采用大粒径的粗骨料则是有利的。

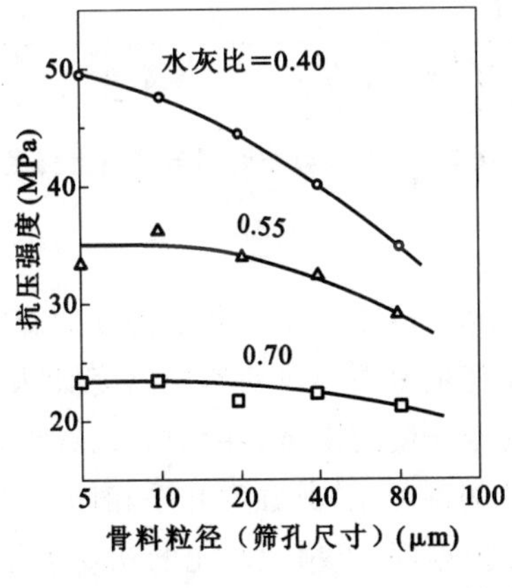

图 3-5　骨料粒径与混凝土抗压强度的关系

骨料的表面状态和形状对其与水泥砂浆的黏结强度也有较大的影响。骨料的表面状态主要是指表面粗糙程度和孔的特征，表面粗糙的骨料与硬化水泥石有较好的啮合力，但用水量较大。骨料的形状对堆实程度有显著的影响，颗粒越接近球形，堆实程度越高，空隙率越低。因而表面粗糙、多棱角的碎石骨料较表面光滑的卵石骨料与水泥砂浆有更高的黏结力，混凝土强度也较后者高。例如，当 $W/C<0.4$ 时，碎石混凝土比卵石混凝土的抗压强度高 10%以上。但随着水灰比的增大，这种影响逐渐减弱，当 $W/C=0.65$时，二者的强度几乎无明显差别。骨料表面的粗糙程度对混凝土抗压强度的影响要比对抗拉及抗弯强度的影响小。另外，骨料的形状以接近球形或正多面体为好，若含有较多针状或片状颗粒，将会使混凝土内部的孔隙率增大，增加混凝土的结构缺陷，降低均质性，导致混凝土强度下降。

4）养护

所谓混凝土养护，就是使混凝土在一定的温度、湿度条件下，保证凝结、硬化的正常进行。有标准养护、自然养护、湿热养护、电热养护和红外线养护等，养护经历的时间称为养护周期。

养护温度高，水泥水化速度加快，混凝土强度增长较快；湿度适当，水泥水化才能顺利进行，混凝土强度才能得以充分发展。通常，对已成型的混凝土应使其处于饱水或接近于饱水状态，即进行潮湿养护。因为水泥的水化反应时间很长，如果在早期终止潮湿养护，混凝土的强度增长将极为缓慢。图 3-6为潮湿养护时间与混凝土强度的关系。由此可以看出，早期潮湿养护时间愈短，后期强度则愈低。如果早期先在空气中养护，后再在潮湿状态下继续养护，则混凝土强度会继续增长，并与开始潮湿养护的龄期有关，见图 3-7。一般应在浇筑完毕后的12 h以内，对混凝土加以覆盖，并保湿养护；混凝土浇水养护的时间：对采用硅酸盐水泥、普通硅酸盐水泥或矿渣硅酸盐水泥拌制的混凝土，不得少于 7 d，对掺用缓凝型外加剂或有抗渗要求的混凝土，不得少于 14 d；浇水次数应能保持混凝土处于湿润状态，混凝土养护用水应与拌制用水相同；采用塑料布覆盖养护的混凝土，其敞露的全部表面应覆盖严密，并应保持塑料布内有凝结水；混凝土强度达到 1.2 N/mm^2 前，不得在其上踩踏或安装模板及支架。混凝土养护期间，应重点加强混凝土的湿度和温度控制，尽量缩短表面混凝土的暴露时间，及时对混凝土暴露面进行紧密覆盖（可采用篷布、塑料布等进行覆盖），防止表面水分蒸发。暴露面保护层混凝土初凝前，应卷起覆盖物，用抹子搓压表面至少两遍，使之平整后再次覆盖（此时应注意覆盖物不要直接接触混凝土表面），直至混凝土终凝为止。

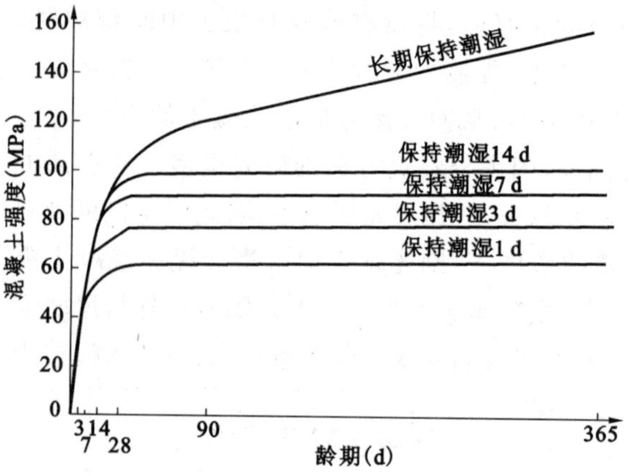

图 3-6　潮湿养护时间与混凝土强度的关系

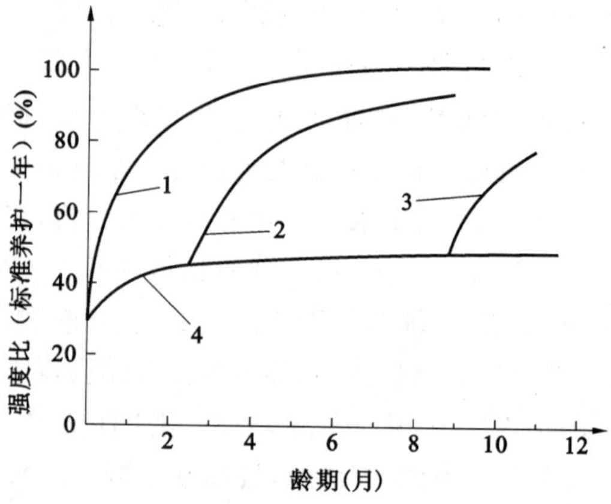

图 3-7　干燥放置后又重新潮湿养护时混凝土的强度比

1—标准养护（连续潮湿养护，21 ℃）；2—3 个月后潮湿养护；

3—9 个月后潮湿养护；4—空气中养护

养护温度对于混凝土强度的影响，随水泥品种、配合比等条件不同而异。通常，养护温度愈高，早期强度也愈高。早期养护温度低，则后期强度会不断增高。图 3-8 为 $W/C=0.5$ 时养护温度对混凝土抗压强度的影响。由图可以看出，在 4 ℃以下混凝土强度的增长比较缓慢，在 13～46 ℃，龄期为 28 d 的混凝土，其强度几乎相同。如果早期养护温度较低，一般后期强度发展比较好。这是因为提高养护温度，可增大水泥的初期水化速度，混凝土的早期强度也高。但这种急剧的初期水化会导致水化物的不均匀分布，水化物稠密程度低的区域成为水泥石的薄弱区，从而水泥的整体强度降低。另外，水化物稠密程度高的区域包裹在水泥粒子周围，妨碍了水泥粒子的进一步水化，也使得水化产物减少。而在养护温度比较低的情况下，由于水化速度缓慢，使得水化产物有充分的扩散时间而得以均匀分布。一般，采用同样的原材料和配制方法，夏天浇筑的混凝土强度要较冬天低。

与高温养护的情况相反，温度降低时水泥水化速度缓慢，混凝土强度发展也将延迟。当温度降至冰点以下时，由于混凝土中的水分大部分结冰而使混凝土强度停止发展。同时混凝土孔隙中的水分结冰会对孔壁产生很大压力而使孔壁开裂，导致混凝土内部结构破坏。混凝土早期强度越低，越容易冻坏。所以，冬期施工规定混凝土受冻前要达到临界强度，要特别防止混凝土早期受冻，才能保证混凝土质量。图 3-9 为早期冻结时间对混凝土抗压强度的影响。

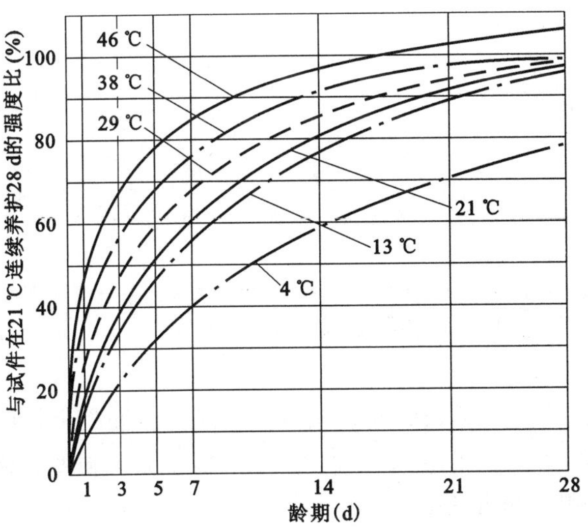

图 3-8　养护温度对混凝土抗压强度的影响

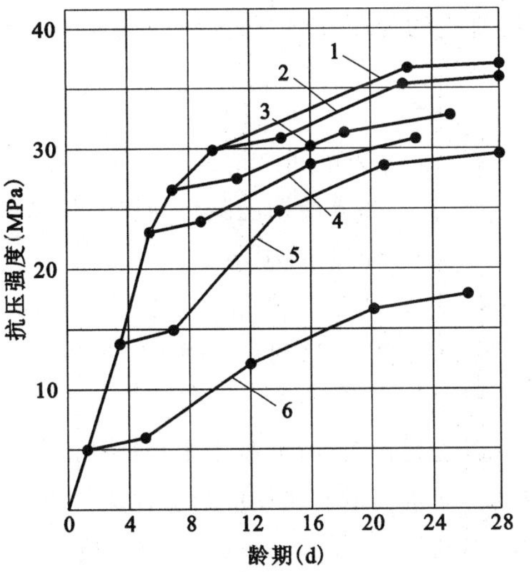

图 3-9　早期冻结时间对混凝土抗压强度的影响

1—无冻结情况；2—龄期 10 d 冻结；3—龄期 7 d 冻结；4—龄期 5 d 冻结；5—龄期 3 d 冻结；6—龄期 1 d 冻结

为了加快混凝土强度的发展，通常采用湿热养护的方式，常用的有常压蒸汽养护和高压蒸汽养护。采用常压养护(低于 100 ℃常压蒸汽)最重要的一个问题就是如何控制升温速度。一般认为，若自搅拌开始到升温至 49 ℃的时间少于 2～3 h，或升温至 99 ℃的时间少于 6～7 h，则会对随后几小时的强度发展产生不利影响。这是因为，极快的升温速度会使水泥初始反应速度加快，不利于水化产物的均匀分布，并可能阻碍水泥的进一步水化。有时这种影响造成的混凝土强度损失可达室温养护的 1/3。水灰比越大，这种影响也越大。因此，采用将浇筑好的混凝土静置一段时间后(混凝土终凝后方可升温)再进行高温养护的方式，对混凝土的强度发展是比较有利的。

若对混凝土进行高温高压养护(压力达 0.7～1.0 MPa，温度为 170～185 ℃)，则能使混凝土达到高早强、高耐久性，并能减少干缩。对掺硅质混合材料的混凝土，用蒸压养护的效果更佳。

5) 龄期

龄期指混凝土在正常养护条件下所经历的时间。混凝土在正常养护条件下，其强度将随着龄期的增加而增长，强度的增长与胶凝材料的水化程度有关，而胶凝材料的水化程度也随着水泥的矿物组成和矿物外加剂的品种和掺量的变化而变化。一般，最初的 7～14 d 内，混凝土强度增长较快，28 d 以后增长缓慢，龄期延续数十年，混凝土的强度仍有所增长。不同龄期混凝土的强度增长比率见表 3-5。

表 3-5　不同龄期混凝土的强度增长比率

水泥	水灰比	不同龄期的相对强度(%)						
		7 d	28 d	91 d	6 个月	1 年	2 年	3 年
普通硅酸盐水泥	0.50	64	100	113	119	122	122	124
	0.65	53	100	118	123	126	126	127
早强硅酸盐水泥	0.50	80	100	109	115	113	117	118
	0.65	71	100	109	111	110	112	116
低热硅酸盐水泥	0.50	52	100	128	199	142	145	148
	0.65	43	100	148	157	160	160	165
矿渣水泥	0.50	50	100	121	129	134	134	134
	0.65	40	100	130	140	141	142	141
粉煤灰水泥	0.50	56	100	129	133	140	141	139
	0.65	56	100	143	164	174	174	173

混凝土的强度发展与龄期的关系，有如下经验公式：

$$\frac{f_n}{f_{28}}=\frac{\lg n}{\lg 28} \tag{3-8}$$

式中　f_n——n 天龄期混凝土的抗压强度，MPa；

f_{28}——28 d 龄期混凝土的抗压强度，MPa；

n——养护龄期，d，$n\geqslant 3$。

根据上式，可以由所测得的混凝土早期强度估算其 28 d 龄期的强度。或者由混凝土 28 d 强度推算 28 d 前混凝土达到某一强度需要养护的天数。但由于影响混凝土强度的因素很多，故按此式计算的结果仅作为参考。

由以上讨论可知，混凝土中水泥的水化程度随水化时间延长而升高，水化程度越高，混凝土强度也越高。而水泥的水化反应的进程又与温度有关，温度升高，水化反应速度加快。混凝土的强度是温度和时间的函数，见式(3-9)。而把温度与时间的乘积称为成熟度。

$$\frac{f}{f_0}=A+B\lg M \tag{3-9}$$

式中　f——任意成熟度的混凝土抗压强度；

f_0——标准成熟度(20 ℃下养护 28 d)的混凝土抗压强度；

A，B——与水泥有关的常数；

M——成熟度，℃ · h 或℃ · d，$M=\sum\Delta t(T+10)$；

Δt——水化时间，h 或 d；

T——温度，℃。

其中用于成熟度计算的最低温度基准为－10 ℃。这是因为，只要养护温度保持在－10 ℃以上，混凝土强度就有一定增长，但要求混凝土已经凝结、硬化，并且已具有一定的强度，否则在这种温度条件下会受到冻害。

上述经验公式只有在混凝土的初始温度为 16～27 ℃，并且不发生干燥失水的情况下才适用。

6) 施工条件

(1) 搅拌工艺

混凝土搅拌工艺是一个十分复杂的问题，其复杂性不仅在于混凝土混合料中有固相、液相和气相参加搅拌，而且还在于相互间的化学与物理化学的变化。在混凝土拌合物的搅拌过程中，所采用的搅拌机类型、搅拌时间、转速及投料顺序对混凝土的强度将产生一定的影响。

为了获得较好的搅拌效果，不同的混凝土拌合物采用的搅拌机也不同。例如现场拌制，低流动性、干硬性、轻骨料混凝土采用强制式搅拌机；塑性混凝土采用自落式搅拌机，主要适用于搅拌低流动性混凝土。搅拌站采用双卧轴强制式搅拌机，可搅拌干硬性混凝土、塑性混凝土、流动性混凝土、轻骨料混凝土及各种灰浆、砂浆。

拌合物的投料方式不同，所获得的混凝土强度也不同，如表 3-6 所示。所谓常规法即一次投料法，就是将计量好的混凝土原材料——水泥、粗细骨料、水、外加剂等一次性投入到搅拌机中搅拌。其他几种方法均为分次投料。由此可以看出，分次投料法较常规方法搅拌的混凝土强度有较大提高。其原因主要是，分次投料法能使拌合物搅拌得更加均匀。粗骨料被水泥砂浆均匀地包裹住，各包裹层之间相互牢固地黏结在一起，减少了骨料的分层与沉降，而水分被封闭在包裹层的孔隙中，也减少了拌合物的泌水。同时，骨料与水泥浆的黏结力也提高了。因此，混凝土的抗压强度也有所提高。

表 3-6　不同的投料方式下混凝土强度的平均增长率

投料方式	7 d 强度(%)	28 d 强度(%)	投料方式	7 d 强度(%)	28 d 强度(%)
常规法	0	0	裹石法	13.2	9.5
净浆法	12.2	6.7	裹砂石法	14.0	12.0
砂浆法	11.1	7.3	净浆裹石法	12.2	10.9
裹砂法	14.1	8.8			

混凝土搅拌的最短时间是指从全部材料装入搅拌筒中起，到开始卸料为止的时间。搅拌时间应随搅拌机的类型及混凝土混合料的和易性不同而有所不同。用自落式搅拌机制备的混凝土，其抗压强度随搅拌时间的延长而增大，在 2～3 min 内增长较快，以后则增长较慢，但塑性有所改善，见图 3-10。用强制性搅拌机制备的混凝土混合料均匀程度随搅拌时间的延长很快达到规定值。长时间搅拌既不经济，有时也不合理，据国家标准《混凝土结构工程施工规范》(GB 50666—2011)规定，拌合料在强制式搅拌机中连续搅拌的最短时间应符合表 3-7 中的规定。若掺有外加剂与矿物掺合料时，应适当延长搅拌时间。采用自落式搅拌，搅拌时间宜延长 30 s。

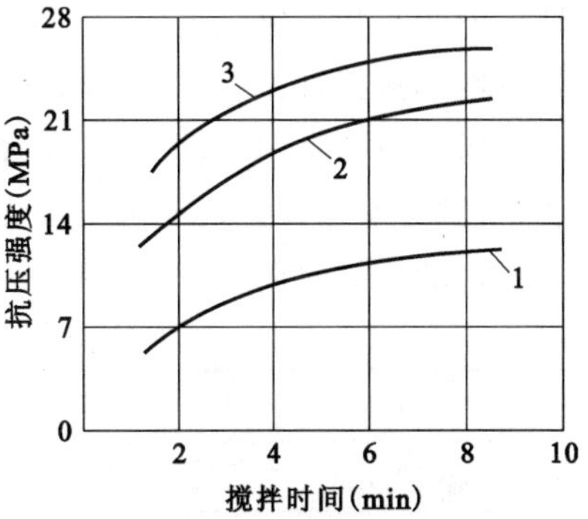

图 3-10　采用自落式搅拌机的搅拌时间与混凝土强度的关系

1—3 d 龄期的混凝土强度；
2—7 d 龄期的混凝土强度；
3—28 d 龄期的混凝土强度

搅拌机的转速对混凝土拌合料的搅拌质量影响很大。转速过高，因离心力过大而无法进行搅拌，转速过低，则降低生产效率。无论是自落式搅拌机还是强制式搅拌机，当其搅拌速度过快时，强度较低，强度变异系数也较大，效果不佳，这是因为离心力较大，物料难以均匀分布。慢速搅拌时，虽变异系数最低，但达到 100%强度的时间迟于中速搅拌，故中速为宜。

表 3-7　混凝土的最短搅拌时间　　单位：s

混凝土坍落度(mm)	搅拌机类型	搅拌机容积(L)		
		<250	250～500	>500
≤40	强制式	60	90	120
>40 且<100	强制式	60	60	90
≥100	强制式	60		

(2) 运输

混凝土拌合物在运输过程中应保持拌合物的均匀性，尽量避免发生分层离析，不应漏浆；运至浇筑地点应具有规定的坍落度，并保证混凝土在初凝前能有充分的时间进行浇筑。混凝土的运输道路要求平坦，应以最少的运转次数、最短的时间从搅拌地点运至浇筑地点。混凝土运输、输送入模的过程宜连续进行。混凝土拌合物从搅拌机卸出到浇筑完毕的延续时间不宜超过表 3-8 的规定。

表 3-8　混凝土从搅拌机卸出到浇筑完毕的延续时间　　单位：min

混凝土生产地点	气温	
	≤25 ℃	>25 ℃
预拌混凝土搅拌站	150	120
施工现场	120	90
混凝土制品厂	90	60

(3) 振捣

振捣是混凝土浇筑后重要的工艺过程。振捣的目的是施加某种外力，抵消混凝土拌合物的内聚力，强制各种材料互相贴近渗透，排除空气，使之形成均匀密实的混凝土构件或构筑物，以期达到最高的强度。浇筑时应根据混凝土拌合物特性及混凝土结构、构件或制品的制作方式选择适当的振捣方式和振捣时间。混凝土振捣宜采用机械振捣。当无特殊振捣要求时，可采用振捣棒进行捣实，插入间距不应大于振捣棒振动作用半径的一倍，连续多层浇筑时，振捣棒应插入下层拌合物约 50 mm 进行振捣；当浇筑厚度不大于 200 mm 的表面积较大的平面结构或构件时，宜采用表面振动成型；当采用干硬性混凝土拌合物浇筑成型混凝土制品时，宜采用振动台或表面加压振动成型。振捣时间宜按拌合物稠度和振捣部位等不同情况，控制在 10～30 s 内，当混凝土拌合物表面出现泛浆，基本无气泡逸出时，可视为捣实。如果振动时间太短，则密实效果不会好；相反，振动时间过长，会使颗粒大的石子沉底，上部多是水泥砂浆或水泥浆及浮水，形成离析现象，造成上下不均匀，降低混凝土强度。所以，要有合适的振捣时间。表 3-9 为坍落度与振捣时间及有效振动半径的关系。

表 3-9　坍落度与振捣时间及有效振动半径的关系

坍落度(cm)	0～3	4～7	8～12	13～17	18～20	20 以上
振捣时间(s)	20～28	17～22	13～17	10～13	7～10	5～7
有效振动半径(cm)	25	25～30		30～35	35～40	

综上所述，混凝土的强度受原材料、施工工艺、养护制度等因素的影响，混凝土立方体的抗压强度测定必须严格遵守国家规定的标准规范来进行。通过对混凝土强度影响因素的分析，提高混凝土强度的措施有：采用强度等级高的水泥；采用低水灰比；采用有害杂质少、级配良好、颗粒适当的骨料和合理的砂率；采用合理的机械搅拌、振捣工艺；进行合理的养护；掺入合适的混凝土外加剂和矿物掺合料。

3.1.2　混凝土强度的检测

预拌混凝土的质量检验分为搅拌地点检验和浇筑地点检验。搅拌地点检验(出厂检验)为控制性自检，浇筑地点检验为验收检验(交货检验)；预拌混凝土质量验收应以交货检验结果作为依据，拌合物取样应具有代表性。混凝土出厂检验应在搅拌地点取样，混凝土交货检验应在交货地点取样。

3.1.2.1　混凝土拌合物的取样与试件留置

预拌混凝土的出厂检验的取样频次与试件留置应符合下列规定：

(1) 每拌制 100 盘且不超过 100 m^3 的同配合比的混凝土，取样不得少于一次；

(2) 每工作班拌制的同一配合比的混凝土，不足 100 盘和 100 m^3 时，取样不得少于一次；

(3) 当一次连续浇筑同一配合比的混凝土超过 1000 m^3 时，同一配合比的混凝土每 200 m^3 取样不得少于一次；

(4) 取样量应多于试验所需量的 1.5 倍，且不宜小于 20 L；

(5) 在同一盘混凝土或同车混凝土中约 1/4 处、1/2 处、3/4 处之间分别取样，从第一次取样到最后一次取样不宜超过 15 min，然后人工拌匀；

(6) 从取样完毕到开始做各项性能试验不宜超过 5 min。

预拌混凝土验收检验的取样频次与试件留置应符合下列规定：

(1) 试样应随机从同一运输车卸料量的 1/4～3/4 之间抽取；

(2) 每一楼层、同一配合比的混凝土，取样不得少于一次；

(3) 每次取样应至少留置一组标准养护试件，同条件养护试件的留置组数应根据实际需要确定。

同条件养护试件的留置方式和取样数量，应符合下列要求：

① 同条件养护试件所对应的结构构件或结构部位，应由监理（建设）、施工等各方共同选定；

② 对混凝土结构工程中的各混凝土强度等级，均应留置同条件养护试件；

③ 同一强度等级的同条件养护试件，其留置的数量应根据混凝土工程量和重要性确定，不宜少于10组，且不应少于3组；

④ 同条件养护试件拆模后，应放置在靠近相应结构构件或结构部位的适当位置，并应采取相同的养护方法进行养护。

3.1.2.2　立方体抗压强度试验

1）试验目的

通过试验测定混凝土立方体抗压强度，以检验材料质量，确定、校核混凝土配合比，确定混凝土强度等级，作为评定混凝土质量的主要依据。

方法依据国家标准《普通混凝土力学性能试验方法标准》(GB/T 50081—2002)。

2）主要仪器设备

① 压力试验机：应符合《液压式压力机》(GB/T 3722—1992)的规定，测量精度为±1%，试验破坏荷载应位于全量程的20%～80%范围内；

② 振动台：频率(50±3) Hz，空载振幅约为0.5 mm；

③ 混凝土标准养护室：温度应控制在(20±2) ℃，相对湿度为95%以上；

④ 试模：铸铁或铸钢试模、塑料试模；

⑤ 捣棒：直径16 mm、长60 mm、端部呈半球形；

⑥ 其他设备：搅拌机、抹刀等。

3）试验步骤

(1）试件制作

① 混凝土立方体抗压强度测定，以三个试件为一组。

② 混凝土试件的尺寸按骨料最大粒径选定，见表3-1。

③ 成型前，应检查试模尺寸，尺寸应符合《混凝土试模》(JG 237—2008)的有关规定；试模擦干净后，内表面应涂一层矿物油或其他不与混凝土发生反应的脱模剂；取样或拌制好的混凝土拌合物应至少用铁锹再回拌三次，再将混凝土拌合物装入试模成型。

④ 成型方法

对于坍落度不大于70 mm的混凝土拌合物宜用振动振实，步骤如下：

a. 将拌合物一次装入试模，装料时应用抹刀沿试模壁插捣，并使拌合物高出试模口；

b. 将试件移至振动台上，开动振动台，振动时试模不得有任何跳动，振动应持续到表面出浆为止，不得过振。

对于坍落度大于70 mm的混凝土拌合物宜用捣棒人工振实，步骤如下：

a. 将混凝土拌合物分两层装入试模，每层装料厚度大致相等。

b. 用捣棒按螺旋方向从边缘向中心均匀插捣。每层插捣次数一般每100 cm^2 截面积内不少于12次。在插捣底层混凝土时，捣棒应达到试模底部；插捣上层时，捣棒应保持垂直，不得倾斜。插捣后应用橡皮锤轻轻敲击试模四周，直到插捣棒留下的孔洞消失为止。

c. 用抹刀沿试模内壁插拔数次，最后刮去多余混凝土并抹平。

检验现浇混凝土或预制构件的混凝土，试件成型方法宜与实际采用的方法相同。

(2）试件养护

① 试件成型后立即用不透水的薄膜覆盖表面。

② 按照试验目的不同，试件可采用标准养护或与构件同条件养护。

采用标准养护的试件，应在温度为(20±5) ℃的环境中静置 1～2 昼夜，然后编号、拆模。拆模后立即放入温度为(20±2) ℃、相对湿度为 95%以上的标准养护室进行养护，在标准养护室内试件应放在架上，彼此间隔为 10～20 mm，避免用水直接冲淋，或放在温度为(20±2) ℃的不流动的 $Ca(OH)_2$ 饱和溶液中养护。

同条件养护是和混凝土构件在同样温度、湿度环境下进行养护，拆模时间可与实际构件的拆模时间相同，拆模后，试件仍需保持同条件养护。

③ 标准养护龄期为 28 d(从搅拌加水开始计时)。

注：试件的制作和养护的试验记录内容应符合《普通混凝土力学性能试验方法标准》(GB/T 50081—2002)的有关规定。

(3) 立方体抗压强度测定

① 试件从养护室取出后应及时进行试验。将试件表面与上下承压面板擦干净，测量其尺寸(精确至 1 mm)，据此计算出试件的受压面积。如实测尺寸与公称尺寸之差不超过 1 mm，则按公称尺寸计算。

② 将试件安放在试验机的下压板或垫板上，试件的承压面与成型时的顶面垂直。试件的中心应与试验机下压板中心对准，开动试验机，当上压板与试件或钢垫板接近时，调整球座，使其接触均衡。

③ 加荷时应连续而均匀，加荷速度为：当混凝土强度等级小于 C30 时，取 0.3～0.5 MPa/s；混凝土强度等级不小于 C30 且小于 C60 时，取 0.5～0.8 MPa/s；当混凝土强度等级大于 C60 时，取 0.8～1.0 MPa/s。

④ 当试件接近破坏而开始急剧变形时，应停止调整试验机油门，直至试件破坏。记录破坏荷载 F(N)。

(4) 试验数据处理

① 混凝土立方体抗压强度 f_{cu} 应按式(3-10)计算：

$$f_{cu}=\frac{F}{A} \tag{3-10}$$

式中 f_{cu}——混凝土立方体试件抗压强度，MPa；

F——试件破坏荷载，N；

A——试件承压面积，mm^2。

混凝土立方体抗压强度计算应精确至 0.1 MPa。

② 混凝土立方体强度值的确定应符合下列规定：

a. 以三个试件测值的算术平均值为该组试件的抗压强度代表值(精确至 0.1 MPa)。

b. 三个测值中的最大值或最小值中如有一个与中间值之差超过中间值的 15%时，则把最大值及最小值舍去，取中间值作为该组试件的抗压强度代表值。

c. 如最大值和最小值与中间值之差均超过中间值的 15%时，则该组试件的试验结果无效。

(5) 试验记录

混凝土抗压强度试验原始记录及试验报告见表 3-10 和表 3-11。

表 3-10　混凝土抗压强度试验原始记录

样品名称		样品编号	
养护方法		环境条件	
检测依据		设备编号	
设备名称		设备状态	

<table>
<tr><td colspan="9">检测内容</td></tr>
<tr><td>检测编号</td><td>强度等级</td><td>试件规格
(mm)</td><td>承压面积 A
(mm^2)</td><td>制作日期</td><td>荷载 F
(kN)</td><td>抗压强度
(MPa)</td><td>代表值
(MPa)</td><td>标准试件值
(MPa)</td></tr>
<tr><td rowspan="3"></td><td rowspan="3"></td><td rowspan="3"></td><td rowspan="3"></td><td></td><td></td><td></td><td rowspan="3"></td><td rowspan="3"></td></tr>
<tr><td></td><td></td><td></td></tr>
<tr><td></td><td></td><td></td></tr>
<tr><td rowspan="3"></td><td rowspan="3"></td><td rowspan="3"></td><td rowspan="3"></td><td></td><td></td><td></td><td rowspan="3"></td><td rowspan="3"></td></tr>
<tr><td></td><td></td><td></td></tr>
<tr><td></td><td></td><td></td></tr>
<tr><td rowspan="3"></td><td rowspan="3"></td><td rowspan="3"></td><td rowspan="3"></td><td></td><td></td><td></td><td rowspan="3"></td><td rowspan="3"></td></tr>
<tr><td></td><td></td><td></td></tr>
<tr><td></td><td></td><td></td></tr>
<tr><td rowspan="3"></td><td rowspan="3"></td><td rowspan="3"></td><td rowspan="3"></td><td></td><td></td><td></td><td rowspan="3"></td><td rowspan="3"></td></tr>
<tr><td></td><td></td><td></td></tr>
<tr><td></td><td></td><td></td></tr>
<tr><td rowspan="3"></td><td rowspan="3"></td><td rowspan="3"></td><td rowspan="3"></td><td></td><td></td><td></td><td rowspan="3"></td><td rowspan="3"></td></tr>
<tr><td></td><td></td><td></td></tr>
<tr><td></td><td></td><td></td></tr>
<tr><td rowspan="3"></td><td rowspan="3"></td><td rowspan="3"></td><td rowspan="3"></td><td></td><td></td><td></td><td rowspan="3"></td><td rowspan="3"></td></tr>
<tr><td></td><td></td><td></td></tr>
<tr><td></td><td></td><td></td></tr>
<tr><td rowspan="3"></td><td rowspan="3"></td><td rowspan="3"></td><td rowspan="3"></td><td></td><td></td><td></td><td rowspan="3"></td><td rowspan="3"></td></tr>
<tr><td></td><td></td><td></td></tr>
<tr><td></td><td></td><td></td></tr>
<tr><td rowspan="3"></td><td rowspan="3"></td><td rowspan="3"></td><td rowspan="3"></td><td></td><td></td><td></td><td rowspan="3"></td><td rowspan="3"></td></tr>
<tr><td></td><td></td><td></td></tr>
<tr><td></td><td></td><td></td></tr>
<tr><td colspan="2">记录说明</td><td colspan="7"></td></tr>
</table>

校核：　　　　　　　　主检：　　　　　　　　检测日期：

表 3-11　混凝土抗压强度试验报告

委托单位		报告编号	
工程名称		试验编号	
样品名称		工程部位	
检测依据		环境条件	
实验室地址		邮政编码	

检测内容

检测编号	试件代表部位	强度等级	成型日期		检验日期		养护方法龄期(d)	规格(mm)	抗压强度(MPa)		
			月	日	月	日			单个值	代表值	标准试件值
检测说明											

批准：　　　　校核：　　　　主检：　　　　检测单位：(盖章)
签发日期：

3.1.2.3　混凝土抗折强度试验

1）试验目的

通过试验测定混凝土的抗折强度，作为评定混凝土质量的依据之一。

2）主要仪器设备

① 试验机：可采用抗折试验机、万能试验机或带有抗折试验架的压力试验机。所有这些试验机均应带有能使两个相等的荷载同时作用在小梁跨度三分点处的装置，见图 3-2。

试验机的精度(示值的相对误差)至少应为±2%。使试件破坏时的荷载位于全量程的 20%～80%范围内。

试验机与试件接触的两个支座和两个加压头应采用直径为 20～40 mm、长度至少比试件的宽度大 10 mm 的硬钢圆柱，支座立脚点固定铰支，其他为滚动支点。

② 振动台：频率为(50±3) Hz，空载振幅约为 0.5 mm。

③ 混凝土标准养护室：温度应控制在(20±2) ℃，相对湿度为 95%以上。

④ 其他设备：搅拌机、试模、捣棒、抹刀等。

3）试验步骤

(1) 试件制作与养护

① 采用 150 mm×150 mm×600（或 550）mm 小梁作为标准试件。制作标准试件所用混凝土中骨料的最大粒径不应大于 40 mm。

必要时可采用 100 mm×100 mm×400 mm 试件，此时混凝土中骨料的最大粒径不应大于31.5 mm。

② 其他制作与养护过程同抗压强度试验。

(2) 抗折强度测定

① 试验前准备

a. 试件从养护地点取出后应及时进行试验，先将试件擦干净，测量尺寸，并检查其外观。试件尺寸测量精确至 1 mm，并据此进行强度计算。

b. 试件不得有明显的缺损。在跨中 1/3 梁的受拉区内，不得有表面直径超过 7 mm 且深度超过 2 mm的孔洞。试件承压区及支撑区接触线的不平度应为每 100 mm 不超过 0.05 mm。

c. 按图 3-2 的要求安装试件，安装尺寸偏差不得大于 1 mm。

d. 将试件在试验机的支座上放稳对中，承压面应选择试件成型时的侧面。

e. 支座及承压面与圆柱的接触面应平稳、均匀，否则应垫平。

② 破型

a. 开动试验机，施加的荷载应保持均匀、连续。加荷速度为：当混凝土强度等级小于 C30 时，取 0.02～0.05 MPa/s；混凝土强度等级不小于 C30 且小于 C60 时，取 0.05～0.08 MPa/s；当混凝土强度等级大于 C60 时，取 0.08～0.10 MPa/s。

b. 当试件接近破坏时，应停止调整油门，直至试件破坏，记录破坏荷载及破坏位置。

(3) 试验数据处理

① 当断面发生在两个集中加荷点之间时，抗折强度 f_{cf}(以 MPa 计)按式(3-11)计算：

$$f_{cf}=\frac{Fl}{bh^2} \tag{3-11}$$

式中　f_{cf}——混凝土抗折强度，MPa；

F——极限荷载，N；

l——支座间跨度，mm；

b——试件截面宽度，mm；

h——试件截面高度，mm。

混凝土抗折强度计算应精确至 0.1 MPa。混凝土立方体抗折强度值的确定应符合下列规定：

a. 以三个试件测值的算术平均值为该组试件的抗折强度代表值(精确至 0.1 MPa)。

b. 三个测值中的最大值或最小值中如有一个与中间值之差超过中间值的 15%，则把最大值及最小值舍去，取中间值作为该组试件的抗压强度代表值。

c. 如最大值和最小值与中间值之差均超过中间值的 15%时，则该组试件的试验结果无效。

② 三个试件中若有一个折断面位于两个集中荷载之外(以受拉区为准)，则混凝土抗折强度值按另两个试件的试验结果计算。若这两个测定值的差值不大于这两个测值的较小值的 15%，则该组试件的抗折强度值按这两个测值的平均值计算，否则该组试件的试验无效。

③ 若有两个试件的折断面均超出两集中荷载之外，则该组试验无效。

④ 当混凝土强度等级小于 C60 时，混凝土抗折强度以 150 mm×150 mm×600 mm 的方块为标

准试件，若采用 100 mm×100 mm×400 mm 非标准试件时，在三分点加荷的试验方法同前，但所取得的抗折强度值应乘以尺寸换算系数 0.85；当混凝土强度等级不小于 C60，宜采用标准试件；使用非标准试件时，尺寸换算系数应由试验确定。

练习与讨论

1. 某工程混凝土留样一组，试件尺寸为 200 mm×200 mm×200 mm，龄期为 28 d，测得抗压破坏荷载分别为 560 kN、600 kN、580 kN，试计算该组试件的混凝土立方体抗压强度。（精确到0.1 MPa）

2. 取某混凝土立方体试件一组，试件尺寸为 100 mm×100 mm×100 mm，标准养护 28 d，测得抗压破坏荷载分别为 356 kN、285 kN、340 kN，试计算该组试件的混凝土立方体抗压强度。（精确到 0.1 MPa）

3. 采用强度等级为 32.5 的矿渣硅酸盐水泥、碎石和天然砂配制混凝土，制作尺寸为 100 mm×100 mm×100 mm 试件 3 块，标准养护 7 d，测得抗压破坏荷载分别为 140 kN、135 kN、145 kN。试求：

① 该组试件的混凝土 7 d 立方体抗压强度；

② 估算该混凝土 28 d 立方体抗压强度。

4. 如何测定混凝土的抗压强度，并指出影响混凝土抗压强度的因素。

5. 为什么说骨料的强度不同，混凝土的破坏也不相同？

6. 指出水灰比对混凝土质量的影响。

7. 温度对混凝土强度有何影响？为什么说养护温度越高，后期强度就越低？

8. 分析混凝土早期强度过低或后期强度不足的原因。

9. 进行混凝土养护的目的是什么？养护方式有哪些？

10. 钢筋与混凝土之间的黏结力是如何形成的？

11. 查阅资料，说明工程中混凝土强度不足的常见原因有哪些。

12. 查阅资料，说明工程中混凝土强度不足事故的处理方法有哪些。

项目 4　混凝土耐久性及测试

长期以来，混凝土作为土建工程中用途最广、用量最大的建筑材料之一，在近两百年的发展中，其强度不断提高。目前，发达国家已使用 50 MPa 甚至 100 MPa 的高强度混凝土。但是，在提出高强度的同时，混凝土结构的耐久性问题也愈来愈被人们所关注。直到 20 世纪 70 年代末期，发达国家才逐渐发现原先建成的基础设施工程在一些环境下过早损坏。我国大多数建筑物在使用 25～30 年后即需大修。因此，提高混凝土耐久性，延长工程使用寿命，尽量减少维修重建费用是建筑行业实施可持续发展战略的关键。

混凝土结构物在实际使用环境中由于受干湿、冷热、冻融交替等的影响，将会受到不同程度的损害。混凝土结构的耐久性是指混凝土结构在自然环境、使用环境及材料内部因素的作用下，在设计要求的目标使用期内，抵抗环境及介质作用而保持其性能的能力，即不需要花费大量资金加固处理就能保持其安全、使用功能和外观要求的能力。耐久性差的混凝土极易遭受损害而导致破坏。

混凝土的耐久性是一项综合性质，混凝土所处环境条件不同，其耐久性的评价内容也不同，有时可能用一个指标评定，有时也可能用多个指标评定。混凝土的耐久性通常包含抗渗性、抗冻性、抗侵蚀性、抗碳化及碱-骨料反应的能力。

任务 4.1　混凝土抗渗性评定与测试

混凝土的抗渗性是指混凝土材料抵抗有压介质(水、油、溶液等)渗透的能力，它是决定混凝土耐久性最基本的因素。抗渗性差的混凝土由于水或侵蚀介质扩散、渗透到混凝土内部，导致膨胀和开裂，会加重钢筋锈蚀、冻融循环、硫酸盐侵蚀和碱-骨料反应。所以混凝土的抗渗性对于混凝土的耐久性具有重大的意义。

4.1.1　相关理论知识

4.1.1.1　混凝土抗渗性评定方法

研究混凝土抗渗性能有多种试验方法：有传统的水压力试验法，还有近年来越来越引起人们重视的抗氯化物渗透试验法，以及气体渗透性试验法等。气体渗透法比较适合在现场测试，在我国应用相对较少，实验室测试以前两种为主。

混凝土抗渗性用抗水渗透性能和抗氯离子渗透性能来划分等级。

(1) 混凝土抗水渗透性能评定方法

混凝土抗水渗透性能用抗渗等级(P)或渗透系数表示。我国标准采用抗渗等级。

抗渗等级是以 28 d 龄期的标准试件，采用逐级加压法进行，在标准试验方法下所能承受的最大静水压力来表示。根据混凝土试件在抗渗试验时所能承受的最大水压力，将其划分为 P4、P6、P8、P10、P12、>P12 六个等级。相应的混凝土抗渗试验时，一组 6 个试件中 4 个试件未出现渗水的最大压力分别为 0.4 MPa、0.6 MPa、0.8 MPa、1.0 MPa、1.2 MPa 和大于 1.2 MPa。抗渗混凝土试配时，要求的抗渗水压值应比设计提高 0.2 MPa。

用混凝土的抗渗等级评价混凝土的抗渗能力比较直观、简单，但对于长龄期、抗渗性高的混凝土则不适用。同时该指标没有考虑混凝土长期在持续压力下的抗渗能力。例如，抗渗等级为 P8 的混凝土，并不意味着混凝土能抵抗 0.8 MPa 的水压力而永不渗透。如果混凝土结构物的厚度不够大，则在较长时间的水压作用下，混凝土还是有渗水的可能。因此，对于水工混凝土还可采用渗透系数来评价其抗渗性能。国外比较倾向于用渗水高度及相对渗透系数来评价混凝土抗渗性。

混凝土的渗透系数可通过测定恒压下水在混凝土内的渗水高度，并根据式(4-1)计算确定。

$$K = \frac{wD_m^2}{2TH} \tag{4-1}$$

式中 K——渗透系数，m/h；

D_m——平均渗水高度，m；

H——水压力，以水柱高度表示，m；

T——恒压持续时间，h；

w——混凝土吸水率，一般小于 10%。

渗透系数 K 反映了材料渗透能力的大小，K 值越大，表示抗渗性越差；K 值越小，则材料的抗渗性越强。由式(4-1)可以看出，K 值与 D_m 的平方成正比，即渗水高度增大，混凝土的渗透系数将随之急剧增大，抗渗性变差。此法特别适用于高抗渗性的混凝土。根据渗水高度法，通过相关研究，表 4-1列出了混凝土抗渗等级与渗透系数的关系。

表 4-1 混凝土抗渗等级与渗透系数的关系

抗渗等级	渗透系数(cm/s)	抗渗等级	渗透系数(cm/s)
P4	0.663×10^{-8}	P10	0.144×10^{-8}
P6	0.339×10^{-8}	P12	0.104×10^{-8}
P8	0.211×10^{-8}		

(2) 混凝土抗氯离子渗透性能评定方法

混凝土抗氯离子渗透性能试验有 RCM 法和电通量法。

RCM 法是一种测定混凝土中氯离子非稳态快速迁移的扩散系数的方法，用试验期间测得的氯离子渗透深度来计算氯离子的扩散性。氯离子的扩散性是反应水泥基材料抵抗氯离子侵入和钢筋腐蚀能力的一个参数。混凝土抗氯离子能力根据氯离子迁移系数划分为表 4-2 所列的五个等级，混凝土测龄期应为 84 d。

表 4-2 混凝土抗氯离子渗透性能的等级划分(RCM 法)

等级	RCM-Ⅰ	RCM-Ⅱ	RCM-Ⅲ	RCM-Ⅳ	RCM-Ⅴ
氯离子迁移系数 D_{RCM} (RCM 法，$\times10^{-12}$ m²/s)	$D_{RCM}\geq4.5$	$3.5\leq D_{RCM}<4.5$	$2.5\leq D_{RCM}<3.5$	$1.5\leq D_{RCM}<2.5$	$D_{RCM}<1.5$

电通量法是用于测定以通过混凝土试件的电通量为指标来确定混凝土抗氯离子渗透性能。氯离子在直流电压作用下，能透过混凝土试件向正极方向移动。测量流过混凝土的电荷量，就能反映出透过混凝土的氯离子量。混凝土是离子导电，其电导与电流成正比。根据电通量划分为表 4-3 所列的五个等级，混凝土测龄期宜为 28 d。当混凝土中水泥混合材料与矿物掺合料之和超过胶凝材料用量的 50%时，测龄期宜为 56 d。

表 4-3　混凝土抗氯离子渗透性能的等级划分(电通量法)

等级	Q-Ⅰ	Q-Ⅱ	Q-Ⅲ	Q-Ⅳ	Q-Ⅴ
电通量 Qs(C)	$Qs \geqslant 4000$	$2000 \leqslant Qs < 4000$	$1000 \leqslant Qs < 2000$	$500 \leqslant Qs < 1000$	$Qs < 500$

4.1.1.2　混凝土抗渗性的影响因素

混凝土的孔隙率和孔径分布是决定混凝土抗渗性的关键因素。混凝土由于水泥水化，骨料本身的缺陷，拌合物的泌水、干缩等原因，造成其内部含有大小、形状各异的孔隙及裂缝，这些孔隙和裂缝占混凝土体积的 8%～10%。吴中伟根据孔径尺度将混凝土中孔的孔径分为大于 10^3 nm，10^2～10^3 nm，10～10^2 nm 和小于 10 nm 四种。ШЕЙКИН A E 将混凝土中的孔分为超微孔(半径 $r \leqslant 5$ nm)、微毛细孔(5 nm$<r\leqslant 10^2$ nm，也称过渡微孔)、大毛细孔[$(10^3\sim10^4)$ nm$>r>10^2$ nm]和非毛细孔[$r>(10^3\sim10^4)$ nm]四类。但只有在大于 1 μm 的毛细孔中的自由水，在有压力差的作用下才能发生流动。小于 1 μm 的毛细孔中的水，由于处在固体力场的作用下，黏度很大，流动困难。封闭的孔也不能成为水的通道。所以，混凝土的渗透性并不是它孔隙率的简单函数，而是受诸多因素的影响。对混凝土的抗渗性能有影响的因素有原材料的选用、配合比、外掺料的掺加、养护方法和养护条件、施工时间等。

(1) 水泥石与水灰比

在密实混凝土中，对混凝土的渗透性影响较大的是水泥石。水泥石中凝胶孔和毛细孔的数量、形状和分布等将对水泥石的渗透性产生较大影响。在新拌的水泥浆体中，随水化的不断进行，浆体的渗透性迅速降低。这是因为水化产生的凝胶体不断地填充原来充水的孔隙。而完全硬化的水泥石，其渗透性则与凝胶体颗粒的尺寸、形状、数量以及毛细孔的连通性有关。养护龄期对水泥石渗透系数的影响见表 4-4。

表 4-4　养护龄期对水泥石渗透系数的影响

龄期(d)	渗透系数(m/s)	
新拌浆体	10^{-5}	与水灰比无关
1	10^{-8}	毛细孔连通
3	10^{-9}	
4	10^{-10}	
7	10^{-11}	
14	10^{-12}	
28	10^{-13}	
100	10^{-16}	毛细孔不连通
240(完全水化)	10^{-18}	

混凝土拌合物的水灰比对硬化混凝土孔隙率的大小、数量起决定性作用，直接影响混凝土结构密实性，从而影响混凝土的抗渗性。水灰比越大，则水泥石中的毛细孔越多，当然渗水性越大。当水灰比小于 0.6 时，毛细孔多处于封闭状态；当水灰比大于 0.6 时，则连续性的毛细孔显著增加，渗透性也变大。有试验资料证明，水灰比越大，渗透系数也越大，如图 4-1 所示。

因此，从满足混凝土抗渗性、耐久性出发，抗渗混凝土最大水灰比以 0.60 为宜。不同抗渗等级混凝土最大水灰比如表 4-5 所示。

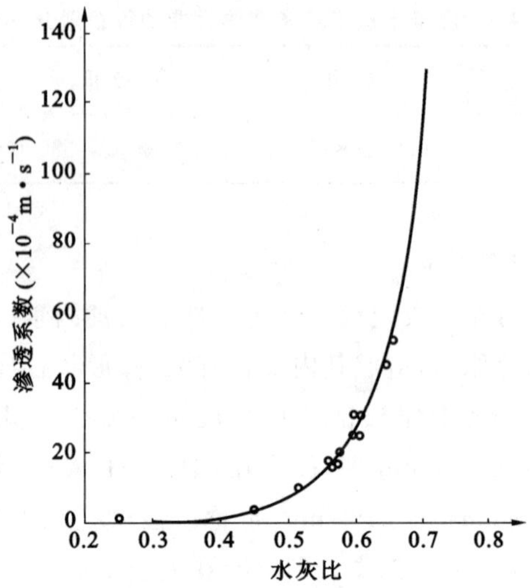

图 4-1　混凝土的渗透系数与水灰比的关系

表 4-5　不同抗渗等级混凝土最大水灰比

抗渗等级	最大水灰比	
	C20～C30	C30 以上
P6	0.60	0.55
P8～P12	0.55	0.50
＞P12	0.50	0.45

(2) 水泥品种的影响

当配制的混凝土考虑到抗渗性时，要求拌制混凝土所用的水泥具有抗水性好，泌水性小，水化热低并具有一定的抗侵蚀性。普通硅酸盐水泥早期强度增长快，泌水性小，干缩性较小，但抗水性和抗酸盐侵蚀能力较差。矿渣硅酸盐水泥，水化热较低，抗硫酸盐侵蚀能力好，但泌水性较大，抗渗性较差，干缩性也较大。所以当配制的混凝土要求具有抗渗性时，优先采用普通硅酸盐水泥，而矿渣水泥在采取相应措施的情况下也可使用，应掺用外加剂以降低泌水率。

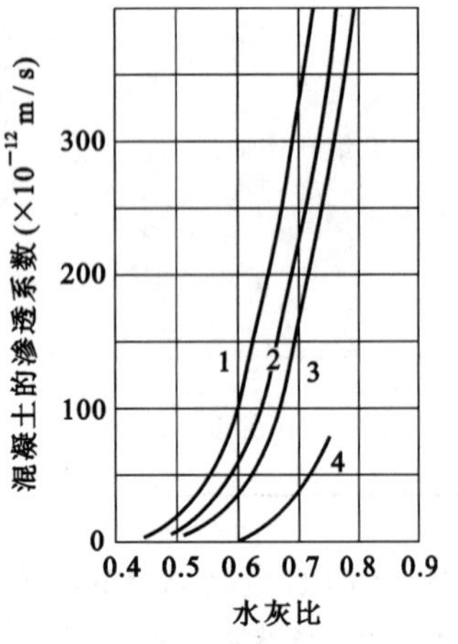

图 4-2　石子最大粒径、水灰比对渗透系数的影响

1—石子最大粒径为 120 mm 的混凝土；
2—石子最大粒径为 75 mm 的混凝土；
3—石子最大粒径为 40 mm 的混凝土；4—砂浆

(3) 石子品种与最大粒径

混凝土常用的粗骨料有卵石和碎石，由于两种混凝土表面状态不同，拌制混凝土的和易性也不同。碎石表面粗糙，多棱角，与水泥的黏结性比卵石要好，对混凝土强度及抗渗性均有利。但由于碎石表面粗糙的特点，要求与卵石具有同样的和易性，每立方米混凝土需多用水泥 10～20 kg，用水量也随之增加，这对抗渗性未必有利。因此，要想获得良好的施工和易性及抗渗性应适当增加水泥用量及砂率。

另外，石子粒径和水灰比过大，对混凝土抗渗性均不利，见图 4-2。这是因为骨料颗粒愈大，其下部形成的孔隙也愈大。在防水混凝土中，允许采用的粗骨料最大粒径一般为 40 mm，具体的粒径限度尚应按结构厚度、钢筋疏密情况、振捣条件等因素来确定。

使用天然轻骨料的混凝土抗渗性差，这是由于天然轻骨料孔隙多且相互连通，容易透水。对于人工轻骨料，因其有致密的表层，且轻骨料混凝土的泌水率小，所以抗渗性可达到普通混凝土的水平，甚至更高。

(4) 外加剂和掺合料

在混凝土中掺入引气剂或减水剂，可显著降低混凝土拌合物的泌水率，减少单位加水量，从而使混凝土内部的毛细孔数量大大减少，提高了混凝土的抗渗性。

此外，在混凝土中都会掺入矿粉、粉煤灰、硅粉等，这些掺合料对提高混凝土的抗渗性起一定作用：一是它们的加入可以改善砂子级配(补充天然砂中部分粒径小于 0.15 mm 的颗粒)，填充混凝土部分堆积孔隙；二是活性组分 SiO_2 能与水泥水化时析出的 $Ca(OH)_2$ 反应生成比较稳定的水化硅酸钙，使其结构更加密实，抗渗性提高。按表 4-6 进行试验增加水压到 4.2 MPa，若仍无试件渗水，劈开试件测定平均渗水高度。

表 4-6　混凝土矿物掺合料与抗渗性

混凝土配合比(kg/m³)						外加剂 JB-1(%)	坍落度 (cm)	28 d 抗压强度(MPa)	渗水高度 (mm)
水泥	硅灰	磨细矿粉	砂	石子	水				
600	—	—	610	1134	150	1.5	22.5	81.0	40.0
420	180	—	610	1134	150	1.6	22.5	105.0	14.0
420	60	120	610	1134	150	1.6	22.5	99.8	12.5

(5) 施工工艺

① 搅拌对混凝土抗渗性的影响

在施工现场经常发现，一些操作人员在用搅拌机搅拌混凝土时，材料的投入顺序、用水量的多少、搅拌时间的控制等重要环节均不按有关技术规范要求去操作，随意性很大，致使混凝土材料不能得到充分的搅拌，而且加水经常超量而使水灰比过大，使混凝土成品质量受到影响，从而影响混凝土的抗渗性。

② 浇筑、振捣对混凝土抗渗性的影响

混凝土浇筑、振捣是保证混凝土质量的关键工序，对混凝土内在质量和表面质量都很重要，施工中最常见的缺陷有露筋、裂缝、孔洞、蜂窝、麻面、预埋件和转角处多孔松动，拆模时缺棱掉角、表面返浆和多孔等，这些缺陷致使混凝土密实度降低，从而降低了混凝土抗渗性。

③ 养护对混凝土抗渗性的影响

养护对混凝土极为重要，也是混凝土获得强度和抗渗性的必要条件。混凝土是疏松多孔的混合物，新拌混凝土中存在大量分布均匀的毛细孔，其中充满水，使水泥进一步水化，大孔隙变成小孔隙，从而增加混凝土的密实度，提高混凝土的抗渗性。在混凝土实际施工中，由于缺乏对混凝土养护机理的了解，对混凝土养护工序常常不重视，会出现养护不及时，养护湿度不够，养护时间短等情况，最终会影响混凝土质量。尤其对于有抗渗性要求的混凝土，如不能采取及时、正确的养护，将会严重影响建筑物的质量，带来不可估量的损失。

此外，在施工工期安排上，抗渗混凝土宜避开冬季及热天施工。冬季施工时需要对混凝土材料进行加热。热天(指气温高于 30 ℃)施工由于气温和混凝土材料温度都比较高，会使混凝土的入模温度及凝结温度提高。混凝土刚凝结时是无应力的，此后温度升降，混凝土涨缩，在约束条件下就要产生温差应力。其应力值超过抗拉强度时，混凝土就产生裂缝，以至严重渗水或漏水。所以在可能的条件下应尽量避开冬季及热天施工。

因此，提高混凝土的抗渗性，一是提高混凝土的密实度，具体措施有降低水灰比，充分振捣、养护，选择级配良好的骨料等；二是改善混凝土的孔结构，减少连通孔隙，如加入引气剂形成大量封闭独立的小微孔，以阻断水的通道。抗渗混凝土在配制上的特点是控制较低的水灰比，采用优质材料，掺入引气剂和减水剂以及磨细的粉煤灰和硅粉，减少水泥用量，严格按工艺操作规程施工，减小混凝土内部孔隙率，减小体积收缩，提高密实度，提高抗渗性。

4.1.2　混凝土抗渗性的测试

4.1.2.1　混凝土拌合物的取样与试件留置

用于检查结构构件混凝土抗渗性的试件，应在混凝土的浇筑地点随机抽取。取样频次与试件留置应符合下列规定：

(1) 同一检验批混凝土的强度等级、龄期、生产工艺和配合比应相同。

(2) 对于同一工程、同一配合比的混凝土，检验批不少于一个。

(3) 对于同一检验批，设计要求的各个检验项目至少完成一组试验。

(4) 同一混凝土强度等级、抗渗等级，同一配合比，生产工艺基本相同，连续浇筑量每 500 m^3 留置一组抗渗试件(一组为 6 个抗渗试件)，且不得少于两组。

(5) 取样方法：

① 取样应在施工现场进行，应随机从同一盘搅拌或同一车运送的混凝土中取出，并不宜在首车(盘)混凝土中取样。对于预拌混凝土还应在卸料过程中从卸料量的 1/4～3/4 之间取样，取样量应至少为计算试验用量的 1.5 倍。

② 对有抗渗要求的混凝土进行抗渗检验，用于出厂及交货检验的取样频率均应为同一工程、同一配合比的混凝土不得少于 1 次，留置组数可根据实际需要确定。

③ 试件制作应在现场取样后 30 min 内进行。

4.1.2.2　逐级加压法

(1) 试验目的

通过试验测定混凝土圆台体的抗渗压力，以确定、校核混凝土配合比，确定混凝土抗渗等级，作为评定混凝土质量的主要依据。

试验依据《普通混凝土长期性能和耐久性能试验方法标准》(GB/T 50082—2009)。

(2) 主要仪器设备

① 混凝土抗渗仪

混凝土抗渗仪由套模(6 个)、台面、支架、加压系统、储水罐和压力控制系统等组成，如图 4-3 所示。

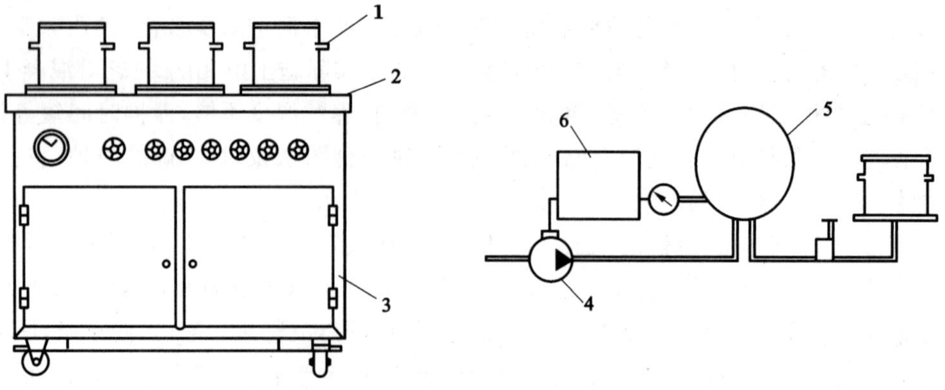

图 4-3　混凝土抗渗仪结构系统示意图

1—套模；2—台面；3—支架；4—加压系统；5—储水罐；6—压力控制系统

a. 套模：顶面内部直径应为(175±1) mm，底面内部直径应为(185±1) mm，高应为(150±1) mm；

b. 脱模器：方便将试件压入套模中，或从抗渗模和成型模中脱出。

c. 使用条件：水温及环境温度 4～40 ℃，相对湿度不大于 85%，在被雨淋、水浸且无强烈振动的条件下使用；供电电源电压为 AC (380±38) V 或 AC (220±22) V，频率应为(50±0.5) Hz；施加水压力范围应为 0.1～2.0 MPa。

d. 材料：抗渗仪易腐蚀部件应采用耐腐蚀材料制作，套模宜采用钢材或符合使用功能要求的其他材料制作。

② 密封材料

如石蜡，内掺约 2%的松香。

③ 成型试模

上口直径 175 mm，下口直径 185 mm，高 150 mm 或上下直径与高度均为 150 mm 的圆台体钢模。

④ 其他仪器

螺旋加压机、烘箱、电炉、浅盘、铁锅、钢丝刷等。

(3) 试验步骤

① 试件制备

a. 成型：每组试件为六个，如用人工插捣成型时，分两层装入混凝土拌合物，每层插捣 25 次，在标准条件下养护。如结合工程需要，则在浇筑地点制作，每单位工程制件不少于两组，其中至少一组应在标准条件下养护，其余试件与构件在相同条件下养护，试块养护期不少于 28 d，不超过 90 d。

b. 养护：试件成型后 24 h 拆模，用钢丝刷刷净两端面水泥浆，然后立即将试件送入标准养护室养护，养护龄期为 28 d。

② 试件的密封和安装

A. 密封：试件到达试验龄期前一天，从养护室取出试件，并擦拭干净，用钢丝刷刷净两端面，待表面干燥后用下列方法进行试件密封：

a. 当用石蜡密封时，应在试件侧面裹涂一层熔化的内加少量松香的石蜡。然后应用螺旋加压器将试件压入经过烘箱或电炉预热过的套模中，使试件与套模底平齐，并应在套模变冷后解除压力。套模的预热温度，应以石蜡接触套模即缓慢熔化，但不流淌为准。

b. 用水泥加黄油密封时，其质量比应为(2.5～3)：1。应用三角刀将密封材料均匀地刮涂在试件侧面上，厚度应为 1～2 mm。应套上套模并将试件压入，应使试件与套模底齐平。

c. 试件密封也可以采用其他更可靠的密封方式。

B. 安装：试件准备好之后，启动抗渗仪，并开通 6 个试位下的阀门，使水从 6 个孔中渗出，水应充满试位坑，在关闭 6 个试位下的阀门后应将密封好的试件安装在抗渗仪上。

③ 逐级加压

试验时，水压从 0.1 MPa 开始，每隔 8 h 增加水压 0.1 MPa，并随时注意观察试件端面渗水情况。当 6 个试件中有 3 个试件表面出现渗水时，或加至规定压力(设计抗渗等级)在 8 h 内 6 个试件中表面渗水试件少于 3 个时，可停止试验，并记下此时的水压力。

在试验过程中，当发现水从试件周边渗出时，应按上述②的规定重新进行密封。

④ 试验结果计算

混凝土的抗渗等级以每组 6 个试件中 4 个未发现渗水现象时的最大水压力乘以 10 来确定。混凝土的抗渗等级按式(4-2)计算：

$$P = 10H - 1 \tag{4-2}$$

式中　P——混凝土抗渗等级；

H——六个试件中有三个试件顶面开始渗水时的水压力，MPa。

⑤ 试验记录

混凝土抗渗试验记录见试验报告。

表 4-7、表 4-8 分别为混凝土抗渗性能检测原始记录和混凝土抗渗性能检测报告。

表 4-7　混凝土抗渗性能检测原始记录

样品名称				委托编号	
强度、抗渗等级				检测日期	
检测依据				环境条件	
设备名称		设备编号		设备状态	
项目 试件	最大试验压力（MPa）	渗透高度（mm）（是否透水）	加压时间（日 时 分）	压力（MPa）	备注
1					
2					
3					
4					
5					
6					
结论					
记录说明					

校核：　　　　　　　　　　　　　　　　　　主检：

表 4-8　混凝土抗渗性能检测报告

委托单位			报告编号			
工程名称			检测编号			
样品名称			工程部位			
强度等级			抗渗等级			
检测依据			送样日期			
环境条件			检测日期		龄期	
实验室地址			邮政编码			
检测内容						
试件序号	1	2	3	4	5	6
是否透水						
结论						
检测说明						

批准：　　　　校核：　　　　主检：　　　　检测单位：（盖章）

签发日期：

练习与讨论

1. 在混凝土抗渗试验中，某组各试件表面出现渗水现象时的最大水压力见表 4-9，试确定混凝土抗渗等级。

表 4-9　各试件表面出现渗水现象时的最大水压力

试件编号	1	2	3	4	5	6
最大水压力(MPa)	0.9	1.0	1.1	1.0	0.8	0.7

2. 抗渗试验时 6 个试件有 2 个试件出现渗水时水压为 0.8 MPa，有 3 个试件出现渗水时水压为 0.9 MPa，求该混凝土抗渗等级。

3. 如何评价混凝土的抗渗性能，提高抗渗性的措施有哪些？

4. 分析机制砂中石粉对混凝土抗渗性有哪些影响。

5. 分析水灰比对混凝土抗渗性有哪些影响。

任务 4.2 混凝土抗冻性评定与测试

混凝土抗冻性是指混凝土材料在吸水饱和的状态下经历多次冻融循环(干湿变化、温度变化),保持其原有性质或不显著降低原有性质的能力。混凝土是多孔材料,寒冷地区使用的混凝土,当其内部有一定的水时,由于冬季的负温度的袭击,混凝土内部水结成冰,体积膨胀,破坏混凝土内部结构,会引起开裂和剥落,严重威胁着混凝土的物理、力学性能和耐久性。不仅严寒地区混凝土建筑物有抗冻要求,温热带地区混凝土建筑物同样会遭到干、湿、冷、热交替的破坏作用,历经时间长也会发生表层剥落,结构疏松等破坏现象。

4.2.1 相关理论知识

4.2.1.1 混凝土冻融破坏机理

从 20 世纪 40 年代开始,美国、前苏联、欧洲、日本等均开展过混凝土冻融破坏机理的研究,提出了多种破坏理论。无论哪种理论都会涉及样品中的孔结构、孔的大小、孔径分布以及孔的开口与否和连通情况,这些因素都与抗冻性有关。不同学者对硬化水泥石中孔的分类有不同看法,一般认为孔径小于 5 nm 的为凝胶孔,对试体收缩性能有影响;10～50 nm 为小毛细孔,会影响试体强度、渗透性、收缩性;50～1500 nm 为大毛细孔,会影响强度、渗透性。水的结晶压力主要对小毛细孔作用较大。

水结冰时体积膨胀达 9%,即当某一密闭容器中水分占容积的 91.7%时,水结冰时刚好充满整个容器而不对容器产生结冰压力。但当容器中水分大于 91.7%时,则因结冰时的体积大于密闭容器的体积而对器壁产生压力。故把水与容器容积之比等于 91.7%视为密闭容器的临界饱和度。

混凝土的毛细孔可看作密闭容器,当其内部含水率超过临界饱和度时,则会因水的结冰对孔壁产生很大的压力而使毛细孔周围的混凝土遭受破坏。此压力的大小除取决于毛细孔的含水外,还取决于结冰速度,以及尚未结冰的水向周围能容纳水的孔隙迁移的阻力。显然,迁移的通道越长,结冰的孔隙与能容纳水的孔隙间浆体渗透性越差,则结冰压力就越大,对混凝土的破坏就越严重。

混凝土内部水的结冰是一个渐进的过程,一方面是因为热量是以一定的速率向混凝土内部传递的;另一方面则是因为尚未结冰的水中碱溶液浓度逐渐增加。根据稀溶液的性质,此时混凝土中水的冰点将低于纯水的冰点,冰点的降低值与溶液的浓度成正比,即:

$$T_0 - T = K_f b_B \tag{4-3}$$

式中 T_0——水的冰点;

T——溶液的冰点;

b_B——溶液的质量摩尔浓度;

K_f——水的冰点下降常数。

同时水的冰点还随所处的孔隙尺寸而异。由式 $\Delta P=\dfrac{2\sigma}{r}$知,毛细孔中曲面水的曲率半径愈小,其孔内的压力就愈大。压力的变化引起了相平衡温度的变化。根据克拉贝龙方程应用于冰-水系统的公式:

$$\ln\frac{T_2}{T_1} = \Delta P\frac{\Delta V}{\Delta H} = \frac{2\sigma\Delta V}{r\Delta H} \tag{4-4}$$

式中 ΔH——冰水相变热,J/mol;

σ——冰-水界面表面张力，mN/m；

r——毛细孔的曲率半径，μm；

ΔV——冰水两相摩尔体积之差，L/mol。

结冰为放热过程，式中 ΔH 为负值。由此可以看出，随着压力的增大，水的冰点降低。因此，混凝土中水的冻结是从最大孔隙中开始的，并逐渐扩展到极小的孔隙中。凝胶孔的尺寸极小，一般在1.5 nm左右。由上式计算得出，形成冰核的温度在－78～－73 ℃。也就是说，通常冻结温度下凝胶孔中的水是不结冰的，而是处于过冷状态。

过冷水的蒸气压 p_w 比同温度下冰的蒸气压 p_i 高，因而凝胶水将向毛细孔中冰的界面渗透，直至达到平衡。渗透压 Δp_s 与蒸气压之间的关系由热力学推导得：

$$\Delta p_s = \frac{RT}{V}\ln\frac{p_w}{p_i} \tag{4-5}$$

式中　Δp_s——渗透压，Pa；

p_w——凝结水的蒸气压，Pa；

p_i——毛细孔内冰的蒸气压，Pa；

V——水的摩尔体积，L/mol；

T——绝对温度，K；

R——通用气体常数。

经计算，当温度为－5 ℃，p_w＝421.697 Pa(3.163 mmHg)，p_i＝401.699 Pa(3.013 mmHg)时，计算的渗透压力可达5.85 MPa。

由于渗透压力达到平衡状态需要一定时间，所以水泥石即使保持一定的冻结温度，由渗透压力引起的水泥石的膨胀也将持续一段时间。这是凝胶水渗透所引起膨胀的特点。

由此可以看出，在结冰压力和渗透压力的共同作用下，混凝土内部产生的膨胀压力不仅使混凝土发生直接结构的破坏，还由于冻融时的膨胀、收缩部分的不同，如骨料和水泥石部分的不同、表层混凝土与内部混凝土的不同，也会导致混凝土结构的破坏。从外观上看，混凝土将出现棱角及棱线变圆和表层砂浆剥落等现象。

混凝土在冻结膨胀后，即使融化后也不能恢复到原状，即膨胀有所残留。这是由于混凝土发生了塑性变形和内部部分结构破坏而造成的。膨胀残留使混凝土吸水性增大。若吸水则在下一次的冻融中会引起新的膨胀残留。由冻融循环逐渐积累的膨胀残留越来越大，引起混凝土孔隙和微裂缝不断地扩展，由小变大，相互贯通，最终破坏。

4.2.1.2　混凝土抗冻性评定方法

混凝土的抗冻性能是以经一定次数冻融循环后的混凝土质量指标的相对降低值来评定的。混凝土抗冻性试验方法有快冻法、慢冻法和盐冻法。评价指标主要有抗压强度损失率、重量损失率、相对动弹性模量。

(1) 慢冻法

慢冻法是由28 d龄期的立方体试件(尺寸为100 mm×100 mm×100 mm)，在标准试验方法下所能承受的冻融循环次数确定的。试验是在冷冻温度为－20～－18 ℃，融解温度为18～20 ℃的条件下进行反复冻融循环，每次冻融循环应在8 h内完成，最后以试件抗压强度损失率不超过25%或者质量损失率不超过5%时的最大冻融循环次数来划分抗冻标号，用符号D来表示。混凝土的抗冻等级及抗冻编号划分见表4-10，表示混凝土能够承受50、100、150、200及200次以上的冻融循环。

表 4-10 混凝土的抗冻等级及抗冻标号划分

抗冻等级(快冻法)		抗冻标号(慢冻法)
F50	F300	D50
F100	F350	D100
F150	F400	D150
F200	>F400	D200
F250		>D200

慢冻法采用抗压强度的破损试验检测，混凝土经过若干次冻融破坏之后，抗压强度逐渐减小。由式(4-6)求得混凝土的强度损失率：

$$\Delta f_c = \frac{f_{c0} - f_{cn}}{f_{c0}} \tag{4-6}$$

式中 Δf_c——n 次冻融循环后混凝土抗压强度损失率，%；

f_{c0}——对比用的一组混凝土试件的抗压强度测定值，MPa；

f_{cn}——经 n 次冻融循环后的一组混凝土试件的抗压强度测定值，MPa。

慢冻法的受冻状态比较接近实际，但该方法试验周期长，工作量大，试验误差大。根据混凝土受冻破坏机理，冻胀破坏是内部混凝土受拉开裂破坏，因此抗拉强度对内部裂缝敏感，而受冻破坏恰恰对混凝土抗压强度不敏感。所以慢冻法用抗压强度损失率来评价混凝土抗冻性是不合理的，结果的可重复性差。目前国内外的相关标准正逐步取消慢冻法。

(2) 快冻法

快冻法同样是由 28 d 龄期的棱柱体试件(尺寸为 100 mm×100 mm×400 mm)，在标准试验方法下所能承受的冻融循环次数确定的。试验是在冷冻温度为(−18±2) ℃，融解温度为(5±2) ℃的条件下进行反复冻融循环，每次冻融循环应在 2～4 h 内完成，最后以试件相对动弹性模量下降至不低于 60%或者质量损失率不超过 5%时的最大冻融循环次数来划分抗冻等级，用符号 F 来表示，表示混凝土能够承受 50、100、150、200、250、300、350、400 及 400 次以上的冻融循环。

快冻法采用相对动弹性模量来评价，它能敏感地反映混凝土内部结构的损伤，较直接地测试抗压强度，更准确地表征了冻融造成的损伤情况，且方法为非破损方法，试验周期短，为可重复性试验，提高了试验效率。

目前的混凝土抗冻性试验方法对高性能混凝土的抗冻性评价存在不适应性。首先，高性能混凝土中使用了大部分矿物掺合料，按目前标准中养护 28 d 后测其抗冻性和 56 d 后测其抗冻性，其结果存在很大差别。因为龄期增加 28 d 后，高性能混凝土内部结构发生了很大变化，因此，目前的方法不能真实地反映高性能混凝土的抗冻性。另外，高性能混凝土的冻融循环基本在 500 次以上，试验周期很长，而且冻融破坏特征不明显。

4.2.1.3 混凝土抗冻性的影响因素

根据前面的混凝土破坏机理，混凝土内部孔隙率及孔隙结构对混凝土抗冻性能起着主导作用。影响混凝土内部孔隙特征(包括气泡间距、含气量、气泡平均直径)的因素很多，除与混凝土自身强度和饱水程度有关外，还与混凝土原材料、配合比参数、施工方法、养护条件及混凝土所处环境等有关。

(1) 混凝土饱水状态

混凝土的冻害与其饱水程度有关。一般认为含水量小于孔隙总体积的 91.7%就不会产生冻结膨胀压力，在混凝土完全饱水状态下，其冻结膨胀压力最大。混凝土的饱水状态主要与混凝土结构的部位及其所处的自然环境有关。在大气中使用的混凝土结构，其含水量均达不到该值的极限，而处于潮湿环境的混凝土，其含水量明显更高。最不利的部位是水位变化区，此处的混凝土经常处于干湿交替变化的条件下，受冻时极易破坏。此外由于混凝土表层的含水率通常大于其内部的含水率，且受冻时表层的温度低于其内部的温度，所以冻害往往是由表层开始逐步深入发展的。

(2) 含气量与平均气泡间距

含气量是影响混凝土抗冻性的主要因素。在一定范围内，同一强度等级混凝土含气量越高抗冻性越好，抗剥蚀能力也越强，尤其是冻融次数越高时，这种改善效果也越明显，为使混凝土具有较好的抗冻性，并保证强度，其最佳含气量为 5%～6%，如图 4-4 所示，加入引气剂进行 150 次冻融循环后测混凝土抗冻指标。同时，气泡必须微小，互不相连，能稳定均匀地分布在混凝土中。气泡的尺寸通常介于 0.05～1.27 mm 之间。气泡过大，则容易逸出，不易稳定存在，对抗冻融反而不利。

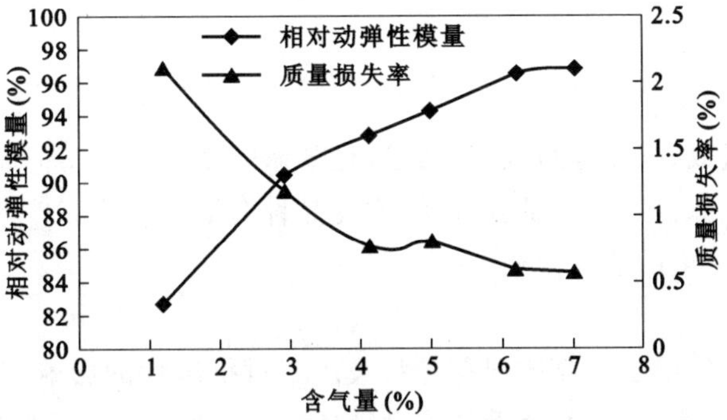

图 4-4　含气量对抗冻指标的影响

平均气泡间距是影响混凝土抗冻性能力的关键因素，平均气泡间距越大，则冻融过程中毛细孔中的静水压和渗透压越大，混凝土的抗冻性越差。对于同一强度等级的混凝土，其抗冻能力随气泡的间距增大而显著降低。美国混凝土协会认为，为充分防止冻害，气泡间距应为 0.25 mm，德国则要求为 0.20 mm。西北工业大学张德思等通过试验得出结论，相对于不同的强度等级，其气泡间距可在 0.33～0.55 mm 之间变化的都是高抗冻混凝土。抗冻混凝土临界气泡间距指数见表 4-11。

表 4-11　抗冻混凝土临界气泡间距指数　单位：mm

混凝土类别	混凝土强度等级				
	C15	C20	C30	C40	C50
普通混凝土	0.35	0.40	0.45	0.50	0.55
粉煤灰混凝土	0.35	0.40	0.45	0.50	0.55

(3) 水灰比

水灰比是影响混凝土各种性能（强度、耐久性等）的重要因素。在同样良好成型条件，水灰比不同，混凝土密实程度、孔隙结构也不同。由于多余的游离水分子在混凝土硬化过程中逐渐蒸发掉，形成大量开口孔隙，毛细孔又不能完全被水泥水化生成物填满，直至相互连通，形成毛细孔连通体系。具有这种孔隙结构的混凝土渗透性、吸水性都很大，最容易使混凝土受冻破坏。因此在考虑引气剂的同时，必须考虑水灰比。在含气量相同时，气泡的半径随水灰比的降低而减小，孔隙结构得到改善，提高了混凝土的抗冻性。

根据中国水利水电科学研究院的试验数据，混凝土的水灰比对快冻等级有着直接影响，见表 4-12。

表 4-12　水灰比对快冻等级的影响

混凝土	水灰比	快冻等级
非引气混凝土	W/C>0.55	基本没有抗冻性，一般均小于 F50
	W/C<0.30，抗压强度 40～60 MPa	F200～F300
	W/C<0.25，抗压强度 80 MPa	F1000 以上
	W/C≤0.26，抗压强度 80 MPa	可达 F2000
引气混凝土	W/C≤0.50，含气量(5±0.5)%，气泡间距系数≤300 μm 时	F300 以上
	W/C≤0.40，含气量(5±0.5)%，气泡间距系数≤350 μm 时	F600 以上
	W/C≤0.30，含气量(5±0.5)%，气泡间距系数≤300 μm 时	F1000 以上

(4) 原材料的影响

① 水泥

水泥品种及其矿物组成、细度等对混凝土抗冻性的影响不是很大。但质量差、早期水化程度低的水泥则可能使混凝土的抗冻性降低。试验证明，水泥品种对混凝土抗冻性有一定影响，且随水泥中混合材料掺入量的增加，混凝土的抗冻性变差。

② 骨料

骨料对混凝土抗冻性的影响主要体现在骨料吸水率对抗冻性的影响。骨料颗粒间空隙率低，或是其毛细孔被中断，吸水率低，一般不会受到冻融循环破坏。如果骨料颗粒间空隙率高，吸水率大，由于骨料周围被渗透性较低的硬化水泥浆体所包围，可被认为是一种密闭的容器。当骨料颗粒的水饱和度超过 91.7%时，在冻结时就会因骨料的膨胀对周围水泥石或砂浆产生破坏。骨料颗粒粒径越大，这种破坏越严重。这可能是因为粒径大的骨料在冻结时，多余的水分向外排出的通道长，产生的压力也大。骨料质量对抗冻性也有一定影响，包括骨料的坚固性、风化程度、黏土含量和杂质含量等。对在严寒地区或经常处于潮湿或干湿交替作用状态下的室外混凝土，则应注意优选骨料。

③ 外加剂

混凝土中的空气泡除搅拌、振捣时混入外，主要是由引气剂等外加剂引入的。引气剂引入的空气泡越多且分布均匀，平均气泡间距就越小，毛细孔中的静水压和渗透压就越小，混凝土的抗冻性就越好。大量试验表明，掺引气剂的混凝土比相同条件下不掺引气剂的混凝土的抗冻性成倍地提高。因此，国内外部分规范都规定了含气量的合理范围。

减水剂对混凝土抗冻性也有一定影响，特别是带有引气作用的减水剂。但由于这些减水剂引入的空气泡直径一般较大，且易破灭，故对混凝土抗冻性的改善效果并不明显。

④ 矿物掺合料

通过掺入矿物掺合料可以降低孔隙率，减小平均孔径，增大孔表面积，减少大孔，增加小孔，孔结构得到细化和优化，从而提高了混凝土的强度及抗冻性能。采用硅灰和粉煤灰“双掺”的方式仅对大水灰比试样的改善效果较为明显，而采用硅灰、粉煤灰和矿粉“三掺”的方式可以显著增加直径小于 20 nm的无害孔，大大减少直径大于 20 nm 的有害孔。如果在掺引气剂的同时再掺矿物掺合料，可以产生截然不同的效果：“双掺”掺合料仅能减少相对较大的有害孔，但“三掺”掺合料却可以显著减少有害孔，而大量增加无害小孔及微孔，明显提高混凝土强度及抗冻性。

(5) 施工工艺

混凝土在搅拌、运输、浇筑、成型、养护等过程中，若控制不当，就有可能在混凝土中产生孔隙、裂缝等结构缺陷，使混凝土吸水率增大，从而加大了混凝土受冻融破坏的可能性。而对于过分干燥的混凝土，再次润湿时的吸水率也增大，若其后经历冻融作用，混凝土的破坏会更严重。

加强养护措施有助于提高混凝土的抗冻性。这是因为，随着混凝土龄期的增加，水泥不断水化，可被冻结的水不断减少。同时，融解于水中的盐的浓度增加，使混凝土中水的冰点也随龄期增长而降低。

（6）环境因素的影响

混凝土处于低温、潮湿、多风、干湿交替等地区时较易受到冻害。特别是存在下列情况下更是如此：昼夜温差大、晴天多、涨潮落潮使混凝土循环没于水中和暴露于空气中等。这些无疑增加了混凝土的冻融循环次数，减弱了混凝土的抗冻能力。而处于气干状态的硬化混凝土则不易发生冻害。

4.2.1.4　提高混凝土抗冻性的措施

（1）掺入适量的引气剂

使用引气剂是提高混凝土抗冻性的有效方法。引入引气剂的主要弊端是会降低混凝土的抗压强度降低。一般，混凝土的含气量每增加1%，抗压强度将降低3%～5%。通常，为改善混凝土的抗冻性而掺入引气剂的含气量以4%～5%为宜。冬季施工时，在要求混凝土早强和节约水泥的情况下，往往限制引气剂的使用。为此，可以用某些早强剂如氯化钙、三乙醇胺等与减水剂复合使用，以弥补引气剂降低强度的不足。

含气量并不是控制混凝土抗冻性的唯一指标，还要注意气泡在混凝土中的大小与分布。含气量合乎要求的混凝土，若气泡尺寸和气泡间距比较大（即单位体积水泥浆中气泡个数少），并不能有效地改善混凝土的抗冻性。混凝土气泡直径愈小，气泡间的平均间隔愈小，混凝土的抗冻性就愈好。

（2）严格控制混凝土的水灰比

严格控制混凝土的水灰比对于确保混凝土具有较高的抗冻性是有利的。这是因为在含气量相同的情况下，引气混凝土的气泡尺寸及其间距均随水灰比的增大而增大。随着水灰比的增大，水泥浆中可冻结水的百分率也相应增大，从而导致混凝土抗冻性显著下降。反之，水灰比减小，气泡平均尺寸及间距也随之减小。在含气量相同的情况下，气泡个数增多，从而大大提高了混凝土的抗冻性。因此，国内外技术规范中，均对有抗冻性要求的混凝土提出了最大水灰比的限制。

（3）使用质量好的骨料和水泥

配制混凝土时应使用吸水量小、坚硬耐久的骨料。骨料的形状和粒径对抗冻性有很大影响，在选择骨料的形状与粒径时，应能使混凝土单位用水量尽可能小。

选用合适的水泥品种，对增强混凝土的抗冻性有很大作用。各种水泥抗冻性的递减次序如下：抗硫酸盐水泥（引气）＞硅酸盐水泥（引气）＞矿渣硅酸盐水泥（引气）＞火山灰质硅酸盐水泥（引气）＞硅酸盐水泥＞矿渣硅酸盐水泥＞火山灰质硅酸盐水泥。

（4）注意控制施工质量

在混凝土施工过程中，首先，要注意浇筑方法，避免出现孔隙、裂缝、蜂窝、麻面等结构缺陷，导致混凝土的吸水率增加。其次，在成型过程中可采用某些脱水方式（如真空脱水）排除多余水分，使混凝土的密实度提高。最后，在养护过程中应注意不使混凝土产生温度应力裂缝、塑性收缩裂缝等，以避免混凝土抗冻性降低。

（5）其他注意事项

在混凝土使用过程中，为尽量减小冰冻对混凝土的影响，还应注意以下几方面的情况：

① 在进行建筑物设计时，应采取一定的防水措施，以减少水分渗透到混凝土内部。

② 为减少冻融循环次数，要防止已冻结部位的温度上升，不使冻结部位融化。例如，对于受到日照的混凝土部位，可用覆盖的办法遮挡阳光，或在混凝土表面刷白，以减少其对热量的吸收。试验表明，在日照时，当大气温度为1 ℃时，未刷白的混凝土表面温度可高达20 ℃，而刷白的表面温度增加不大。

③ 对于温度不太低的温和地区的混凝土工程，也要注意抗冻性问题。这些地区由于季节变化和

昼夜交替而引起的混凝土热胀冷缩，以及由于晴雨和水位变动而引起的湿胀干缩等，都会使混凝土遭受破坏，尤其是对大体积混凝土这种作用更加明显。因此，为使混凝土具有抵抗这些环境因素影响的能力，在设计和使用过程中，也应对其提出抗冻性要求，以保证结构物的耐久性。

4.2.2 混凝土抗冻性的测试

(1) 试验目的

通过试验测定混凝土棱柱体在冻融循环作用下的动弹性模量、质量损失率，以确定、校核混凝土配合比，确定混凝土抗冻等级，作为评定混凝土质量的主要依据。

试验依据《普通混凝土长期性能和耐久性能试验方法标准》(GB/T 50082—2009)。

(2) 主要仪器设备

① 快速冻融试验装置

混凝土抗冻试验设备主要由冻融箱、加热冷却系统和自动控制及存储系统组成。快速冻融试验设备系统示意图见图 4-5。快速冻融装置能使试件固定在水中不动，依靠热交换液体的温度变化而连续、自动地进行冻融。

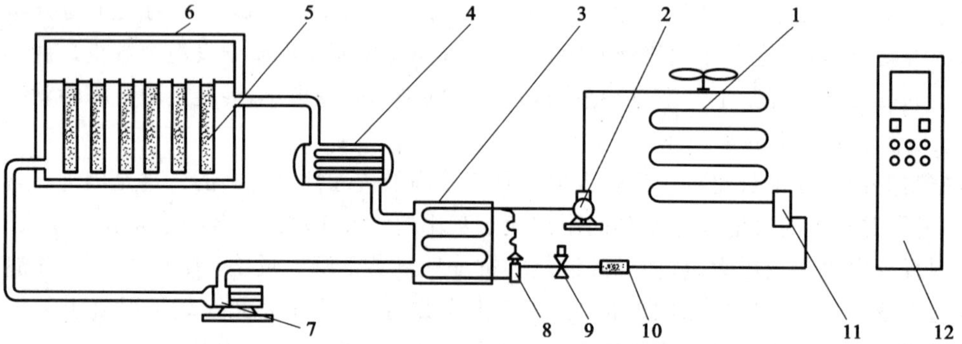

图 4-5 快速冻融试验设备系统示意图

1—冷凝器；2—压缩机；3—蒸发制冷器；4—加热器；5—橡胶试件盒；6—冻融箱；
7—循环泵；8—膨胀阀；9—电磁阀；10—过滤器；11—储液罐；12—自控系统

a. 温度

冻融箱内的温度可调节范围至少应在－20～10 ℃之间，控温精度不应大于 1 ℃。

除应在测温试件中埋设温度传感器外，还应在冻融箱内防冻液中心、中心与对角线的两端分别设温度传感器，如图 4-6 所示。满载运转时冻融箱内防冻液各点温度的极差不得超过 2 ℃。

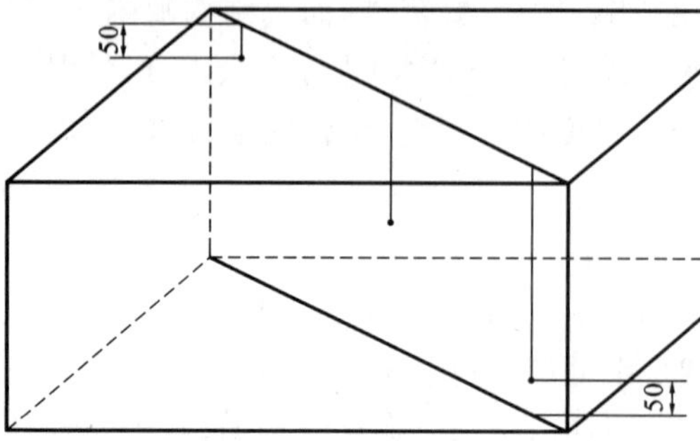

图 4-6 冻融箱结构(单位：mm)

b. 控制系统

控制系统应具备实时显示中心试件温度、冻融箱内平均温度、箱内温度极差和当前循环次数，以及以不大于 2 min 的时间间隔记录、存储温度变化数据的功能。

c. 试件盒及试件架

试件盒内侧面、底部应有橡胶凸起部分，盒体长度为 500 mm，试件盒横截面尺寸见图 4-7。

冻融箱内应设有试件架，能使试件盒固定不动，且试件盒的相互间距为(20±5) mm。

② 动弹性模量测定仪

共振法频率测量范围为 100～20000 Hz。

③ 案秤

称量 20 kg,感量 5 g。

④ 热电偶电位差计

能测量试件中心温度,测量范围－20～20 ℃,测量精度为±0.5 ℃。

(3) 试验步骤

① 试样制备及养护方法:

a. 试件的制作和养护应符合《普通混凝土力学性能试验方法标准》(GB/T 50081—2002)的规定,不得采用憎水性脱模剂。

b. 采用截面尺寸为 100 mm×100 mm×400 mm 的棱柱体混凝土试件,每组三根,在试验过程中可连续使用。除制作冻融试件外,尚应制备中心可插入热电偶电位差计测温、同样形状尺寸的测温试件,其抗冻性能应高于冻融试件。

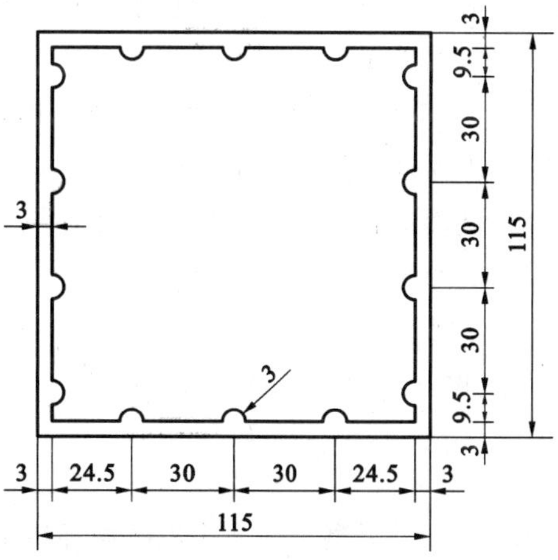

图 4-7　橡胶试件盒横截面尺寸(单位:mm)

c. 在标准养护室或同条件养护的试件应在养护龄期为 24 d 时,提前将冻融试验的试件从养护地点取出,随后将试件放在(20±2) ℃的水中浸泡,水面至少高出试件 20～30 mm,在 28 d 龄期时进行冻融试验。

d. 对于始终在水中养护的试件,到达规定龄期 28 d 时,即可直接用于后续试验。对此种情况,应在试验报告中予以说明。

② 冻融循环试验准备事项:

a. 当试件养护龄期达到 28 d 时,及时取出试件,用湿布擦去表面水分,对外观尺寸进行测量,试件的外观尺寸应符合《普通混凝土长期性能和耐久性能试验方法标准》(GB/T 50082—2009)的要求,并应编号、称量试件的初始质量 W_{0i}。然后按混凝土动弹性模量试验方法测横向基频的初始值 f_{0i}。

b. 将试件放入橡胶试件盒中,并放在试件盒中心,将试件盒放入冻融试验箱的试件架中,并向试件盒内注入清水,盒内水位高度应始终保持至少高出试件顶面约 5 mm。

c. 测温试件盒应放在冻融箱中心位置。

③ 进行冻融循环试验应符合的要求

a. 每次冻融循环应在 2～4 h 完成,其中用于融化的时间不得小于整个冻融时间的 1/4。

b. 在冷冻和融化过程中,试件中心最低和最高温度应分别控制在(－18±2) ℃和(5±2) ℃内。在任意时刻,试件中心温度不得高于 7℃,且不得低于－20 ℃。

c. 每块试件从 3 ℃降至－16 ℃所用的时间不得少于冷冻时间的 1/2;每块试件从－16 ℃升至 3 ℃所用时间不得少于整个融化时间的 1/2,试件内外的温差不宜超过 28 ℃。

d. 冷冻和融化之间的转换时间不应超过 10 min。

④ 每隔 25 次冻融循环宜测量试件的横向基频 f_{ni},测量注意事项如下:

a. 测量前应先将试件表面的浮渣清洗干净并擦干表面水分,然后检查其外部损伤并称量试件的质量 W_{ni},随后测量横向基频 f_{ni}。

b. 测完后,应迅速将试件掉头重新装入试件盒内并加入清水,继续试验。

c. 试件的测量、称量及外观检查应迅速,待测试件应用湿布覆盖。

⑤ 当有试件停止试验,被取出时,应另用其他试件填充空位。当试件在冷冻状态下因故中断时,应保持该状态,直至恢复冻融试验为止,并应将故障原因及暂停时间在试验结果中注明。试件在非冷

冻状态下发生故障的时间不宜超过两个冻融循环的时间。在整个试验过程中，超过两个冻融循环时间的中断故障次数不得超过两次。

⑥ 当冻融循环出现下列情况之一时，可停止试验：

a. 达到规定的冻融循环次数；

b. 试件的相对动弹性模量下降到 60%；

c. 试件的质量损失率达 5%。

(4) 试验结果计算

① 相对动弹性模量按下式计算：

$$P_i = \frac{f_{ni}^2}{f_{0i}^2} \tag{4-7}$$

式中 P_i——混凝土经 n 次冻融循环后第 i 个混凝土试件的相对动弹性模量，%；

f_{ni}——经 n 次冻融循环后第 i 个混凝土试件的横向基频，Hz；

f_{0i}——冻融循环前第 i 个混凝土试件的横向基频初始值，Hz。

$$P = \frac{1}{3}\sum_{i=1}^{3} P_i \tag{4-8}$$

式中 P——经 n 次冻融循环后一组混凝土试件的相对动弹性模量，%，精确至 0.1。

P_i 意义同前。

相对动弹性模量 P 应以三个试件试验结果的算术平均值作为测定值。当最大值或最小值与中间值之差超过中间值的 15%时，应剔除此值，并应取其余两值的算术平均值作为测定值；当最大值和最小值与中间值之差均超过中间值的 15%时，应取中间值作为测定值。

② 单个试件的质量损失率按下式计算：

$$\Delta W_{ni} = \frac{W_{0i} - W_{ni}}{W_{0i}} \times 100\% \tag{4-9}$$

式中 ΔW_{ni}——n 次冻融循环后第 i 个混凝土试件的质量损失率，%，精确至 0.01；

W_{0i}——冻融循环试验前第 i 个混凝土试件的质量，g；

W_{ni}——n 次冻融循环后第 i 个混凝土试件的质量，g。

③ 一组试件的平均质量损失率应按下式计算：

$$\Delta W_n = \frac{\sum_{i=1}^{3} \Delta W_{ni}}{3} \times 100\% \tag{4-10}$$

式中 ΔW_n——n 次冻融循环后一组混凝土试件的平均质量损失率，%，精确至 0.1。

ΔW_{ni} 意义同前。

(5) 数据处理及评定

每组试件的平均质量损失率应以三个试件的质量损失率试验结果的算术平均值作为测定值。当某个试验结果出现负值时，应取 0，再取三个试件的平均值。当三个值中的最大值或最小值与中间值之差超过 1%时，应剔除此值，并应取其余两值的算术平均值作为测定值；当最大值和最小值与中间值之差均超过 1%时，应取中间值作为测定值。

混凝土抗冻等级应以相对动弹性模量下降至不低于 60%或者质量损失率不超过 5%时的最大冻融循环次数来确定，并用符号 F 表示。

(6) 试验记录

混凝土抗冻试验原始记录和试验报告见表 4-13 和表 4-14。

表 4-13　混凝土抗冻性试验原始记录

委托单位：　　　　　　　　　　　　　　报告编号：

工程名称：　　　　　　　　　　　　　　委托编号：

工程部位：　　　　　　　　　　　　　　试验日期：

代表数量：　　　　　　　　　　　　　　报告日期：

仪器编号及环境条件	名称	型号	编号	示值范围	精度	温度(℃)	相对湿度(%)

样品描述		采用标准	
设计抗冻等级		强度等级	
制件日期		龄期(d)	

冻融方法		融化温度范围		冻结温度范围	

检测项目	检测强度时的冻融循环次数 n			
	1	2	3	平均
冻融前试件质量(g)				
冻融后试件质量(g)				
冻融后试件质量损失率(%)				
冻融前试件动弹性模量(GPa)				
达规定冻融循环次数后试件动弹性模量(GPa)				
冻融后试件相对动弹性模量(%)				

附注：

试验：　　　　　　　　　　计算：　　　　　　　　　　复核：

表 4-14　混凝土抗冻性试验报告

施工单位：　　　　　　　　　　　　工程名称：

试验单位：　　　　　　　　　　　　报告编号：

试验日期：　　　　　　　　　　　　报告日期：

工程部位：　　　　　　　　　　　　代表数量：

设计强度等级		设计抗冻等级		制件日期	
理论配合比				水灰比	

使用材料名称		产地规格	报告编号	施工拌和用料量(kg/m^3)
水泥				
粉煤灰				
矿粉				
细骨料				
粗骨料				
水				
外加剂				

坍落度： ______ mm	扩展度： ______ mm	含气量： ______%	泌水率： ______%	维勃稠度： ______ s	养护方法： ______

制件捣实方法		工地拌和方法		工地捣实方法		冻融方法	

试件编号	试验日期	龄期(d)	试件尺寸(mm)	检测项目	标准规定值	试验结果
				最大冻融循环次数		
				冻融后试件相对动弹性模量(%)		
				冻融后试件质量损失率(%)		

检测评定依据：	试验结论：

试验：　　　　　　复核：　　　　　　技术负责人：

练习与讨论

1. 试解释混凝土的冻融破坏机理。
2. 评价混凝土抗冻性的指标有哪些，并简述影响混凝土抗冻性的因素。
3. 简述用快冻法进行混凝土的抗冻性检测的过程。
4. 查阅资料，简述如何提高混凝土抗冻性。

任务 4.3　混凝土抗蚀性评定与测试

混凝土若长期处在酸、碱、盐、CO_2、海水、地下水、电流、磨蚀的作用下，以及高温、火灾的影响下，将会遭受破坏性侵蚀，并最终导致内部结构受损、耐久性降低、强度下降直至结构崩溃。所谓抗蚀性就是指混凝土抵抗环境侵蚀性介质侵蚀的能力。

4.3.1　相关理论知识

4.3.1.1　混凝土抗化学侵蚀

混凝土的化学侵蚀是指混凝土受化学物质的侵蚀，主要是其内部的化学组分同侵蚀物质接触发生化学反应所造成的。混凝土在一定的物理与化学作用下，使用寿命会降低，特别是在接触到酸类化合物、盐类及除冰盐等时，会加速侵蚀反应。表 4-15 为一些化学物质对混凝土的侵蚀作用。由表 4-15 可以看出，强酸对混凝土的侵蚀最严重，而碱或弱酸的侵蚀作用相对较低。

表 4-15　某些化学物质对混凝土的侵蚀作用

无机酸	有机酸	碱溶液	盐溶液	其他物质	侵蚀速度
盐酸 氢氟酸 硝酸 硫酸	醋酸 甲酸 乳酸		氯化铝		快
磷酸	丹宁酸	钠碱 氢氧化物 （>20%①）	硝酸铝 硫酸铝 硫酸钠 硫酸镁 硫酸钙	溴（气体） 亚硫酸盐废液	中
碳酸		氢氧化物 （10%～20%①）	氯化铝 氯化镁 氯化钠	氯（气体） 海水 软水	慢
	草酸 酒石酸	氢氧化物 （<10%①） 氢氧化铵	氯化钙 硝酸锌 铬酸钠	氨（气体）	忽略不计

注：① 应避免采用硅质骨料，因强氢氧化钠溶液对它有侵蚀作用。

(1) 淡水的侵蚀

淡水在与混凝土的长期接触中，往往也会对混凝土造成侵蚀，这主要是因为水泥石中的 $Ca(OH)_2$ 不断溶解（溶出性侵蚀）。若在静水和无水压的情况下，水泥石中的 $Ca(OH)_2$ 很快溶于水并达到饱和，使溶解作用终止，此时溶出仅限于表面，危害不大；若在流动水和压力水作用下，水泥石中的 $Ca(OH)_2$ 溶出性侵蚀的速度更快。其结果是：一方面使水泥石变疏松，另一方面水泥石碱度降低，即液相中 CaO 浓度低于某些水泥水化产物稳定存在的极限浓度，其他水化产物随即分解溶蚀，形成没有黏结力的 $SiO_2 \cdot nH_2O$ 和 $Al_2O_3 \cdot mH_2O$，使混凝土强度降低。而如果水中溶解有 CO_2 时，碳酸会与混凝土的钙或镁化合，生成可溶性的碳酸盐，往往会使混凝土遭受更严重的破坏。

(2) 酸性侵蚀

酸包括有机酸和无机酸。有机酸种类较多，广泛分布在自然界中，动、植物的活动都能产生一定量的有机酸，如由植物腐烂后生成的腐殖酸等。无机酸主要是一些工业产品或副产品，也可以由一些气体溶入水中形成，有些无机酸会进入土壤或地下水中。

① 碳酸的腐蚀

雨水、泉水及某些工业废水中，常溶有较多的CO_2，形成了碳酸。碳酸先与水泥石中的氢氧化钙反应，中和后使水泥石碳化，形成了碳酸钙，碳酸钙再与CO_2和水反应生成可溶性的碳酸氢钙，并随水流失，从而破坏了水泥石的结构。其腐蚀反应过程为：

$$Ca(OH)_2+CO_2+H_2O \longrightarrow CaCO_3+2H_2O$$

$$CaCO_3+CO_2+H_2O \rightleftharpoons Ca(HCO_3)_2$$

上述第二个反应式是可逆反应，若水中含有较多的碳酸，超过平衡浓度时，上式向右进行，$CaCO_3$转变为$Ca(HCO_3)_2$而溶解，进而导致其他水泥水化产物溶解，水泥石结构破坏；若水中含有较少的碳酸，低于平衡浓度时，反应进行到第一个反应式为止，对水泥石并不起破坏作用。

② 一般酸的腐蚀

在工业污水和地下水中，常含有无机酸（HCl、HNO_3、H_3PO_4等）和有机酸（CH_3COOH、HCOOH 等）。工程结构处于各种酸性介质中时，酸性介质易与水泥石中的氢氧化钙反应，其反应产物可溶性钙盐能溶于水中而流失，或发生体积膨胀造成结构物局部被胀裂，破坏了水泥石的结构。可溶性钙盐的基本化学反应式为：

$$2H^++Ca(OH)_2 \longrightarrow Ca^{2+}+2H_2O$$

硫酸与水泥石中的氢氧化钙作用，化学反应式为：

$$H_2SO_4+Ca(OH)_2 \longrightarrow CaSO_4 \cdot 2H_2O$$

生成的二水硫酸钙直接在水泥石孔隙中膨胀，或者再与水泥石中的水化铝酸钙作用，生成高硫型水化硫铝酸钙。生成的高硫型水化硫铝酸钙（钙矾石）含有大量的结晶水，体积膨胀1.5倍以上。当钙矾石在已硬化的水泥石中以局部反应形成时，其结晶压力可使水泥石或混凝土全部崩解，故称之为“水泥杆菌”。

如果强酸浓度高时，硅酸盐、铝酸盐也会被侵蚀，分解成硅胶或铝胶，从而破坏水泥石中凝胶体的结构，使混凝土破坏。反应式如下：

$$3CaO \cdot 2SiO_2 \cdot 3H_2O+6H^++nH_2O \longrightarrow 3Ca^{2+}+2SiO_2 \cdot nH_2O+6H_2O$$

表4-16为混凝土的酸腐蚀，列出了生成可溶性盐和不溶性盐的酸以及可能发生的地方。

表4-16　混凝土的酸腐蚀

酸的名称		表达式	可能发生的地方
形成可溶性钙盐	盐酸	HCl	化学工业
	硝酸	HNO_3	肥料生产
	醋酸	CH_3COOH	发酵过程
	甲酸	HCOOH	食品处理和染色
	乳酸	$C_2H_4(OH)COOH$	奶制品工业
	丹宁酸	$C_{76}H_{52}O_{46}$	鞣皮工业、泥煤水
形成不溶性钙盐	磷酸	H_3PO_4	肥料生产
	酒石酸	$[CH(OH)COOH]_2$	酿酒

（3）盐类的侵蚀

盐类对混凝土的腐蚀破坏主要是由于体积膨胀造成的腐蚀破坏，同时兼有化学溶蚀。混凝土盐类侵蚀一般可分为硫酸盐侵蚀、硝酸盐侵蚀、氯盐侵蚀、镁盐侵蚀、碳酸盐侵蚀。

① 硫酸盐侵蚀

在一些地下水和工业污水中常含有硫酸盐；土壤尤其是黏土中也含有一定量的硫酸盐。经空气污染而形成的酸雨以及生物生长产生的硫酸盐等，会使局部地区的硫酸盐浓度升高。硫酸盐是海水的主要成分。当硫酸盐如 Na_2SO_4、$CaSO_4$、$MgSO_4$ 等溶液与混凝土接触或进入到混凝土内部后，会与水泥中的水化产物如 $Ca(OH)_2$ 及水化铝酸钙反应，生成石膏和硫铝酸钙，混凝土因体积膨胀而开裂，使结构遭到破坏。另一方面可使硬化水泥石中 CH 和 C-S-H 等组分溶出或分解，导致混凝土强度和黏结性能损失。

a. 硫酸盐侵蚀机理

虽然可溶性硫酸盐对混凝土都有侵蚀破坏作用，但不同的硫酸盐其侵蚀破坏机理以及对混凝土的破坏程度则略有不同。如硫酸钙主要与水化铝酸钙反应生成水化硫铝酸钙，而硫酸钠和硫酸镁的侵蚀则较为复杂。

十水合硫酸钠与氢氧化钙的反应如下：

$$Ca(OH)_2+Na_2SO_4\cdot 10H_2O \longrightarrow CaSO_4\cdot 2H_2O+2NaOH+8H_2O$$

由氢氧化钙变成二水石膏，体积增大了 1 倍。上述反应若在流水条件下，由于硫酸盐不断供给，及氢氧化钙的不断溶解，反应可一直进行下去直至氢氧化钙反应完。但如果 NaOH 积聚起来，上述反应就可达平衡。

生成的二水石膏和水化铝酸钙反应生成水化硫铝酸钙：

$$3CaO\cdot Al_2O_3\cdot 6H_2O+3(CaSO_4\cdot 2H_2O)+20H_2O \longrightarrow 3CaO\cdot Al_2O_3\cdot 3CaSO_4\cdot 32H_2O$$

此反应使固体体积增大了 55%，引起混凝土内部体积膨胀。

硫酸镁比其他硫酸盐对混凝土的侵蚀更强，硫酸镁除能与氢氧化钙及水化铝酸钙反应外，还能对水化硅酸钙产生侵蚀：

$$3CaO\cdot 2SiO_2\cdot nH_2O+3MgSO_4\cdot 7H_2O \longrightarrow 3(CaSO_4\cdot 2H_2O)+3Mg(OH)_2+2SiO_2\cdot (n-2)H_2O$$

$Mg(OH)_2$ 的溶解度很低，此反应可以进行完全，导致水化硅酸钙不断分解。氢氧化镁还会与硅胶进一步反应，生成水化硅酸镁。相对于硅胶，水化硅酸镁的黏结性能更低。因此，水化硅酸镁的出现，意味着混凝土受硫酸镁侵蚀到了最后阶段，混凝土已遭受了严重的破坏，失去了相应的功能，不过此反应过程相对较长。

硫酸盐的侵蚀速度随溶液浓度的升高而加快，见表 4-17。

表 4-17　含有各种浓度硫酸盐的土壤、水对混凝土的侵蚀

硫酸盐作用程度	土壤中可溶性硫酸盐浓度(%)	水溶液中硫酸盐($\times 10^{-6}$)
可忽略	0.00～0.10	0～150
轻微	0.10～0.20	150～1000
严重	0.20～0.50	1000～2000
非常严重	0.50 以上	2000 以上

b. 混凝土抗硫酸盐侵蚀等级的划分

抗硫酸盐侵蚀试验一般只有当工程环境中有较强的硫酸盐侵蚀时才进行。混凝土抗硫酸盐侵蚀等级有：KS30、KS60、KS90、KS120、KS150、＞KS150 六个等级。

② 硝酸盐侵蚀

混凝土受到硝酸盐类腐蚀后，表面出现了疏松现象，这是由于 $Ca(NO_3)_2$ 在孔隙内随着水分蒸发而结晶，体积膨胀，使试件受到破坏。随着时间的延长，混凝土结构表面明显分成若干块，孔隙较大甚至出现针状体，这是由于反应生成体积较大的 $Ca(NO_3)_2\cdot H_2O$ 结晶体，破坏了混凝土结构。$Ca(NO_3)_2\cdot 4H_2O$易溶于水，遇水冲刷，使混凝土表面脱落，疏松。

硝酸盐对混凝土的侵蚀比较慢，腐蚀开始时，表面出现砂粒层，并且砂粒越来越粗糙、麻密，甚至可以用手搓下；到腐蚀中期时，表面砂粒很多由于黏结失效而脱落，混凝土骨料已清晰可见，表面凹凸不平，交界面或顶角处也变得不规则。到腐蚀后期，可明显看出混凝土表面出现大小不等的、有骨料支撑的微小空洞，此时腐蚀已经达到混凝土内部一定深度，混凝土出现"萎缩"。

③ 氯盐侵蚀

氯盐既可能来自于外部的海水、海风、海雾及除冰盐，也有可能来自于海砂、早强剂和防冻剂等。它可以和混凝土中的 $Ca(OH)_2$、$3CaO \cdot 2Al_2O_3 \cdot 3H_2O$ 等起反应，生成易溶的 $CaCl_2$ 和比反应物体积大几倍的氯氧化钙（$3CaO \cdot CaCl_2 \cdot 15H_2O$），这种含有大量结晶水的物质会形成极其微小的针状结晶形态，该物质积聚较多时就会导致混凝土的隆胀型腐蚀。

而氯盐侵蚀常常伴随着严重的钢筋锈蚀，不仅降低了钢筋对混凝土的增强作用，钢筋锈蚀后生成的 $Fe(OH)_3$ 和 $FeCl_3$ 还会因膨胀对混凝土结构产生破坏。

④ 镁盐侵蚀

混凝土结构受到 Mg^{2+} 侵蚀时，Mg^{2+} 通过分解水泥石中的 $Ca(OH)_2$ 或直接分解胶凝物质而使水泥石分解，其反应式为：

$$m\mathrm{CaO} \cdot n\mathrm{SiO_2(aq)} + m\mathrm{Mg^{2+}} + m\mathrm{H_2O} \longrightarrow n\mathrm{SiO_2(aq)} + m\mathrm{Mg(OH)_2} + m\mathrm{Ca^{2+}}$$

$$m\mathrm{CaO} \cdot n\mathrm{Al_2O_3(aq)} + m\mathrm{Mg^{2+}} + m\mathrm{H_2O} \longrightarrow n\mathrm{Al_2O_3(aq)} + m\mathrm{Mg(OH)_2} + m\mathrm{Ca^{2+}}$$

由于生成的 $Mg(OH)_2$ 溶解度很小，一般为 18 mg/L 左右，当其溶液达到溶解平衡时，溶液的 pH 值为 1.05 左右，比饱和的水化硅酸钙稳定存在所要求的 pH 值小，致使水化硅酸钙不断地分解，水泥浆硬化结构不断变疏松，甚至解体，为其他腐蚀组分的渗入创造了条件。尤其是 Mg^{2+} 含量较高时，会在混凝土孔隙中生成大量的 $Mg(OH)_2$ 沉淀，而 $Mg(OH)_2$ 沉淀松软无黏结力的特性进一步加速了水泥结构的解体。

(4) 碱类侵蚀

由于水泥石本身就具有很高的碱性，有很强的抗碱侵蚀能力，故碱对混凝土的影响一般很小。只有像 NaOH 这类强碱在浓度比较高的时候才可能对混凝土产生侵蚀。

NaOH 对混凝土的侵蚀主要有化学侵蚀和结晶侵蚀两种。化学侵蚀是碱溶液与水泥石组分之间发生反应，生成胶结力不强的产物：

$$\mathrm{2CaO \cdot SiO_2} \cdot n\mathrm{H_2O + 2NaOH \longrightarrow 2Ca(OH)_2 + Na_2SiO_2} + m\mathrm{H_2O}$$

$$\mathrm{3CaO \cdot Al_2O_3 \cdot 6H_2O + 2NaOH \longrightarrow 3Ca(OH)_2 + Na_2O \cdot Al_2O_3 + 4H_2O}$$

结晶侵蚀是由于碱渗入混凝土孔隙中，与空气中的 CO_2 作用形成含 10 个结晶水的碳酸钠晶体，晶体析出，体积比原有的 NaOH 增大 2.5 倍，并产生很大的结晶应力而引起水泥石结构破坏。

$$\mathrm{2NaOH + CO_2 \longrightarrow Na_2CO_3 + H_2O}$$

$$\mathrm{2NaOH + CO_2 + 9H_2O \longrightarrow Na_2CO_3 \cdot 10H_2O}$$

高铝水泥的抗碱侵蚀能力较差，当 KOH 或 NaOH 的含量大于 10％时即能对混凝土产生较大的侵蚀。

(5) 海水的侵蚀

海水是一种成分复杂的液体，海水中平均总盐量为 35 g/L，其中 NaCl 占总盐量的 77.2％，$MgCl_2$ 占 12.8％，$MgSO_4$ 占 9.4％，K_2SO_4 占 2.55％，还有一部分其他微量成分。

对于结构物的不同部位，海水对混凝土的侵蚀性是不同的：处于高潮线以上的混凝土不直接与海水接触，只是暴露于含海盐的大气中。这一部分破坏主要是由于钢筋锈蚀及冻融破坏引起的；位于潮汐涨落区内的混凝土，其破坏是由于干湿交替、冻融循环、钢筋锈蚀、水化产物的分解，及波浪、砂、冰和悬浮物的冲击磨损所致；在低潮线以下的混凝土主要发生化学分解，而冻结和钢筋锈蚀的作用则较小。海水对混凝土的侵蚀包括了化学侵蚀、物理侵蚀、机械磨损和钢筋的锈蚀等。

海水的化学侵蚀作用主要是氯盐和硫酸盐的侵蚀，这些盐与水泥石中的 $Ca(OH)_2$ 反应生成易溶解的 $CaCl_2$ 及石膏。海水中高浓度的 NaCl 能增加石膏的溶解度，并阻碍它的快速结晶。同样，NaCl 溶液也提高了 $Ca(OH)_2$ 及 $Mg(OH)_2$ 的溶解度，使其不断析出。

在有 $Ca(OH)_2$ 参与的情况下，硫酸镁能与铝酸钙作用生成硫铝酸钙，使混凝土膨胀开裂。但也有研究认为，这个反应的速度在只有 NaCl 存在的条件下减小，并由于石膏和硫铝酸钙的溶解度提高而很少呈膨胀性破坏，常常发生使混凝土失去某些成分的浸析性破坏。但随着 $Mg(OH)_2$ 沉淀增多，混凝土的透水性减小，这种浸析也会逐渐减弱。

对于钢筋混凝土，海水中的氯离子渗透到混凝土内后，将使处于低潮位以上反复干湿的混凝土中的钢筋产生严重的锈蚀，造成混凝土体积膨胀开裂。因此，海水对钢筋混凝土的侵蚀比对素混凝土更为严重。

处于高低潮位间的混凝土除上述侵蚀外，由于其内部的毛细管作用，使海水在混凝土内上升并不断被蒸发，于是盐类在混凝土内不断结晶、聚集，并最终造成混凝土的膨胀开裂。干湿交替将加速这种破坏。完全浸在海水中的混凝土，特别是没有水压差的情况下，这种侵蚀的影响很小。

另外，海浪及悬浮物对混凝土造成的机械磨损和冲击作用，以及处于寒冷地区的混凝土遭受冻融循环作用等，均会使侵蚀加重。

根据混凝土所处的部位，可制定如下措施以防止海水的侵蚀：

① 处于高低潮位间的混凝土，由于干湿交替而同时遭受化学侵蚀和盐的结晶破坏，在严寒地区还受到冻融破坏，因此，这个部位的混凝土必须充分密实，水灰比要小，水泥用量应适当增加，并可采用引气混凝土。

② 对浸没在海水中的混凝土，主要考虑防止化学侵蚀。因此，除了要求混凝土有足够的密实度外，还应考虑采用矾土水泥、抗硫酸盐水泥、矿渣硅酸盐水泥、火山灰水泥。

4.3.1.2　混凝土化学腐蚀的防止措施

混凝土的化学腐蚀有三种表现形式：一是溶解浸析，主要是混凝土水泥石中的 $Ca(OH)_2$ 溶解使 $Ca(OH)_2$ 浓度降低，进而引起其他水化产物的溶解；二是离子交换，侵蚀性介质与水泥石中的 $Ca(OH)_2$ 发生离子交换反应，生成易溶解或是没有胶结性能的水化产物，破坏水泥石原有结构；三是形成膨胀组分，产生有害的内应力，引起膨胀性破坏。

混凝土水泥石腐蚀是内外因并存的结果。内因是：水泥石中存在有引起腐蚀的组分氢氧化钙和水化铝酸钙；水泥石本身不密实，有很多毛细孔通道，侵蚀介质易于进入其内部；腐蚀与通道相互作用。外因是混凝土结构周围存在侵蚀性介质。

针对上述混凝土腐蚀原因，要防止混凝土的腐蚀，可采取以下措施：

(1) 根据工程所处环境，严格选择原材料

根据混凝土工程所处环境、部位及结构的重要性去选用水泥、砂石、掺合料、拌和用水。水泥的选用需注意水泥品种的碱含量、水化热、干缩性、耐热性、抗渗性、抗腐蚀性、抗冻性强度等级等，并结合具体情况进行选择，可以选用水化产物中 $Ca(OH)_2$ 含量少的水泥，以降低 $Ca(OH)_2$ 溶蚀对水泥石的危害；选用 C_3A 含量低的水泥，降低硫酸盐类的腐蚀作用。如海洋工程的混凝土的水泥要求耐腐蚀能力强，抗冻融性好，水化热低，应优先选用普通硅酸盐水泥或其他耐腐蚀水泥，而不采用快硬硅酸盐水泥。如介质硫酸盐侵蚀，选用 C_3A 含量低的水泥。C_3A 含量越低，水泥的抗硫酸盐侵蚀能力越强。一般，有轻微侵蚀时，应采用 C_3A 含量不大于6%的中热水泥；有相当大程度侵蚀时，应采用 C_3A 含量不大于4%的抗硫酸盐水泥或采用有相当抗硫酸盐能力的火山灰水泥；侵蚀非常严重时，除采用抗硫酸盐水泥外，再适当掺加一定量的火山灰质混合材料，因为火山灰与 $Ca(OH)_2$ 反应生成水化硅酸钙，使游离的 $Ca(OH)_2$ 减少，并在易被侵蚀的水化铝酸钙表面形成保护层。选用材质致密坚实、

级配较好的骨料的混凝土，密实度高，可防腐蚀性物质渗透。混凝土中掺适量高炉矿渣、火山灰、粉煤灰、硅藻土等活性材料，可有效阻止腐蚀性离子向混凝土内部渗透；含盐量较高或酸性较大的工业废水、地下水在混凝土拌和中严禁使用。

(2) 提高水泥石的密实程度，降低水泥石的孔隙率

硅酸盐水泥水化理论需水量只占水泥质量的23%左右，而实际需水量较大，占水泥质量的40%～70%，多余的水分蒸发后形成连通的孔隙，腐蚀性介质容易渗入，加速水泥石的破坏。实际工程中，可通过降低水灰比、选择级配好的骨料、掺外加剂、改善施工方法、加强养护等措施，提高水泥石的密实程度，降低水泥石的孔隙率。

外加剂(减水剂、引气剂)一般均能提高抗渗性，减弱碳化速度和盐类的侵蚀，但含氯盐的防冻剂、早强剂则会严重加速钢筋锈蚀，应严格控制其用量。在混凝土中加引气剂，将提高混凝土的孔隙率，但也将提高其抗渗性，并使腐蚀介质化学反应产生的膨胀物能嵌进分散的孔隙中，降低膨胀产生的应力。混凝土成型后，必须在适宜的环境中进行养护。养护好的混凝土，具有胶凝好、强度高、密实度高和抗化学侵蚀能力强的特点。

(3) 对混凝土进行表面处理，设置保护层

对混凝土进行表面处理，设置保护层。如在清理干净的混凝土表面上，喷洒或滚涂混凝土表面增强剂，其有效成分能迅速地与混凝土中的游离钙发生化学反应，生成结晶胶体填充结构孔隙，增加结构的致密性，使得混凝土表层形成一个的密封实体，可提高混凝土结构表层的强度和抗化学腐蚀性。在混凝土表面涂沥青或某些涂料，能隔绝空气和水，从而减少腐蚀介质的侵入，提高混凝土抗化学腐蚀性。

4.3.2 混凝土的其他侵蚀

4.3.2.1 钢筋的锈蚀

钢筋混凝土如处于较高的碱性环境(pH>12)中，将在这种碱性介质表面生成一层难溶的 Fe_2O_3 和 Fe_3O_4 钝化膜，其厚度为 200～1000 μm，可阻止钢筋的锈蚀。钢筋生锈是一种电化学过程。当 CO_2、氯离子等腐蚀介质侵入时，混凝土的 pH 值降低。当碳化深度或氯离子侵入深度超过混凝土保护层厚度，到达钢筋表面时，在氧与水存在的条件下，钝化膜将被破坏，使钢筋生锈。

钢筋的锈蚀过程可表示为：

阳极反应　　$Fe \longrightarrow Fe^{2+} + 2e$

阴极反应　　$\frac{1}{2}O_2 + H_2O + 2e \longrightarrow 2OH^-$

在阳极表面，二次化学过程生成氢氧化亚铁：

$$Fe^{2+} + 2OH^- \longrightarrow Fe(OH)_2$$

氢氧化亚铁会迅速反应生成铁锈：

$$Fe(OH)_2 + \frac{1}{2}H_2O + \frac{1}{4}O_2 \longrightarrow Fe(OH)_3$$

由铁的锈蚀过程可以看出，如果没有 O_2，即使在碱性较低的水中，钢筋都不会生锈。如果水中 O_2 的溶解量增大，锈蚀速度也将增大。但含氧量超过一定限度(约 15 mL/L，25 ℃)时，将在铁的表面生成氧化铁薄膜，使锈蚀速度减慢。钢筋一旦生锈，体积就会增大，因膨胀应力而导致沿钢筋方向产生裂缝，使水和空气更容易进入混凝土内，并将加速锈蚀过程。

钢筋锈蚀与混凝土液相中的 pH 值有很大关系，当 pH 值大于 11.8 时，钢筋处于钝化膜的保护状态；pH 值小于 11.8 时，钢筋的钝化膜不稳定，并逐渐被破坏，钢筋开始生锈。pH 值大于 10 时，钢筋锈蚀速度很小，而 pH 值小于 4 时，锈蚀速度急剧增大，如图 4-8 所示。

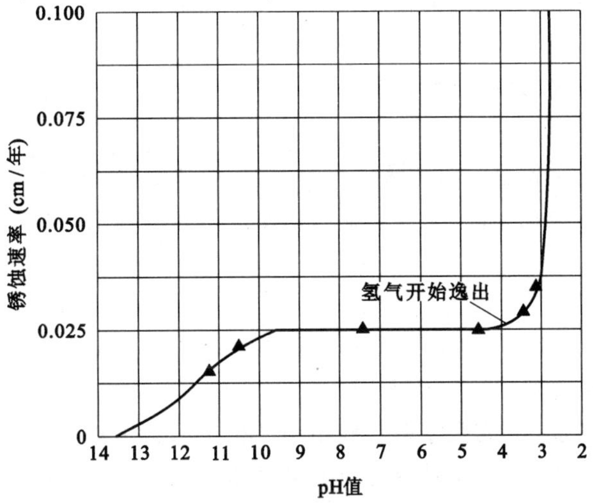

图 4-8　pH 值对铁的锈蚀速度的影响

(1) 钢筋的腐蚀机理

氯离子对钢筋的腐蚀机理有以下几方面：

① 破坏钝化膜　即使在高碱度下，其对钢筋钝化膜的破坏也有特殊的能力。氯离子进入混凝土到达钢筋表面，吸附于局部钝化膜处时，可使该处的 pH 值迅速降低至 4 以下，破坏了钢筋表面的钝化膜。

② 形成腐蚀电流　无论是混凝土碳化还是氯离子侵蚀，都可以引起钢筋部分腐蚀。由于钝化膜破坏常发生在局部，与完好的钝化膜区域形成电位差，有电流产生。大面积钝化膜区域作为阴极，铁基体作为阳极而受腐蚀。腐蚀电流作用的结果使得钢筋表面产生蚀坑；同时，由于大阴极对应于小阳极，蚀坑的发展速度十分迅速，这种现象称为局部腐蚀钢筋的"边缘效应"。

③ 氯离子导电作用　混凝土中氯离子的存在强化了离子通道，大大降低了阴、阳极之间的电阻，提高了腐蚀电流的效率，从而加速了钢筋的电化学腐蚀过程。

④ 去极化作用　氯离子不仅形成了钢筋表面的腐蚀电流，而且加速了电流的作用过程，其阳极反应为：

$$Fe \longrightarrow Fe^{2+} + 2e$$

如果生成的 Fe^{2+} 不能及时搬运而积累于阳极表面，则阳极反应就会受阻。相反，如果生成的 Fe^{2+} 能及时搬走，则阳极反应就会顺利进行甚至加速进行。Cl^- 与 Fe^{2+} 相遇发生反应生成了可溶性的 $FeCl_2$，反应式如下：

$$Fe^{2+} + 2Cl^- \longrightarrow FeCl_2$$

因此，Cl^- 能使 Fe^{2+} 消失而加速阳极过程。通常把阳极过程受阻称作阳极极化过程，而把加速阳极极化过程称为阳极去极化过程。

当其向混凝土内部扩散遇到 OH^- 时，会立即生成 $Fe(OH)_2$ 沉淀，进而氧化成 $Fe(OH)_3$，即铁锈，反应式如下：

$$FeCl_2 + 2OH^- \longrightarrow Fe(OH)_2 + 2Cl^-$$

由上式可知，在锈蚀过程中氯离子只起到了搬运作用，而不被消耗，即进入混凝土中的 Cl^- 会周而复始地起破坏作用，这也是氯盐危害的特点之一。

(2) 钢筋腐蚀对结构受力的影响

在钢筋混凝土结构内，钢筋受到周围混凝土的保护，一般不腐蚀。但当保护层破坏或保护层厚度不足时，钢筋在一定条件下将发生腐蚀，钢筋腐蚀对结构的受力影响在于：

① 由于钢筋锈损，其截面面积减小，延性降低，力学性能退化，使结构或构件受到不同程度的损

伤。尤其是预应力混凝土结构内的高强钢丝，表面积大，截面小，应力高，一旦发生腐蚀，危险性更大，严重者会导致构件断裂。

② 钢筋腐蚀后体积膨胀，体积大约增大 2.2 倍，会使混凝土保护层破裂甚至脱落，从而降低结构的受力性能和耐久性。

③ 由于钢筋与混凝土交界面上钢筋锈胀力的存在，导致混凝土产生顺筋裂缝，甚至使混凝土保护层剥落，使构件截面的有效面积减小，更重要的是使钢筋与混凝土间黏结性能退化，将降低结构的强度。

(3) 钢筋腐蚀的预防措施

钢筋的腐蚀是混凝土结构耐久性降低的最主要因素之一。要提高混凝土耐久性，减轻钢筋的腐蚀作用，可以采用以下措施：

① 提高混凝土的密实度，降低孔隙率。施工中严格按照施工规范要求，把握好材质、水灰比、水泥用量、振捣和养护等关键工序，保证混凝土的密实性，减缓环境中的 CO_2、Cl^-、H_2O、O_2 向混凝土内渗透。

② 增加混凝土保护层厚度。通常钢筋的保护层厚度在 3 cm 以上，而在一些海港工程中，钢筋保护层厚度可达 5～7 cm。施工钢筋的保护层厚度应符合图纸要求。

③ 加阻锈剂。浇筑钢筋混凝土结构应严格按施工规范控制氯盐用量，对禁止使用氯盐的结构，绝不使用。混凝土中加入阻锈剂如铬酸盐、磷酸盐、亚硝酸盐，可消除或延缓钢筋的锈蚀。

④ 钢筋表面处理。防止高强度钢丝的应力腐蚀和脆性断裂，可采取在钢筋表面涂刷有机层(如环氧树脂)和镀锌的措施，均能有效地防止钢筋的锈蚀。

⑤ 其他措施。对于室内有侵蚀性气体、粉尘等介质，或相对湿度较大时，应从生产工艺和建筑构造着手，减轻外界的侵蚀，如减少蒸汽、有害气体、粉尘等在结构空间的逸散，避免侵蚀性液体直接触及结构。在建筑构造上应改善门帘布置，加强通风等，对处于化学侵蚀条件下的混凝土必须设置防护层等。严格进行施工管理，防止因施工不当而造成的裂缝。

4.3.2.2 混凝土的抗磨蚀性与空蚀性

路面、桥墩、水工结构物(溢流坝坝面、渠道的陡坡段、输水隧洞、溢洪道等)，因经常受到车辆、行人、水流夹带的泥沙的摩擦、冲刷作用而磨损、剥蚀。而在高、中水头泄水建筑物的某些部位，当设计不周或施工不慎时，在混凝土或金属表面常常会发生材料剥蚀的现象，轻者造成斑点麻面，重者形成蜂窝状甚至大洞，人们把这种现象称为空蚀。

混凝土磨损的结果是使表面粗骨料突出。因此，混凝土的抗磨损性主要取决于水泥石的抗磨性。一般，混凝土强度越高，抗磨性越好。在一定坍落度下，降低水泥用量可以提高混凝土的抗磨性。而在一定水泥用量条件下，混凝土的抗磨性则随坍落度的降低而改善。要提高混凝土的抗磨性，就必须减少因泌水而造成的浮浆，提高混凝土表面的密实度。在有泌水时，必须推迟表面的修整时间，让水分充分蒸发。

空蚀是水中空泡溃灭时的冲击力和材料抗空蚀能力的综合结果。空蚀程度是由水流的空蚀能力和材料的抗空蚀强度所决定的，所以材料的力学特性和能量特性都与抗空蚀强度有关。

高速水流泄水建筑物的空蚀现象比较复杂，由于过水边界的突变、突体、陡坎，使水流发生涡流和分离时，流速加大，压力降低。当压力降到相应水温下水的汽化压力时，流体中形成空腔(穴)或气泡，这称为“空化”。空穴、气泡随水流运动而突然溃灭，在瞬间以极大的压力冲击微小的混凝土表面，造成破坏，即为“空蚀”。从以上的分析可知，造成水流空化和建筑物表面空蚀的原因，主要是过流面水的流速过高和压强过低。试验表明，空蚀强度与水流流速的 5～7 次方成正比。泄水建筑物表面的不平整也是形成空化与空蚀的重要条件。

解决空蚀的最好办法是在设计、施工和使用等方面从根本上消除产生空蚀的因素。比如消除水中的紊流现象、降低流速等。提高混凝土抗冲磨、抗空蚀性能的主要措施有：

① 合理选择原料。骨料混凝土的抗冲磨强度，主要取决于组成材料的抗冲磨强度及其在混凝土中所占的比例。细骨料应选用质地坚硬、含石英颗粒多、清洁、级配良好的中粗砂。粗骨料应选用质地坚硬的天然卵石或人工碎石，因粒径大的骨料容易剥落，所以应选择较小粒径(最大粒径在 20 mm 以下)、坚硬并与水泥石有较高黏结力的骨料，对提高混凝土的抗空蚀性是有利的。在混凝土中，骨料的抗冲磨性能比水泥石高得多。宜选用强度等级大于或等于 42.5 的中热硅酸盐水泥、硅酸盐水泥或普通硅酸盐水泥。

② 采用高强度、高密实度、抗冲击性的混凝土。外掺高效减水剂已成为混凝土的重要组成部分，掺用高效减水剂可显著减少用水量，改善和易性，能有效提高各类混凝土的抗磨蚀能力。对于各种活性掺合料，由于硅粉可明显提高抗磨蚀性，应优先选用硅粉。混凝土中掺入适量的钢纤维，能提高混凝土的抗冲击性及韧性，对提高混凝土的抗空蚀破坏性能是有利的。必要时可采用聚合物混凝土。

③ 规范施工。严格控制施工质量和表面平整度，凡可能会引起气蚀的凹凸部分必须进行研磨和修整，以满足质量要求。加强养护措施，在某些情况下可喷洒薄膜养护剂以提高养护效能，改善混凝土的抗磨蚀性和气蚀性。

4.3.2.3　混凝土的耐火性

混凝土耐火性即混凝土在火灾高温下的性能，包括高温下的抗压强度、抗拉强度、抗折强度、弹性模量、应力-应变曲线等指标。混凝土自身的耐火性通常对混凝土构件的耐火性有显著影响，从而影响建筑结构的耐火性。

混凝土从耐火程度上可以分为一般混凝土和耐火混凝土两大类。一般混凝土是由水泥、水、骨料和外加剂经过搅拌、浇捣和硬化过程形成的一种水硬性复合材料。能承受 900 ℃以上温度的混凝土称为耐火混凝土，它由适当的胶结料、耐热粗细骨料(有时也掺入一定量磨细的矿物掺量)和水，按一定比例配制而成。

混凝土本身是不会燃烧的，可以认为具有良好的耐火性。混凝土在火灾作用下，其内部的温度逐步升高，混凝土在升温过程中内部结构出现了一系列的物理、化学反应，使混凝土在高温下逐步丧失强度或出现爆裂现象使承载能力下降，最终无法继续承受荷载而崩溃。其过程大致可概括如下：

普通混凝土开始升温到 100 ℃左右时，水泥砂浆和骨料中的自由水分逐步蒸发排出。在 180 ℃左右时，水泥凝胶体开始出现脱水反应，原来以化学形式存在的水分开始得到释放和蒸发。随着水分的逐渐蒸发，伴随着凝胶体结构的持续崩塌，毛细孔的平均体积、表面积和孔隙率开始增大。当温度达到 500 ℃左右时，水泥砂浆块中的氢氧化钙开始分解。硅酸盐类粗骨料在 570 ℃左右时出现晶型转变，并伴随着明显的热膨胀。在 700 ℃左右时，水泥砂浆块中水化硅酸钙开始分解。在温度达到 800 ℃左右时，混凝土中碳酸盐类粗骨料开始出现分解反应，并伴随着一定数量的二氧化碳气体排出。在温度达到 1150～1200 ℃时水泥砂浆和骨料开始熔化。

由此可见，混凝土在升温过程中，水泥砂浆的脱水反应使其孔隙率增大，微裂缝逐步发展，强度逐步削弱；水泥砂浆和粗骨料的热变形存在着差异，两者间的黏结也逐步受到损伤和破坏；粗骨料在高温下的晶型转变(体积可膨胀为原来的 1.3～1.5 倍)和分解反应，使混凝土性能进一步恶化；同时，混凝土内部的不均匀温度场产生较高的温度应力，使混凝土在高温下的承载能力进一步削弱。

改善胶凝材料的组成或选择耐火性好的胶凝材料，可提高混凝土的耐火性。例如，加入适量的粉煤灰或矿渣等掺合料，一是可以用来分散水泥水化产生的凝胶，减小骨料间凝胶层的平均厚度。掺合料越细，这种作用越明显，整个水泥石的收缩就越小，减小了高温下因水泥石和骨料间热性能不匹配而造成的破坏作用。二是这些掺合料中的 Al_2O_3、SiO_2 与水泥水化产物 $Ca(OH)_2$ 的脱水产物 CaO 反应，生成耐热性好的无水硅酸钙和无水铝酸钙，避免了因 $Ca(OH)_2$ 再次生成引起的体积变化。高铝水泥也具有很好的耐火性，但是由于其水化产物在常温下易发生转变，一般不适宜用于结构混凝土。通常,普通混凝土使用温度的上限为200～250 ℃。当加入掺合料及采用耐火骨料,混凝土的耐火温度可提高到700 ℃。而采用铝酸盐水泥可配制在1300 ℃以上高温下工作的混凝土。

对于有耐高温要求的混凝土,应选用在高温下体积变化较小,又不会发生化学分解,并且在常温和高温下均具有较高强度的骨料。目前,常采用碎黏土砖、黏土熟料、碎高铝耐火砖作耐火骨料。一些骨料的耐火度按下列顺序递减:膨胀矿渣、页岩、板岩、黏土、气冷矿渣、碱性细晶火成岩、钙质或硅质骨料。

对于钢筋混凝土来说,高温对混凝土破坏可能更严重。首先,钢筋具有良好的热膨胀性和热传导性,和骨料一样,钢筋与周围水泥石热膨胀性能的不匹配将导致水泥石开裂。而良好的导热性使钢筋的温度迅速升高,周围的水泥石先于其他部位产生脱水,造成水泥石与钢筋的黏结强度下降。其次,钢筋的屈服强度会随着温度的升高而降低,有资料显示,温度在370 ℃时,屈服强度约降低15%。593 ℃时,屈服强度约降低50%,而在760 ℃时,屈服强度仅为原始强度的20%。严重的强度损失将造成混凝土结构的变形甚至倒塌。

对于普通硅酸盐混凝土而言,处于400 ℃以下时温度对其强度影响不大,但处于800～1000 ℃时,其强度下降幅度较大,如图4-9所示。对于用含硅质或石灰岩的骨料配制的混凝土,随温度升高混凝土的颜色将发生变化。因此,在高温火灾时,混凝土所经受最高温度和强度损失可近似地从颜色上加以估计。一般,混凝土变成粉红色时其强度可能有所下降了,变成灰色时,混凝土可能变脆且多孔了。

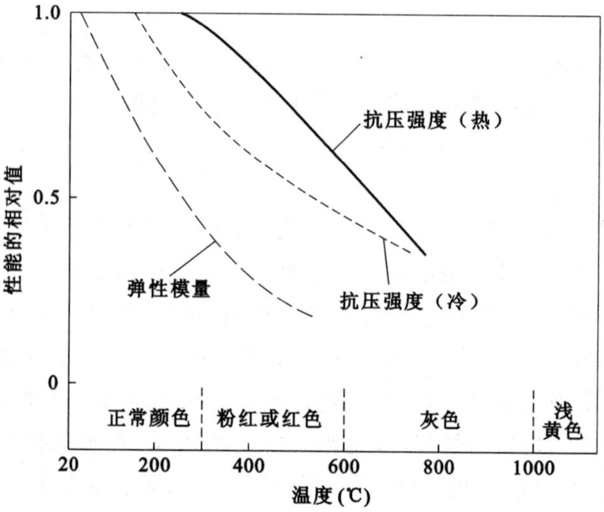

图4-9　高温对混凝土强度和弹性模量的影响

4.3.2.4　混凝土的碱-骨料反应

碱-骨料反应(简称AAR)是指混凝土原材料中的水泥、外加剂、混合材和水中的碱(Na_2O或K_2O)与骨料中的活性成分反应,在混凝土浇筑成型后若干年内逐渐反应,反应生成物吸水膨胀使混凝土产生内部应力而膨胀开裂,导致混凝土失去设计性能。一旦发生碱-骨料反应、混凝土内各部分均产生膨胀应力,将混凝土自身胀裂,发展严重的只能拆除,无法补救,因而被称为混凝土的癌症。

(1) 碱-骨料反应的类型和作用机理

① 碱-硅酸反应(ASR)

当混凝土所采用的骨料中含有活性SiO_2,而水泥中的碱含量按$m_{Na_2O}+m_{0.658K_2O}$计算大于0.6%时,就会在骨料界面处发生化学反应,生成碱性硅酸盐凝胶,反应式如下:

$$SiO_2+2NaOH \longrightarrow Na_2SiO_3+H_2O$$

在骨料与水泥石的界面处首先形成的是含氧化钙的碱性硅酸盐凝胶的半透膜,这种半透膜只允许水分和碱性氢氧化物的离子和分子通过，不允许碱性的硅酸络盐通过。于是在骨料表面不断形成碱性硅酸盐，并从水泥浆中吸水使其体积膨胀(体积可增大3倍)。这种膨胀产生的压力及生成物堆积于骨料颗粒上形成的渗透压力(渗透压可达3～4 MPa)，将使混凝土产生结构性破坏。

当水泥石中碱和氧化钙的比值较低时，CaO可以迅速透过半透膜接触含硅酸的骨料颗粒表面，不断形成含CaO的碱性硅酸盐，即$CaO\text{-}R\text{-}SiO_2$(这里R代表K、Na和Li，为水泥中的碱性成分)，这种凝胶是不膨胀的。因此，低碱水泥[$(m_{Na_2O}+m_{0.658K_2O})<0.6\%$]与活性骨料所发生的反应对混凝土没有影响，甚至可提高界面强度。

能与碱发生反应的活性氧化硅矿物有蛋白石、玉髓、鳞石英、方英石、火山玻璃及结晶有缺陷的石英以及微晶、隐晶石英等，而这些活性矿物广泛存在于多种岩石中，其中蛋白石的SiO_2活性最高。因而迄今为止世界各国发生的碱-骨料反应绝大多数为碱-硅酸反应。

1940年美国加利福尼亚州公路局的斯坦敦，首先发现碱-骨料反应，引起全世界混凝土工程界的重视，这种反应就是碱-硅酸反应。在碱-骨料反应的分类中曾有过碱-硅酸盐反应一类。其主要特征是：反应异常缓慢，几乎看不到反应环，碱性硅酸盐凝胶渗出也很少。但反应及由反应造成的体积膨胀却在持续不断地进行，并最终导致混凝土破坏。我国有学者研究表明，碱-硅酸盐反应实质上仍是碱-硅酸反应，而膨胀的快慢取决于石英的晶体尺寸、晶体缺陷以及微晶石英在岩石中的分布状态。当微晶试验分散分布于其他矿物之中时，Na^+、K^+、Li^+及OH^-必须通过更长的通道并受到更大的阻力才能到达活性颗粒表面，从而延缓了反应。出现此类反应的骨料主要有沉积岩或变质岩中的某些硅酸盐岩石，如硬砂岩、粉砂岩、泥质板岩、泥质石英岩、板岩、页岩、云英片等。

② 碱-碳酸盐反应(ACR)

碱-碳酸盐反应主要表现在骨料中的某些微晶或隐晶的碳酸盐石(如某些方解石质的白云岩和白云质的石灰岩等)与水泥石中的碱性物质和水反应，使碳酸盐石去白云化。其反应式为：

$$CaMg(CO_3)_2+2ROH \longrightarrow Mg(OH)_2+CaCO_3+R_2CO_3$$

$$R_2CO_3+Ca(OH)_2 \longrightarrow 2ROH+CaCO_3$$

上述反应中生成的ROH将使去白云化反应继续进行，不断侵蚀白云石晶体。反应所生成的水镁石及方解石，由于晶体的生长是在受限的空间中进行的，其所产生的结晶应力导致了碱-碳酸盐反应产生体积膨胀。有资料显示，某些白云石晶体在浸入碱液14 d后体积膨胀达2.5%，这足以使混凝土遭受破坏。溶液的pH值对白云石的膨胀有很大影响，pH值越高，去白云化反应速率越快，岩石的膨胀越大。当pH值低于12时岩石基本不发生膨胀。

(2) 碱-骨料反应的发生条件和特征

混凝土工程发生碱-骨料反应需要具有三个条件。首先是混凝土的原材料水泥、混合材料、外加剂和水中含碱量高；第二是骨料中有相当数量活性成分；第三是潮湿的环境，有充分的水分或湿空气供应。

早在1940年，斯坦敦用加利福尼亚州骨料做砂浆膨胀试验时，就发现水泥含碱量愈高，碱-骨料反应的膨胀量愈大，在水泥含碱量低于0.6%时，就可以避免发生碱-骨料反应。后来在其他许多国家试验，由于骨料反应的活性不同，有时水泥含碱量低于0.4%氧化钠当量时，也有发生碱-骨料反应膨胀量大的情况。当水泥含碱量高于0.6%时称为高碱水泥，已为大多数国家接受。随着水泥工业出现含不同混合材料的水泥，以及混凝土愈来愈多地掺用各种外加剂，混凝土各种原材料成分中的碱(Na_2O、K_2O)均可导致发生碱-骨料反应，对工程造成损害。

愈是在潮湿多水的环境条件下碱-骨料反应对工程的损害发展愈快，往往在同一个混凝土工程中，若混凝土配制材料具备碱-骨料反应的条件，在这个工程潮湿多水的部位首先发生碱-骨料反应损害，在其他部位则发展缓慢。

发生碱-骨料反应的混凝土有如下特征：

a. 混凝土表面有无序的网状裂缝，碱-碳酸盐反应的裂纹呈地图状。不过应注意混凝土与收缩裂缝的区别，因为混凝土的收缩裂缝也会出现网状裂缝，但出现时间较早，多在施工后若干天内出现。而碱-骨料反应裂缝出现较晚，多在施工后数年甚至一二十年后才出现。环境愈干燥，收缩裂缝愈扩大，而碱-骨料反应裂缝随环境湿度增大而增大。另外，碱-骨料反应在开裂时会出现局部膨胀，以致裂缝的两边缘出现不平状态。这些都是碱-骨料反应裂缝所特有的现象。

b. 碱-硅酸反应会在骨料周围形成一个深色的薄层，称为反应环，有时活性骨料会有一部分被反应掉。同时，在骨料界面凝胶中的 Na^+、K^+ 浓度也较高。但碱-碳酸盐反应则无反应环，孔隙中主要是 $CaCO_3$、$Ca(OH)_2$ 及水化硫铝酸钙晶体。

c. 混凝土内部有裂缝。碱-骨料反应裂缝是由骨料的膨胀引起的，当骨料因反应造成的膨胀应力超过水泥石及骨料的极限应力时，在混凝土中就形成与骨料相连的网状裂缝。这也是区分它与由其他因素如冻融破坏、化学侵蚀、干缩、碳化、荷载造成裂缝的重要特征，因为上述因素造成的裂缝一般不会使骨料开裂，除非使用质量较差的骨料。

(3) 碱-骨料反应的预防方法

世界各国都是在配制混凝土时采取措施，使混凝土工程不具备碱-骨料反应的条件。主要有以下几种措施：

① 控制水泥含碱量

自 1941 年美国提出水泥含碱量低于 0.6%氧化钠当量（即 $m_{Na_2O}+m_{0.658K_2O}$）为预防发生碱-骨料反应的安全界限以来，虽然对有些地区的骨料在水泥含碱量低于 0.4%时仍可发生碱-骨料反应，但一般情况下将低于 0.6%作为预防碱-骨料反应的安全界限已为世界多数国家所接受。已有二十多个国家将此安全界限列入国家标准或规范。许多国家如新西兰、英国、日本等国内大部分水泥厂均生产含碱量低于 0.6%的水泥。加拿大铁路局规定：不论是否使用活性骨料，铁路工程混凝土一律使用含碱量低于 0.6%的低碱水泥。

② 控制混凝土中含碱量

由于混凝土中碱的来源不仅是水泥，还可从混合材料、外加剂、水，甚至有时从骨料（如海砂）中来，因此控制混凝土各种原材料总含碱量比单纯控制水泥含碱量更为科学。当水泥中总的碱含量低于 0.6%，或混凝土碱含量低于 3.0 kg/m^3 时，混凝土液相中的 Na^+、K^+ 和 OH^- 浓度便低于临界值，碱-骨料反应便难以发生或反应程度较轻，不足以使混凝土开裂。碱-骨料反应不仅与碱含量有关，还与骨料的活性有关。骨料活性高，混凝土的碱含量即便低于 3.0 kg/m^3 也会发生严重的碱-骨料反应。有专家建议混凝土中的碱含量可按表 4-18 进行控制。

表 4-18　骨料具有碱活性时混凝土的碱含量（kg/m^3）

环境条件	一般工程	重要工程	特殊工程
干燥环境	不限制	不限制	<3.0
潮湿环境	<3.5	<3.0	<2.1
含碱环境	<3.0	用非活性骨料	

③ 选择非活性骨料

如果混凝土含碱量低于 3 kg/m^3，可以不做骨料活性检验。如果水泥含碱量高或混凝土总的含碱量高于 3 kg/m^3，则应对骨料进行活性检测，如经检测为活性骨料，则不能使用；若与非活性骨料按一定比例混合后，经试验对工程无损害时，方可按试验的比例混合使用。

④ 使用矿物掺合料

在混凝土中加入某些磨细的活性混合材，如粉煤灰、火山灰、硅灰、高炉矿渣等，不仅能延缓或抑制碱-骨料反应，而且对混凝土的其他性能也有一定改善，同时有利于节约资源、保护环境。其原因是活性掺合料与混凝土中的 $Ca(OH)_2$ 作用，使体系中的 $Ca(OH)_2$ 含量减少，密实度提高，所生成的

Ca/Si的水化产物吸附、滞留了混凝土中的碱，从而抑制了碱-骨料反应。在掺用粉煤灰或火山灰时，它们对水泥的取代率应控制在25%～40%以内，磨细矿渣对水泥的取代率在40%～50%之间。据悉，冰岛自1979年以来，一直在生产的水泥中掺5%～7.5%的硅灰，以预防碱-骨料反应对工程的损害。

⑤ 使用化学外加剂

使用化学外加剂与使用非活性骨料和使用掺合料一样，也是抑制混凝土中碱-骨料反应的有效措施之一。如 $LiOH$、$LiNO_3$、Li_2CO_3 等能够有效地抑制碱-硅酸反应所引起的膨胀。原因是与 Na^+、K^+ 相比，Li^+ 具有特别小的离子半径、更高的电荷密度，生成的硅酸锂较硅酸钠、硅酸钾有更强的离子结合力，导致 Li^+ 取代 Na^+、K^+ 优先形成了非膨胀性的反应产物L-S-H，这些更致密的产物包裹在骨料周围，同时也阻止了 Na^+、K^+ 对骨料的进一步侵蚀。在锂盐中 Li_2CO_3 对碱-硅酸反应的抑制作用更有效。此外，钙盐如 $Ca(NO_2)_2$ 等也能抑制碱-硅酸膨胀，原因是 Ca^{2+} 取代 Na^+、K^+ 生成了非膨胀性的含钙碱硅酸化合物Ca-N(K)-S-H。在混凝土中加入引气剂，使其内部含有大量均匀分布的微小气泡，以减轻因碱-骨料反应产生的膨胀压和渗透压，也能减轻碱-骨料反应造成的破坏。

⑥ 防止水和湿空气的渗入

碱-骨料反应的另一个条件是水，因此，防止外界水分的渗入，保持混凝土的干燥，可以减轻反应造成的危害。

4.3.2.5 混凝土的碳化

混凝土的抗碳化能力是衡量混凝土结构耐久性的重要指标。混凝土的碳化是混凝土所受到的一种化学腐蚀。在潮湿条件下，其内部的水化产物[如 $Ca(OH)_2$、水化铝酸盐、水化硅酸盐等]与空气中的 CO_2 作用，生成碳酸盐，使混凝土碱度降低的过程称为混凝土碳化，又称作中性化。

(1) 碳化机理

混凝土碳化是一个由表及里的过程，其化学反应过程为：

$$CO_2+H_2O \longrightarrow H_2CO_3$$

$$Ca(OH)_2+H_2CO_3 \longrightarrow CaCO_3+2H_2O$$

$$3CaO\cdot 2SiO_2\cdot 3H_2O+3H_2CO_3 \longrightarrow 3CaCO_3+2SiO_2+6H_2O$$

$$2CaO\cdot SiO_2\cdot 4H_2O+2H_2CO_3 \longrightarrow 2CaCO_3+SiO_2+6H_2O$$

碳化使混凝土内部的碱性降低，从而降低了对钢筋的保护作用，当 $pH<10$ 时，钢筋表面的钝化膜被破坏，开始生锈，产生膨胀，使保护层开裂，开裂的混凝土加速碳化和钢筋的锈蚀。碳化部分的混凝土有一定收缩，容易引起表面裂缝，降低了混凝土的耐久性能。混凝土碳化是引起混凝土构件耐久性损伤的最主要因素，也是混凝土中钢筋锈蚀的前提条件。

碳化也有对混凝土有利的影响，碳化放出的水分有助于水泥的水化作用，而且碳酸钙可填充水泥石孔隙，提高混凝土密实度。

(2) 影响碳化的主要因素

碳化作用是一个逐步扩散深入的过程。碳化速度受许多因素的影响。

① 混凝土原材料

不同品种的水泥中硅酸钙和铝酸钙含量不同，碱度不同，碳化速度不同。有学者研究了掺合料总量为40%时矿粉与粉煤灰的掺合比例对混凝土碳化的影响。该研究结果表明，当矿粉∶粉煤灰=4∶1时，混凝土的抗碳化能力最佳。混凝土越致密，水泥石和骨料的孔隙率越低，CO_2 和水就越难渗透到混凝土中，抗碳化能力就越强。

② 水灰比

随着水灰比的增大，碳化深度增大，即混凝土抗碳化能力变弱。这是由于水灰比增大使得混凝土的致密度降低，气体的扩散变得容易，所以碳化程度加深。

③ 环境因素

碳化作用的速度与混凝土含水量及周围介质的相对湿度有关。相对湿度为50%左右时碳化作用最大，湿度过高(100%)或过低(25%)，碳化作用都较小。这是因为过高的湿度使混凝土孔隙中充满水，CO_2 不易扩散到水泥石中，也可能是从浆体中扩散出来的钙离子导致 $CaCO_3$ 沉淀，而堵塞了表面孔隙。相反，湿度过低，则水泥石孔隙中的水不足以使 CO_2 形成碳酸，故碳化也不易进行。最适合于混凝土碳化的相对湿度是50%～75%。

混凝土碳化速度大约与环境中的 CO_2 浓度的平方根成正比。在相同条件下，温度越高，碳化速度越快。

混凝土碳化深度和时间满足下列经验公式：

$$x = \sqrt{2CD_{\text{k}}b^{-1}} \times \sqrt{t} = K\sqrt{t} \tag{4-11}$$

式中　x——碳化深度，m；

K——碳化系数，$m/s^{0.5}$；

D_{k}——通过已碳化混凝土的 CO_2 扩散系数，m^2/s；

C——混凝土表面的 CO_2 浓度，g/m^3；

b——单位体积混凝土碳化所需 CO_2 量，g/m^3；

t——碳化时间，s。

由此可见，混凝土的碳化速度由 K 来决定，而 K 值又取决于混凝土的渗透性和环境条件。混凝土的渗透性取决于水泥品种、水灰比，以及浇筑、振实和养护质量等。环境条件则包括温度、湿度和 CO_2 浓度等。

4.3.3　混凝土抗氯离子渗透试验——电通量法

(1) 试验目的

本方法是以通过混凝土试件的电通量为指标来确定混凝土抗氯离子渗透性能的，不适用于掺有亚硝酸盐和钢纤维等良导电材料的混凝土抗氯离子渗透试验。

(2) 试验原理

用通过混凝土试件的电通量来反映混凝土抗氯离子渗透性能。

(3) 主要仪器设备、试剂和用具

① 电通量试验装置

图4-10所示为电通量试验装置示意图，满足《混凝土氯离子电通量测定仪》(JG/T 261—2009)的规定。

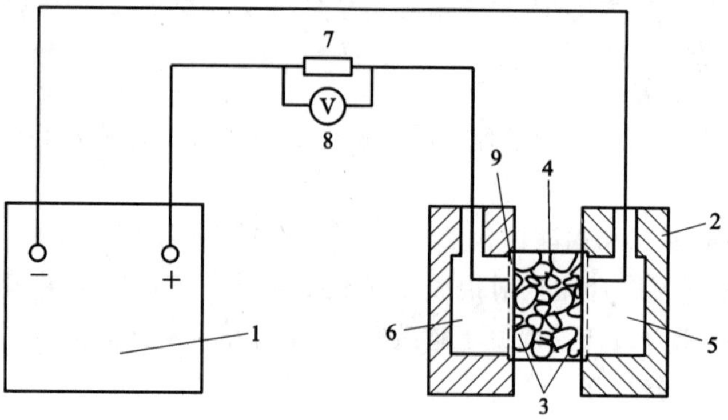

图4-10　电通量试验装置示意图

1—直流稳压电源；2—试验槽；3—铜电极；4—混凝土试件；5—3.0% NaCl 溶液；6—0.3 mol/L NaOH 溶液；7—标准电阻；8—直流数字式电压表；9—试件垫圈(硫化橡胶垫或硅橡胶垫)

② 仪器设备和化学试剂

a. 直流稳压电源：电压范围 0～80 V，电流范围 0～10 A。并应能稳定输出 60 V 直流电压，精度应为±0.1 V。

b. 耐热塑料或有机玻璃试验槽：其结构和尺寸应符合图 4-11 的要求，试验槽边长应为 150 mm，总厚度不应小于 51 mm；试验槽中心的两个槽的直径分别为 89 mm 和 112 mm；两个槽的深度分别为 41 mm 和 6.4 mm；在试验槽的一边开有直径为 10 mm 的注液槽孔。

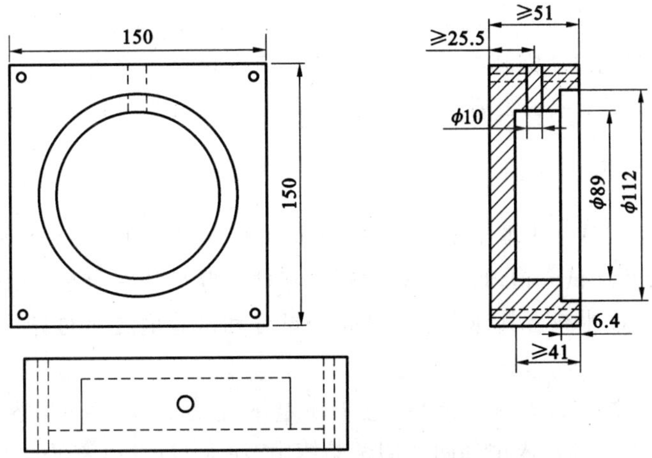

图 4-11　试验槽示意图

c. 紫铜垫板用于固定铜网并提高导电性，宽度为(12±2) mm，厚度为(0.50±0.05) mm。铜网作为可通过溶液的电极，其孔径为 0.95 mm。

d. 标准电阻：精度应为±0.1%；直流数字电流表：量程应为 0～20 A，精度应为±0.1%。

e. 真空泵：应能保持真空容器的气压达到 1～5 kPa。真空表或压力计的精度应为±665 kPa (5 mmHg 柱)，量程应为 0～13300 Pa(0～100 mmHg 柱)。

f. 真空容器的内径不应小于 250 mm，并能至少容纳 3 个试件。

g. 阴极溶液：化学纯试剂配制的质量浓度为 3.0%的 NaCl 溶液。

h. 阳极溶液：化学纯试剂配制的物质的量浓度为 0.3 mol/L 的 NaOH 溶液。

i. 密封材料应采用硅胶或树脂等密封材料。

j. 硫化橡胶垫或硅橡胶垫的外径为 100 mm，内径为 75 mm，厚度为 6 mm。

k. 切割试件的设备应采用水冷式金刚锯或碳化硅锯。

l. 抽真空设备可由烧杯(体积在 100 mL 以上)、真空干燥器、真空泵、分液装置、真空表等组成。

m. 温度计：量程为 0～120 ℃，精度为±0.1 ℃。

n. 电吹风机：功率为 1000～2000 W。

(4) 试验试件要求

① 电通量试验应采用直径 ϕ(100±1) mm，高度(50±2) mm 的圆柱体试件。

② 在试验室制作试件时，宜使用 ϕ100 mm×100 mm 或 ϕ100 mm×200 mm 的试模。骨料最大公称粒径不宜大于 25 mm。试件成型后应立即用塑料薄膜覆盖并移至标准养护室。试件应在(24±2) h内拆模，然后应浸没于标准养护室的水池中。

③ 试件的标准养护龄期应为 28 d。对于掺有大量矿物掺合料的混凝土，可在 56 d 龄期进行试验。应先将养护到龄期的试件暴露于空气中至表面干燥，并应以硅胶或树脂等密封材料涂刷试件圆柱侧面，还应填补涂层中的孔洞。

④ 应在抗氯离子渗透试验前加工出标准尺寸的试件。当使用 ϕ100 mm×100 mm 试件时，应从试件中部切取高度为(50±2) mm 的圆柱体作为试验用试件，并应将靠近浇筑面的试件端面作为暴

露于氯离子溶液中的测试面。当使用 ϕ100 mm×200 mm 试件时，应先将试件从正中间切成相同尺寸的两部分(ϕ100 mm×100 mm)，然后应从两部分中各切取一个高度为(50±2) mm 的试件，并应将第一次的切口面作为暴露于氯离子溶液中的测试面。

⑤ 试件加工后应采用水砂纸和细锉刀打磨光滑。

(5) 电通量试验步骤：

① 试件真空饱水

电通量试验前应先将试件进行真空饱水。应先将试件放入真空容器中，然后启动真空泵，并应在 5 min 后将真空容器中的绝对压强减小至(1～5) kPa，应保持该真空度 3 h，然后在真空泵仍然运转的情况下，注入足够的蒸馏水或者去离子水，直至淹没试件，应在试件浸没 1 h 后恢复常压，并继续浸泡(18±2) h。

② 试件安装

在真空饱水结束后，应从水中取出试件，并抹掉多余水分，且应保持试件所处环境的相对湿度在 95%以上。应将试件安装于试验槽内，并应采用螺杆将两试验槽和端面装有硫化橡胶垫的试件夹紧。试件安装好后，应采用蒸馏水或者其他有效方式检查试件和试验槽之间的密封性能。

③ 注液及连接电源

检查试件和试件槽之间的密封性能后，应将质量浓度为 3.0% NaCl 溶液和物质的量浓度为 0.3 mol/L的 NaOH 溶液分别注入试件两侧的试验槽中，注入 NaCl 溶液的试验槽内的铜网应连接电源负极，注入 NaOH 溶液的试验槽中的铜网应连接电源正极。

④ 记录电流值

在正确连接电源线后，应在保持试验槽中充满溶液的情况下接通电源，并应对上述两铜网施加(60±0.1) V 直流恒电压，且应记录电流初始读数，开始每 5 min 记录一次电流值；当电流值变化不大时，可每隔 10 min 记录一次电流值；当电流值变化很小时，应每隔 30 min 记录一次电流值，直至通电 6 h。

⑤ 自动采集

当采用自动采集数据的测试装置时，记录电流的时间间隔可设定为 5～10 min。电流测量值应精确至±0.5 mA。

⑥ 试验结束

试验结束后，应及时排出试验溶液，并应用凉开水和洗涤剂冲洗试验槽 60 s 以上，然后用蒸馏水洗净并用电吹风冷风档吹干。

注意：试验应在 20～50 ℃的室内进行。

(6) 试验结果计算及处理

试验过程中或试验结束后，应绘制电流与时间的关系图，并将各点数据以光滑曲线连接起来，对曲线做面积积分，或按梯形法进行面积积分，得到试验 6 h 通过的电通量 Q。

每个试件的总电通量可采用式(4-12)计算：

$$Q = 900(I_0 + 2I_{30} + 2I_{60} + \cdots + 2I_t + \cdots + 2I_{300} + 2I_{330} + 2I_{360}) \tag{4-12}$$

式中 Q——通过试件的总电通量，C；

I_0——初始电流，A，精确至 0.001 A；

I_t——在时间 t(min)的电流，A，精确至 0.001 A。

计算得到的通过试件的总电通量应换算成直径为 95 mm 试件的电通量值。应将总电通量乘以一个直径为 95 mm 的试件和实际试件横截面积的比值来换算，换算可按式(4-13)进行：

$$Q_s = Q_x \times \left(\frac{95}{x}\right)^2 \tag{4-13}$$

式中　Q_s——通过直径为 95 mm 的试件的电通量，C；

Q_x——通过直径为 x mm 的试件的电通量，C；

x——试件的实际直径，mm。

每组应取 3 个试件电通量的算术平均值作为该试件的电通量测定值。当某一个电通量值与中值的差值超过中值的 15％时，应取其余两个试件的电通量的算术平均值作为该组试件的试验结果测定值。当有两个测值与中值的差值超过中值的 15％时，应取中值作为该组试件的电通量试验结果测定值。混凝土电通量试验报告见表 4-19。

表 4-19　混凝土电通量试验报告

委托单位：　　　　　　　　　　　　报告编号：

工程名称：　　　　　　　　　　　　委托编号：

工程部位：　　　　　　　　　　　　试验日期：

代表数量：　　　　　　　　　　　　报告日期：

设计强度等级			制件日期：	
配合比报告编号			理论配合比：	水灰比：
施工配料单编号			施工配合比：	水灰比：
使用材料名称		产地规格	报告编号	施工拌和用料量(kg/m^3)
水泥				
粉煤灰				
矿粉				
细骨料				
粗骨料				
水				
外加剂				

坍落度： ________mm	扩展度： ________mm	含气量： ________％	泌水率： ________％	维勃稠度： ________s	养护方法： ________
制件捣实方法		工地拌和方法		工地捣实方法	

试件编号	试验日期	龄期(d)	试件尺寸(mm)	通过电量(C)	代表值(C)	备注

检测评定依据：	试验意见：

试验：　　　　　　复核：　　　　　　技术负责人：　　　　　　单位(章)：

练习与讨论

1. 导致混凝土化学侵蚀的原因有哪几类，各有什么特点？
2. 试述硫酸盐侵蚀对混凝土的破坏过程，并指出防止硫酸盐侵蚀的措施。
3. 何谓碳化，碳化对混凝土的侵蚀有何影响？
4. 简述混凝土受火灾或高温影响时的破坏过程。
5. 碱-骨料反应有几种，各有何特点？如何预防碱-骨料反应？

项目 5　混凝土常见质量问题的处理

任务 5.1　混凝土的离析与泌水

5.1.1　相关理论知识

混凝土拌合物在浇灌前各组分分离造成不均匀和失去连续性的现象，称为离析。这是由于构成混合料的各种固体颗粒大小、密度不同所引起的。

搅拌后的混凝土混合料可以看成是均匀分布的。但在静止状态下，颗粒在重力作用下下沉（也可能上浮），从而造成混凝土混合料不均匀。所产生的分离是水与固体颗粒的分离，称为泌水。在这种情况下，颗粒运动的动力为颗粒的自重，阻力为液体的黏滞阻力和浮力。

离析表现形式：粗骨料从拌合物中分离，稀水泥浆从拌合物中淌出。泌水、浮浆、粗集料离析实质上是三个不同层次的分离现象。

5.1.1.1　新拌混凝土的离析和泌水对硬化混凝土性能的危害

新拌混凝土的浮浆将导致表层混凝土与下层混凝土水泥浆含量不一致。表层混凝土水泥浆含量较多，在干燥环境下干缩变形较大。下层混凝土骨料较多，由于骨料的弹性模量一般大于硬化水泥石的弹性模量，因此，较多的骨料在下层富集，使得下层混凝土具有较高的弹性模量。下层混凝土较高的弹性模量必将对表层混凝土的变形产生较大的约束，使得混凝土表面出现收缩裂缝。粗骨料的分离同样导致表层混凝土与下层混凝土水泥浆含量的不一致性，也有可能引起混凝土表面开裂。此外，混凝土的泌水还会导致混凝土的早期体积收缩。

泌水使混凝土拌合物的上层含水量增多，水灰比加大，硬化后使表层混凝土的强度较下层混凝土低，耐磨性降低，并造成混凝土质量分布不均匀，影响混凝土的使用效果。部分泌水还会夹带一部分细颗粒上升到混凝土表面，使混凝土表面产生大量浮浆，形成疏松层。而对于分层浇筑的大体积混凝土，这种疏松层的存在大大降低了水平施工缝处两层混凝土间的黏结强度，影响工程质量。

部分泌水停留在水平钢筋或粗钢筋的下表面，形成薄弱层，降低了骨料与水泥浆、粗骨料与砂浆、钢筋与混凝土之间的黏结力，致使混凝土强度下降、耐久性变差。根据对高 3 m 的混凝土柱的试验结果可知，使用塑性混凝土，在发生泌水时，上部混凝土的强度较下部混凝土降低 20%～30%，较中部混凝土降低 15%～20%。试验还表明，由于泌水，混凝土与钢筋的黏结强度降低了约 50%，并且水平钢筋的黏结强度只有垂直钢筋的 1/2 左右。这是由于固体颗粒沉降和泌水，在钢筋下部出现孔隙，在该部位几乎丧失了黏结力。

若泌水过大，部分泌水停留在粗骨料下面或绕过粗骨料上升，形成连通的孔道，水分蒸发后，在混凝土内部形成缝隙，成为外界水分侵入的捷径，将会严重影响混凝土的抗渗性能。

泌水严重时混凝土表面有浮浆出现，形成表面疏松层，在混凝土硬化后还会起皮或产生粉尘，影响混凝土的外观质量。

由此可知，新拌混凝土的不同层次的分离必将导致各部分混凝土分布的不均匀性，这种分布的不均匀性必将导致各部分混凝土性能的差异，而正是由于这种性能的差异使得混凝土内部或表面产生一些缺陷，影响混凝土的性能和正常使用。因此，必须注意新拌混凝土的不同层次的分离，并采取有效的措施来减少这些分离，保证新拌混凝土的均匀性，从而保证各部分混凝土性能的一致性。

5.1.1.2　新拌混凝土离析和泌水的原因

混凝土的离析是指粗骨料与砂浆分离而导致拌合物不均匀的现象。离析主要是由于混凝土拌合物各组分的密度不同、粗骨料和砂浆的流动特性不同、粗骨料粒径不同等因素造成的。由于水泥砂浆与粗骨料的密度不同，使得粗骨料产生沉降或上浮（轻骨料），造成拌合物的不均匀和不连续。两者的密度差越大，离析越严重。

(1) 混凝土拌合物的运输和装卸都将对混凝土的离析产生影响。远距离运输产生离析的危险性较大。当混凝土拌合物沿斜槽卸料时，质量较大的颗粒移动速度快，拌合物表面物料比底部物料的移动速度快，这些均会导致离析的发生。若是泵送混凝土，由于在输送过程中管内的混凝土沿输送方向存在一个压力梯度，使流动性良好的砂浆先行，粗骨料滞后，从而造成离析。离析严重时可能导致管道堵塞。

(2) 混凝土拌合物在振捣时，由于振动器使用不当，如振动时间过长等，也能产生离析。

(3) 当粗骨料尺寸大于钢筋间距时，在钢筋部位仅能通过砂浆阻留粗骨料，于是沿着钢筋就会产生空洞，从而影响混凝土的密度并使混凝土强度下降。

(4) 当混凝土拌合物的水灰比过大或砂率过小时，将会发生水泥浆从拌合物中分离出来的现象，即水泥浆的离析。由于粗骨料的沉降以及水泥浆的上浮或外漏，使混凝土表面产生浮浆，硬化后表面出现起粉现象，这不但影响混凝土构件的外观，而且由于离析产生的微裂缝，将会影响到混凝土的物理力学性能。

(5) 混凝土在泵送过程中，由于混凝土中各部分的运动速度不一样，也会产生分离。这种分离与静态时的分离不同，它是一种动态的，是在一定的外力作用下产生的分离。

在压力作用下的泌水称为压力泌水，对于泵送混凝土来说，特别是对于高压下的泵送混凝土来说，是一个非常重要的性能指标，它反映了在压力作用下水的分离能力。如果压力泌水较快，在泵送时首先抽出一部分水，而剩下流动性较差的混凝土。这一方面破坏了混凝土的均匀性，更重要的是剩下的这些流动性较差的混凝土容易堵塞管道。同样，在压力作用下也可能出现泌浆或粗骨料与砂浆分离的现象，这些现象也会因粗、细骨料的留存而堵塞管道。因此，对于泵送混凝土，不仅要注意静态下的分离现象，也要注意在压力作用下的分离现象。

5.1.1.3　离析和泌水的预防

产生离析和泌水的原因较多，防止措施也是多种多样的，但最基本的要求是水泥浆或砂浆应具有较高的黏度，与骨料间应有较强的黏结力。离析和泌水现象是水与固体颗粒的分离，解决泌水问题的办法有两个，一是减小胶凝材料颗粒的粒径，二是减小胶凝材料颗粒的密度。提高水泥的粉磨细度可以有效地减少泌水，这实质上就是通过减小颗粒粒径来预防泌水。掺入优质的粉煤灰、硅灰等矿物外加剂也可以有效地减少泌水，它有两个作用：一是这些矿物外加剂的颗粒通常比水泥颗粒小，用它们部分取代水泥可以减小胶凝材料的平均粒径。特别是硅灰，它的颗粒粒径非常小。因此，掺入少量的硅灰就可以非常有效地控制泌水。二是矿物外加剂的密度比水泥小，因而也可以减小颗粒的沉降速度，达到减少泌水的目的。从这一点上可以认识到掺入磨细矿粉比掺入粉煤灰容易泌水。当颗粒粒径相同时，磨细矿粉颗粒的沉降速度大约为水泥颗粒的81%，而粉煤灰颗粒的沉降速度仅为水泥颗粒的57%。由此看来，从减少泌水的角度来讲，粉煤灰比磨细矿粉更有效。

如果出现粗骨料分离，则表明砂浆的黏度太小，可适当地提高砂率。浮浆现象是水泥浆与骨料颗粒的分离，解决这一问题也有两个技术途径，一是减小骨料颗粒的粒径，二是增大水泥浆的黏度。从前一个技术途径考虑，采用较细的砂有助于减少浮浆。从后一个技术途径考虑，则可以通过减小水灰比，增加水泥浆含量来实现。

从上述分析可以看出，防止新拌混凝土的离析，关键在于混凝土中各颗粒之间能有一个好的级配，在不同层次上阻碍颗粒的运动，这样才能保持混凝土有较好的均匀性。减少单位用水量，降低水胶比，尽量使用坍落度低的混凝土可使拌合物具有较高的抗离析能力。同时适当掺加引气剂、粉煤灰等掺合料，也能改善混凝土拌合物的离析。

5.1.2 相关实践操作

5.1.2.1 新拌混凝土泌水的评定方法

新拌混凝土的泌水是通过泌水率试验来评定的。试验设备为一个内径和高均为 267 mm 的带盖金属圆筒。试验时将一定量的新拌混凝土装入圆筒中，经振捣或插捣使之密实，混凝土试样表面低于筒口 4 cm 左右，然后静置并计时，每隔 20 min 用吸管吸取试样表面泌出的水分，并用量筒计量。直至连续三次吸水试样均无泌水为止。

对于新拌混凝土的泌水特征，通常采用下列特征数值来表示：

① 泌水量，指新拌混凝土单位面积上的平均析出水量，cm^3/cm^2；

② 泌水率，指泌水量对新拌混凝土含水量之比，%；

③ 泌水速度，指析出水的速度，cm/s；

④ 泌水容量，指新拌混凝土单位厚度平均泌水深度，cm/cm。

假设：新拌混凝土的体积为 $V(cm^3)$，断面积为 $A(cm^2)$，高度为 $H(cm)$，含水量为 $W(cm^3)$，析出水量为 $W_b(cm^3)$，析出水深度为 $H_b(cm)$，单位时间的平均泌水量为 $Q(cm^3/s)$。则：

$$\text{泌水量} = \frac{W_b}{A} \tag{5-1}$$

$$\text{泌水率} = \frac{W_b}{W} \times 100\% \tag{5-2}$$

$$\text{泌水速度} = \frac{Q}{A} \tag{5-3}$$

$$\text{泌水容量} = \frac{H_b}{H} = \frac{W_b}{V} \tag{5-4}$$

5.1.2.2 新拌混凝土离析的评定方法

评定新拌混凝土离析目前还没有一个较为成熟的方法，更无统一的标准。以下介绍几种参考评定方法。

(1) 落差试验方法

Hughes 在 1961 年提出了一种测量新拌混凝土抗离析性能的方法。试验装置如图 5-1 所示。试验时将一定量的新拌混凝土装入料斗中，并使其自由下落。落下的拌合物碰到圆锥体后被分散开。以圆锥体底面中心为圆心，直径 380 mm 的圆为内圈，380 mm以外的为外圈，分别收集内圈和外圈范围内的拌合物，并计算各自的粗骨料含量。若内外圈拌合物中粗骨料含量的差别较小，则说明该新拌混凝土的均匀性较好，有较强的抗离析能力。

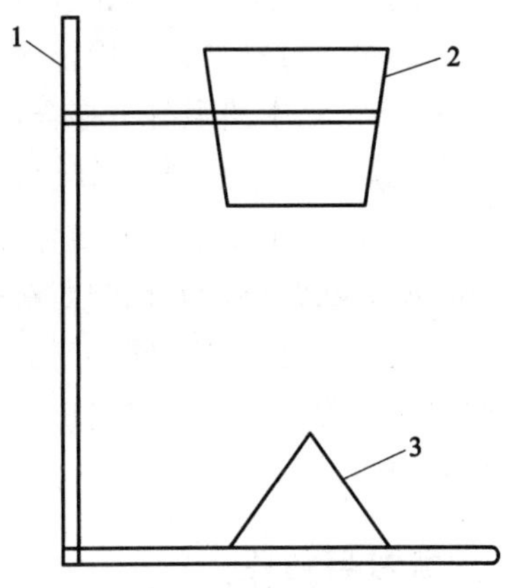

图 5-1　落差试验装置

1—支架；2—锥形漏斗；3—圆锥体

(2) 摇摆试验方法

摇摆试验方法是测量大坍落度(200 mm 左右)混凝土在运输和浇筑过程中可能产生的离析的一种方法。摇摆式抗离析试验筒如图 5-2 所示。试验时将新拌混凝土装满由三节连成的圆筒内，筒底中心焊接一根直径 25 mm、长 150 mm 的圆钢棍。扶住把手，左右摇动圆筒，并使筒底两侧轻击地面，筒中新拌混凝土试样左右摇摆和上下振动。摇摆一定次数后，分别将三节圆筒卸下，筛出各节圆筒中的粗骨料并称重。按下式计算骨料的分离因素：

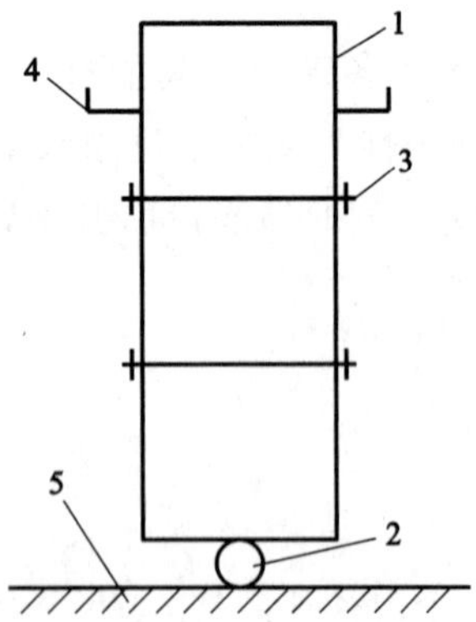

图 5-2　摇摆式抗离析试验筒

1—内径为 150 mm 的三节圆筒(每节高 150 mm)；2—25 mm 圆钢棍；3—带螺栓的法兰盘；4—把手；5—硬质地面

$$s=\frac{(g_1-g)+(g_2-g)+(g_3-g)}{g}$$

式中　s——骨料的分离因素；

g_1, g_2, g_3——上、中、下圆筒中的骨料质量，kg；

g——三节圆筒中骨料的平均质量，kg。

骨料分离因素 s 值越小，表示新拌混凝土的抗离析性能越好。

(3) 分层度试验方法

这一方法用于检验自密实混凝土拌合物的稳定性，其方法类似于摇摆试验方法，所用仪器也是三节圆筒，圆筒的内径为 115 mm，每节高度为 100 mm。试验时，将新拌混凝土拌合物用料斗装入筒中，平至料斗口，垂直移走料斗，静置 1 min，用刮刀将多余的拌合物除去并抹平，要轻抹，不允许压抹。然后，将圆筒放置在跳桌上，以 1 次/s 的速度转动摇柄，使跳桌跳动 25 次。分节拆除圆筒，并将每节筒中的拌合物分开。然后分别放入 5 mm 的圆孔筛中，用清水冲洗，筛除水泥浆和细骨料，用海绵拭干剩余的粗骨料表面的水分，用天平称其质量，得到上、中、下三段拌合物中粗骨料的湿重：$m_{上}$、$m_{中}$、$m_{下}$。用下式评定新拌混凝土拌合物的稳定性。

$$\left.\begin{aligned}F_1&=\frac{m_{下}-m_{上}}{m}\times 100\%\\F_2&=\frac{m_{中}-m_{上}}{m}\times 100\%\end{aligned}\right\}\tag{5-5}$$

式中　F_1——混凝土拌合物稳定性评价指标，%；

F_2——试验的效验指标，应接近于 100%±2%；

m——每段混凝土拌合物中湿骨料质量的平均值，kg；

$m_{上}$——上段混凝土拌合物中湿骨料的质量，kg；

$m_{中}$——中段混凝土拌合物中湿骨料的质量，kg；

$m_{下}$——下段混凝土拌合物中湿骨料的质量，kg。

这些方法都能较好地判断新拌混凝土的稳定性，只是不同的方法适用于不同的混凝土。但是，这些方法也存在着一个共同的问题，就是都没有提出一个判据。这些指标应控制在什么范围内才能保证在实际工程中不会出现离析，在这些方法中对这一问题都没有作出回答，这也是这些方法不成熟的一个表现。

练习与讨论

1. 根据实践、查询资料并讨论，已产生离析和泌水的混凝土拌合物的调试方法有哪些？

任务 5.2　混凝土裂缝的种类及处理

裂缝是混凝土中一个很常见的现象，又是混凝土中存在的一个非常复杂的问题。近年来，在这一方面开展了较多的研究工作。但由于这一问题的复杂性，混凝土工程的开裂现象仍然屡见不鲜。

5.2.1　相关理论知识

5.2.1.1　裂缝的种类、成因

混凝土收缩裂缝是指在物理或化学作用下混凝土体积缩小的现象，简称收缩。混凝土的裂缝有多种类型，有的影响结构安全，有的影响建筑物的使用寿命，有的影响结构的使用功能，有的影响观感。根据各种裂缝产生的原因不同，应采取不同的预防措施。

(1) 塑性收缩裂缝

塑性收缩裂缝是一种在混凝土初凝后产生的裂缝。混凝土初凝后，结构已经初步形成，失去了流动性，但强度极低。在这一时期如果失水较多，产生较大的塑性收缩，混凝土将没有能力抵抗收缩应力，从而开裂。当外界风速大、气温高、湿度低时较容易出现这种裂缝。这种裂缝在新浇筑的混凝土表面出现，形状不规则，较浅。

产生塑性收缩裂缝的根本原因是混凝土的早期失水，这种失水可能有两个原因：一是蒸发失水，混凝土早期养护不好，风吹日晒，表面水分急剧蒸发；二是模板吸水，如果模板或垫层吸水率较大，且过于干燥，也能使混凝土表面较快地失水。这两种失水都将导致混凝土产生较大的体积收缩。在混凝土抵抗能力极弱的情况下产生较大的收缩必将引起开裂。混凝土的开裂是由收缩引起的，而混凝土的收缩来自水泥浆的收缩。因此，水泥浆的收缩较大，混凝土中胶凝材料用量太多，水灰比太大，粉砂较多，都是混凝土产生塑性收缩裂缝的原因。

另外，凝结时间也是影响混凝土塑性收缩的一个重要因素，特别是从初凝到终凝的时间。在相同的环境条件下，这段时间越长，混凝土的塑性收缩也将越大。防止混凝土产生塑性收缩裂缝可采取以下措施：

① 加强早期养护

混凝土浇筑后应及时覆盖、洒水养护。特别是浇筑较大的水平面板时，由于与环境的接触面较大，混凝土中的水分更容易蒸发，尤其需要及时的覆盖。在高温、大风和干燥环境下施工时，应采取更有效的措施，确保早期不失水。

② 浇筑前润湿模板

对于一些非水平薄壁结构或采用木模板支护部位的混凝土浇筑，在早期，混凝土通常是被模板所封闭的。因此，模板的吸水是产生塑性收缩裂缝的主要原因。对于这种结构，在施工前应注意将模板润湿，以防模板吸水。

③ 调整混凝土配合比以减小混凝土的收缩

从混凝土原材料考虑，应避免使用收缩率较大的原材料。从混凝土配合比来说，应严格控制混凝土的水灰比、胶凝材料用量和粉砂用量。另外，在混凝土配合比设计时，应注意新拌混凝土的稳定性。因为如果混凝土发生离析或泌水，表面混凝土的含水量和水泥浆量较大，容易失水，产生较大的收缩。而底部混凝土的骨料较多，弹性模量较大，对表面混凝土的限制作用较强，使得混凝土表面更容易开裂。

④ 控制好混凝土的凝结时间，特别是终凝时间

在初凝之前，混凝土处于流动状态，因而不会产生裂缝。在初凝到终凝这段时间，混凝土具有两

个特点：一是已失去流动性；二是强度极低。因此，混凝土一旦失水收缩，很容易产生裂缝。在混凝土生产过程中应尽可能地缩短这一段时间，以减少塑性阶段的失水。

⑤ 振捣适度

振捣不足，混凝土不密实；但若振捣过量，容易使骨料下沉，造成表面混凝土的含水量和水泥浆量较大，而底部混凝土的骨料较多，容易产生塑性收缩裂缝。

⑥ 发现裂缝后及时处理

当表面发现裂缝时，要及时抹压或进行表面振捣。若已硬化，可向缝隙内填入水泥，加水润湿，覆盖养护。

(2) 沉降收缩裂缝

沉降收缩裂缝是混凝土振捣后因物料沉降而产生的。混凝土浇捣成型结束，混凝土应保持原有的状态。但是，如果混凝土不稳定，仍有可能发生物料的运动。对于普通骨料混凝土，骨料在重力作用下下沉，特别是粗骨料容易下沉。而水和空气则上浮并排出。这一过程使得混凝土体积缩小。当粗骨料的运动受到钢筋、预埋件等障碍物阻挡时，障碍物上部的物料被滞留，而下部的物料继续下沉，在障碍物上下层物料之间形成缝隙，即沉降收缩裂缝。沉降收缩裂缝多沿结构上表面的钢筋方向断续出现，或在预埋件附近出现，深度至钢筋上表面为止。

产生沉降收缩裂缝有两个基本条件：一是有障碍物存在；二是新拌混凝土具有不稳定性。障碍物通常是钢筋。在浇筑一些垂直高度较高，且钢筋水平布置较密，或者某一水平方向的尺寸较小的构件时，较容易出现沉降收缩裂缝。因此，对于垂直尺寸较大的构件，应注意钢筋的水平距离应适当。同时，也应注意粗骨料粒径不宜太大。应保证钢筋的最小水平距离大于粗骨料最大粒径的 3 倍。对于截面相差较大的构件，应先浇筑较深部位，并静停 1～1.5 h，待沉降稳定后再与上部截面同时浇筑。此外，还应保证钢筋保护层不能太薄，钢筋保护层太薄也容易产生沉降收缩裂缝。

(3) 干燥收缩裂缝

干燥收缩裂缝是由于混凝土的干缩变形而引起的。干燥收缩裂缝有两类，一类是宏观干缩裂缝，一类是微观干缩裂缝。宏观干缩裂缝是由于混凝土的干缩变形受到外部约束而造成的，这种干缩裂缝通常较宽，也较深，甚至贯通。微观干缩裂缝则是由于硬化水泥石与骨料干缩变形的不一致性造成的，这种裂缝较小，一般在较大粗骨料的周围，且呈辐射状。干燥收缩裂缝通常在表面出现得较多，且纵横交错。宏观干缩裂缝的方向与约束条件有关，微观干缩裂缝则是随机的、无规律的。干燥收缩裂缝归因于混凝土的干缩变形，产生裂缝的大小有以下几个基本规律：

① 硬化水泥石的干缩变形越大，混凝土的干缩变形越大；

② 硬化水泥石的体积含量越大，或者说骨料的体积含量越小，混凝土的干缩变形越大；

③ 骨料与硬化水泥石的弹性模量比越大，混凝土的干缩变形越小。

避免混凝土干缩裂缝的最根本措施是：

① 减小硬化水泥石的干燥收缩；

② 调整好砂率，使整个骨料体系孔隙率最小；

③ 振捣适度，避免欠振和过振；

④ 板面要做好二次抹压；

⑤ 严格控制骨料的含泥量，控制粉砂用量；

⑥ 加强养护。无论是混凝土的干缩变形，还是硬化水泥石所受到的拉应力，都随硬化水泥石干缩变形的减小而减小，硬化水泥石干燥收缩对这两者的作用是一致的，不会产生应力转移，因此，有助于避免混凝土的干缩裂缝。加强养护对防止混凝土干缩裂缝的形成是非常重要的。养护不仅要及时，还要有足够长的时间。加强养护既保证了混凝土和硬化水泥石的强度发展，使得混凝土和硬化水泥石有足够的抵抗能力，又推迟了干缩的时间。这两方面的作用使得干燥收缩发生在混凝土和硬化

水泥石具有足够的抵抗能力之后，从而可以有效地避免混凝土干缩裂缝的形成。加强养护是避免混凝土干缩裂缝的根本措施，在对容易产生干缩裂缝的构件进行施工时，必须予以充分注意。

（4）温度裂缝

温度裂缝是指由于混凝土结构中的温度变化或温度分布的不均匀性而产生的裂缝。温度裂缝在结构中较为常见，有表面的，也有深入的和贯穿的。表面裂缝走向无一定的规律性，常纵横交错。这种温度裂缝多发生在施工期。深入的和贯穿的温度裂缝一般与结构或构件的短边方向平行或接近于平行，裂缝沿全长分段出现，且冬季裂缝较宽，夏季裂缝较窄。

导致温度裂缝的关键因素是混凝土构件内的温度梯度，因此，预防混凝土温度裂缝关键在于减小混凝土中的温度梯度，使混凝土中的温度分布趋于均衡，或者逐步地过渡。

形成混凝土构件内外温差有两个方面的原因：从内部因素上讲，胶凝材料的水化反应是一个放热反应，放出的热量可以使混凝土内部的温度上升，形成内外温差；从外部因素上讲，环境温度的急剧变化也会形成内外温差。引起混凝土温度裂缝的是温差而不是温度。当由于某种原因使混凝土的温度高于环境温度时，释放混凝土中的热量使其接近环境的温度是非常必要的，但必须注意平稳。

（5）膨胀裂缝

膨胀裂缝是指混凝土中一些组分的局部膨胀所产生的裂缝。产生这种局部膨胀的原因通常是水泥中含有游离氧化钙、氧化镁而导致水泥的安定性不良，或骨料中混入了一些膨胀组分。

目前膨胀剂在混凝土中大量使用，如使用不当，也会造成膨胀裂缝。对于不掺膨胀剂的混凝土，膨胀裂缝已难见到。但在掺膨胀剂的混凝土中，膨胀裂缝还时有所见。产生这些裂缝的原因主要是：一是掺入膨胀剂后搅拌不充分，使得膨胀剂在混凝土中分布不均匀，局部膨胀太大；二是在约束不太强的情况下，膨胀剂掺量太大。前一种情况更为普遍，后一种情况较少。在使用膨胀剂时，应注意以下两个问题：

① 膨胀与约束的协调　吴中伟院士曾经用背向规则阐述了混凝土的体积变形与约束的关系，指出：收缩在约束条件下可能导致混凝土的开裂，自由状态下的膨胀也可能导致混凝土的开裂。因此，膨胀必须在约束状态下才能有效地发挥作用，而且膨胀与约束必须协调。如果混凝土的膨胀较大，而约束不足，则有可能导致混凝土的膨胀开裂。

② 膨胀与强度发展的协调　在混凝土中，硬化水泥石的网状结构对膨胀组分的膨胀会产生约束。显然，如果硬化水泥石强度发展较慢而膨胀发展较快，较大的膨胀将会使硬化水泥石结构破坏。反之，如果强度发展较快而膨胀发展较慢，则膨胀由于受到较大的约束而变得困难。此外，在混凝土中，膨胀组分的均匀性是非常重要的。如果膨胀剂在混凝土中分布不均匀，就会造成局部膨胀过大，这也可能导致膨胀裂缝的产生。

与其他裂缝相比，膨胀裂缝是很容易避免的，只要控制好膨胀剂的掺量，适当延长搅拌时间和养护时间，就可以避免膨胀裂缝。

（6）碳化收缩裂缝

在潮湿条件下，暴露在大气中的混凝土，其内部的水化产物[如氢氧化钙、水化铝酸盐、水化硅酸盐等]与空气中的二氧化碳作用，生成碳酸盐，使混凝土的碱度降低，这种现象称为混凝土的碳酸盐化，简称碳化。碳化收缩裂缝通常在混凝土浇筑数月后发生，裂缝在混凝土表面呈花纹状，无规律性，较浅。产生这种裂缝的原因是空气中的二氧化碳与混凝土表面水泥浆中的氢氧化钙反应，生成碳酸钙，产生体积收缩而造成的。

混凝土的碳化过程是一个酸性化过程。碳化作用使得混凝土由碱性向酸性转变。在钢筋混凝土结构中，强碱性的混凝土对钢筋具有保护作用。混凝土的碱性降低使得它对钢筋的保护作用减弱，甚至丧失保护作用，引起钢筋锈蚀。因此，对于二氧化碳浓度较大的场合，即使不会发生混凝土开裂，也应该对钢筋混凝土结构加以保护。

预防这一类裂缝主要的技术措施是使混凝土构件表面致密，防止二氧化碳向混凝土内扩散。另外，也可采取表面保护的措施，如在表面涂刷密封层或粘贴瓷砖等加以保护。

(7) 沉陷裂缝

沉陷裂缝是指由于混凝土不均匀沉陷而造成的裂缝。这种裂缝多为深入或贯穿裂缝，与地面基本垂直或呈 45°～60°角，基本上不受温度影响。这种裂缝易产生在截面变化处。产生不均匀沉陷的原因主要有：

① 结构或构件下软弱土未作处理，地基软硬不均匀。

② 模板刚度不足、支撑间距过大或底部支撑在软土上。

③ 混凝土过早拆模或过早施加荷载，这是施工时经常出现的一种现象。施工单位为了提高施工速度，加速模板周转，常常在混凝土强度还很低时就拆模，更有甚者，拆模后立即开始上层的操作，使强度还不高的混凝土构件承受较大的荷载。

④ 结构上荷载悬殊，未做必要处理。

由于上述这些原因，导致地基不均匀沉陷，或者不均匀支撑，或者使混凝土构件过早地受力，造成混凝土结构局部受拉或受剪而开裂。

为了防止沉陷裂缝的出现，应采取以下措施：

① 对于软弱地基或不均匀地基，在混凝土浇筑前必须进行妥善处理。

② 模板及其支撑要有足够的强度、刚度，底部支撑点必须坚实可靠。在新鲜回填土上支撑模板时，一定要将支撑点夯实，并加以足够大面积且具有足够强度的垫层。

③ 禁止过早拆模。必须保证拆模时混凝土达到一定的强度，尤其是兼有支撑功能的模板，在混凝土没有足够的强度时，不能拆模。

④ 结构荷载不均匀时，应从设计、施工方面采取调整措施。

(8) 冻胀裂缝

在冬季混凝土施工中未采取有效的措施，混凝土早期受冻，内部游离水结冰膨胀，解冻后变形不能恢复而出现裂缝或剥落。一般是在结构表面沿主筋、箍筋方向出现宽窄不一的裂缝。

为防止这种裂缝应从采取合理的冬季施工技术考虑，如选用水化热和早期强度高的普通硅酸盐水泥，采用低水灰比，掺引气剂、防冻剂和早强剂，蓄热保温或加热养护等，蓄热保温或加热养护必须有足够长的时间，至少要使混凝土的强度达到设计强度的 40%以上才可结束。混凝土的降温过程应缓慢进行，切不可降温太快。

(9) 施工裂缝

产生各种施工裂缝一般有下述原因：

① 木模未充分润湿，浇筑混凝土后模板大量吸水膨胀，将柱、梁边角拉裂；

② 构件成型或拆模时，受剧烈振动或过量施工荷载作用；

③ 拆模、起吊过早，或拆模操作过于剧烈，或构件翻身时地面砂子摊铺不匀；

④ 构件运输、堆放、吊装时，支撑垫块位置不当，剧烈颠簸、冲击、扭转，起吊点、支撑点位置不当等。

为了避免这些施工裂缝，可采取以下措施：

① 混凝土浇筑前应将木模板充分润湿，或用蒸汽蒸 1～2 h；

② 构件成型或拆模时应避免受剧烈冲击振动，对其上承受的施工荷载必须限制在允许的范围内；

③ 按规定时间拆模、起吊，动作要平缓，构件的翻身脱模应在平整的铺砂地面上进行；

④ 构件运输、堆放、吊装过程中应使构件保持平稳，正确加垫、支撑，多层堆放时，上下垫块应对齐。

(10) 化学反应裂缝

化学反应裂缝是由于混凝土中各种组分发生化学反应而产生的裂缝。产生这种裂缝的常见原因有：

① 混凝土中掺有氯化物化学外加剂，或者以海砂为骨料，或者用海水拌制混凝土，对钢筋产生电化学腐蚀使得钢筋生锈，铁锈膨胀而使混凝土开裂，即钢筋锈蚀开裂。在道桥工程中，冬季大量使用含氯型除冰盐，Cl^-溶解在雪水中，并由混凝土中的孔隙渗透到钢筋表面，也能导致钢筋锈蚀，产生这种类型的膨胀。这种裂缝通常是顺着钢筋方向，并伴随有锈斑。

② 水泥水化所生成的水化铝酸钙与硫酸盐反应，生成钙矾石，产生膨胀而引起混凝土开裂，即硫酸盐侵蚀开裂。这类裂缝常出现在海港工程和地下水中硫酸盐含量较高的地区，裂缝常表现为无规则的乱向形式。

③ 混凝土骨料中的活性组分与碱反应，产生不均匀体积膨胀，导致混凝土开裂，即碱-骨料反应开裂。这种反应一般较慢，往往发生在工程使用后几年甚至几十年。开裂一般表现为龟裂，当有较强的钢筋约束时，特别是有较强的预应力钢筋约束时，可以表现为沿钢筋方向开裂。如果骨料中的活性组分为活性二氧化硅，在裂缝中常有胶体状物质渗出。这种裂缝是由混凝土内部向外部发展的，有时可能造成工程的崩溃。

④ 水泥中含有较多的游离氧化钙和氧化镁，这些组分水化较慢，通常在混凝土硬化后还将继续反应，并产生较大的体积膨胀，使混凝土出现局部圆形崩裂，即水泥安定性不良开裂。

5.2.1.2　裂缝的处理

对混凝土裂缝进行处理，首先要对裂缝产生的原因进行全面的分析，然后考虑清除裂缝的途径和方法。只有这样，才能选择正确的方法对材料进行修补。

(1) 分析裂缝产生的原因

分析裂缝产生的原因可从以下几个方面着手：

① 检查开裂的外观　通过检查外观，可明确裂缝的基本属性。检查外观应注意以下几个方面：

a. 裂缝的形式是网状裂缝还是独立裂缝，是否具有明确的方向性。

b. 裂缝深度是多少，是否贯穿。

c. 裂缝是敞开的还是闭合的，宽度是多少。

d. 开裂的程度如何。

e. 裂缝附近是否有物质渗出。

② 确定开裂发生的时间　调查裂缝产生的时间，确定裂缝是在凝结硬化前产生的，在施工期产生的，还是在使用期产生的，大体确定裂缝产生的时间和季节。

③ 确定裂缝是活动的还是静止的　调查裂缝产生后的发展历史，确定裂缝发展的趋势，是基本稳定还是不断发展。在不同季节测量裂缝宽度，确定裂缝是否随温度而产生周期性的变化。

④ 确定约束的状况　可根据设计图纸来分析约束状况。分析时必须同时考虑到内部约束（由钢筋、预埋件等引起的约束），以及外部约束（由基础条件与其他混凝土的黏结或相邻结构引起的约束）。约束的程度如何？约束的均匀性和对称性如何？

⑤ 调查施工过程和使用历史　在调查过程中，注意是否有瞬时过载现象，特别是在施工期是否有瞬时过载现象。例如，拆模时混凝土的强度太低，不能承受自重，或者拆模后立即支撑上层模板，甚至立即进行上层结构的浇筑；在强度不高的新浇筑构件上堆放较重的材料等。注意浇筑时的环境情况及混凝土养护情况。例如，浇筑时的温度、湿度如何；是否有风；采取了哪些养护措施；养护了多长时间；使用时是否受到瞬时冲击等。

从上述几个方面，基本上可以分析出裂缝产生的原因。掌握裂缝产生的原因是对裂缝进行处理的基础，在这一基础上可以判断裂缝是否可以修补，是否值得修补，怎样进行修补。

(2) 对裂缝进行结构评估

早期裂缝一般出现在一个月之内，中期裂缝出现在 6 个月之内，其后 1～2 年或更长时间出现的裂缝属于后期裂缝。在修补裂缝前应全面考虑与之相关的各种影响因素，仔细研究产生裂缝的原因，以及裂缝是否已经稳定。若仍处于发展过程中，要估计该裂缝发展的最终状态。对裂缝进行结构评估包括以下内容：

① 评估裂缝对结构的影响

在混凝土结构中，不同位置、不同程度、不同形式的裂缝对结构的影响往往是不同的，而且可能有很大的差别。有些裂缝对结构几乎没有影响，有些裂缝则会对结构产生很大的影响。在对裂缝进行处理之前，必须弄清楚这些裂缝对结构的影响。这是对裂缝进行处理的重要依据。在这一评估的基础上，确定混凝土结构是否值得修补，是否需要加固，加固到什么程度。

② 评估裂缝未来的运动情形

裂缝未来的发展趋势是处理方案选择的重要依据。对于一些不再继续发展的裂缝，通常可以根据现状进行处理，或者填堵裂缝，或者采取一些必要的加固措施。但对于仍在发展的裂缝，必须查清裂缝发展的根源，首先必须消除或控制由此而产生的进一步危害，然后才能考虑对现有裂缝的处理。否则，即使将其处理得很好，也很难长久，还有可能重新开裂，使修补前功尽弃。

5.2.2　裂缝的处理

混凝土的裂缝是不可避免的，其微观裂缝是本身物理力学性质决定的，但它的有害程度是可以控制的。有害程度的标准是根据使用条件决定的。目前世界各国对允许裂缝宽度的规定不完全一致，但大致相同。如从结构耐久性要求、承载力要求及正常使用要求，最严格的允许裂缝宽度为0.1 mm。近年来，许多国家已根据大量试验与泵送混凝土的经验将其放宽到 0.2 mm。当结构所处的环境正常，保护层厚度满足设计要求，无侵蚀介质时，钢筋混凝土裂缝宽度可放宽至 0.4 mm；在湿气及土中为 0.3 mm；在海水及干湿交替环境中为 0.15 mm。沿钢筋的顺筋裂缝有害程度高，必须处理。

近年来预应力混凝土应用范围逐渐推广到更多的结构领域，如大跨超长、超厚及超静定框架结构，其混凝土强度等级必须提高至 C50。在采用泵送条件下，其收缩与水化热大大增加，约束应力裂缝很难避免，张拉前开裂，张拉后又不闭合，裂缝控制的难度更大。预应力结构裂缝允许宽度是严格的，预应力筋腐蚀属“应力腐蚀”，并有可能发生脆性断裂，预兆性较小，裂缝扩展速度快。裂缝深度 h 与结构厚度 H 的关系如下：$h \leqslant 0.1H$，表面裂缝；$0.1H < h < 0.5H$，浅层裂缝；$0.5H \leqslant h < H$，纵深裂缝；$h = H$，贯穿裂缝。应当尽量避免贯穿裂缝及纵深裂缝，如出现该种裂缝应采取化学灌浆处理的方式来保证强度，即贯缝抗拉强度必须超过混凝土抗拉强度。

5.2.2.1　裂缝的修补方法

裂缝的修补方法很多，常用的方法如下：

(1) 表面修补法

表面修补法包括表面涂抹法和表面贴补法两种，是简单、常见的修补方法，适用于稳定和对结构承载能力没有影响的表面裂缝的处理。表面涂抹法是在裂缝的表面涂抹水泥浆、环氧树脂、丙烯酸橡胶或在混凝土表面涂刷油漆、沥青等防腐材料。表面贴补法是用胶黏剂把橡皮、氯丁橡皮、塑料带、高分子土工防水材料等贴在裂缝部位的混凝土面上，达到密封裂缝、防止渗漏的目的。

(2) 灌浆、嵌缝封堵法

灌浆法主要适用于对结构整体性有影响或有防渗要求的混凝土裂缝的修补，分为化学灌浆和水泥灌浆两种，一般混凝土裂缝多采用化学灌浆，对宽度较大的稳定裂缝则采用水泥灌浆。它是利用压力设备将胶凝材料压入混凝土的裂缝中，胶凝材料硬化后与混凝土形成一个整体，从而起到封堵加固的目的。化学灌浆的浆材有：环氧树脂、甲基丙烯酸酯、聚氨酯等化学材料。水泥灌浆材料主要是水泥浆并加入微膨胀剂、硅粉、碱水剂或其他添加剂以改善水泥浆的性能。

嵌缝封堵法一般用于修补水平面上较宽的裂缝(大于 0.3 mm)。较宽的裂缝可直接向缝内灌入不同黏度的树脂。宽度小于 0.3 mm 的裂缝通常是沿裂缝凿槽，在槽中嵌填塑性或刚性止水材料，以达到封闭裂缝的目的。常用的塑性材料有聚氯乙烯胶泥、塑料油膏、丁基橡胶等；常用的刚性止水材料为聚合物水泥砂浆。

(3) 结构加固法

当裂缝影响到混凝土结构的性能时，就要考虑采取加固法对混凝土结构进行处理。结构加固中常用的主要有以下几种方法：加大混凝土结构的截面面积，在构件的角部外包型钢、采用预应力法加固、粘贴钢板加固、增设支点加固以及喷射混凝土补强加固。

(4) 混凝土置换法

混凝土置换法是处理局部严重损坏混凝土的一种有效方法，此方法是先将损坏的混凝土剔除，然后再置换入新的混凝土或其他材料。常用的置换材料有：普通混凝土或水泥砂浆、聚合物或改性聚合物混凝土或砂浆。

(5) 仿生自愈合法

仿生自愈合法是混凝土依靠自身合拢裂缝也称为“自闭合”。是一种新的裂缝处理方法，它模仿生物组织对受创伤部位自动分泌某种物质，而使创伤部位得到愈合的机能，在混凝土的传统组分中加入某些特殊组分(如含黏结剂的液芯纤维或胶囊)，发生自闭合的原因是在混凝土内部一些未水化胶凝材料的水化，以及一些水化产物在所处环境中发生新的反应，如氢氧化钙与空气中的二氧化碳反应，这些反应生成了新的反应产物，并且这些反应产物在裂缝中生长，使得裂缝闭合。使混凝土裂缝自愈合时应注意以下问题：

① 要使裂缝表面保持湿润，但不能有水流过裂缝表面。水是水泥基材料中各种反应进行的必要条件，只有在有水存在的条件下，反应才能进行，裂缝闭合才有可能。但是，裂缝的闭合需要一个较长的时间，如果在这段时间内有较多的水从裂缝表面流过，这些水可以将水化产物溶出带走，也可以将水化产物冲刷掉，使裂缝不能闭合，甚至可能扩大。因此，采用自闭合法时，既要保持裂缝表面湿润，又要防止水的渗流。

② 裂缝处不能承受振动。由于裂缝的自闭合需要一个过程，在这个过程中，裂缝处不能承受应力，而且任何一个小的振动都有可能使已闭合处遭到破坏。由于在已闭合处一些反应已经进行，一旦遭到破坏将难以再闭合。因此，在闭合期内应保证裂缝处不发生振动。

5.2.2.2　相关案例处理方法

【案例5-1】　环氧玻璃钢在混凝土裂缝修补加固中的应用

1. 工程概况

江苏省淮海农场位于淮河下游，苏北灌溉总渠尾闸两岸，东临黄海。自1952年建场以来，大搞水利基本建设，其中有5座公路桥建于1958年10月，为中跨5 m，边跨4.5 m的钢筋混凝土简支T形梁结构。投入运行后，公路桥大梁多处裂缝宽度超过允许值(0.2 mm)，最宽处已达0.48 mm，给安全运行带来严重威胁。1996年底开始对公路桥大梁上大于0.3 mm的裂缝采用粘贴环氧玻璃钢的技术加固。

2. 产生裂缝原因分析

随着车流量日益增加，桥面荷载已大大超过原设计标准，致使桥梁结构严重受损。原公路桥设计标准为10级汽车，校核标准为60拖车，T形梁设计采用170级混凝土(旧级)。1995年9月，对这5座公路桥进行了全面检查，并以回弹仪测验了其碳化深度。通过调查发现，几乎每座公路桥大梁都有不同程度的裂缝，混凝土碳化深度已超过钢筋保护层。凿出一个深度为56 mm的碳化测试点，实际主筋保护层厚度为25 mm，说明钢筋偏位较多，主筋有轻度锈蚀(浮锈)。裂缝产生的主要原因是过往车辆的数量超过了设计标准，混凝土老化现象亦加快了裂缝的发展。

3. 修补加固措施

为延长这5座公路桥的使用寿命，对缝宽大于0.3 mm的裂缝选用粘贴环氧玻璃钢的措施进行修补，大梁表面及桥面板底部用环氧厚浆涂料喷涂两遍。

(1) 环氧玻璃钢的基本特性

① 物理性能好　抗弯、抗拉强度可达 300～400 MPa，抗压强度可达 200 MPa(手糊法)，吸水率小，与其他复合材料相比，有较高的黏结力；

② 强度高　环氧玻璃钢的相对密度为 1.6，由于抗拉强度高，因而能以较小的单位质量获得较高的强度；

③ 耐久性好　具有良好的耐化学腐蚀性和耐水性；

④ 施工工艺简单　操作方便，容易维修。

(2) 环氧胶黏剂的配制及黏结强度

胶黏剂主剂为 6101 环氧树脂，另加增韧剂、固化剂、稀释剂等，经现场试验配制，配比见表 5-1。

表 5-1　环氧胶黏剂配方

原材料	6101 环氧树脂(主剂)	二丁酯(增韧剂)	二甲苯(或丙酮)(稀释剂)	乙二胺(固化剂)
配方(质量份)	100	15～20	10	6～8

环氧玻璃钢与混凝土表面的黏结强度以剪切强度和剥离强度表示，按表 5-1 的配方进行试验，试验结果见表 5-2。

表 5-2　环氧玻璃钢黏结强度试验结果

黏结材料	胶黏剂	剪切试验		剥离试验	
		强度(MPa)	破坏情况	强度(MPa)	破坏情况
玻璃钢与水泥板	环氧胶黏剂	＞3.89	混凝土表面破坏	0.379	部分混凝土表面、部分黏结面破坏

(3) 施工工艺

① 粘贴部位、层数、面积与宽度　对缝宽大于 0.3 mm 的裂缝，粘贴“三胶二布”环氧玻璃钢，粘贴宽度为 20 mm，搭接长度大于 50 mm。

② 混凝土表面处理　基体表面状态是决定粘贴使用效果的关键因素之一，表面处理好坏，直接影响粘贴效果。粘贴前，人工用刮铲将混凝土表面的污渍铲除，再将裂缝处松散砂浆清除，然后用粗砂纸打磨一遍以除油污、锈斑，再用钢丝刷将混凝土表面刷糙，最后用丙酮或汽油等溶剂洗刷被粘贴面两遍，将浮灰、油脂彻底洗去。另外亦可采用机械喷砂对混凝土表面进行处理，该方法具有效果好、工效高等优点。但粘贴面积较小时，较少采用。

③ 粘贴环氧玻璃钢　采用人工粘贴，主要采用分层间断法，少部分孔采用多层连续法。

A. 分层间断法　施工工序为：涂刷打底料→刮环氧腻子→间断粘贴已裁剪好的宽 200 mm 的环氧玻璃钢→涂刷面层料。施工质量要求：

a. 底料涂刷于混凝土表面上，要薄而匀，避免漏涂、流挂，自然固化时间不小于 6 h。

b. 混凝土表面凹凸不平处，要用腻子嵌压填平，自然固化时间一般为 12 h。

c. 刷一道环氧胶黏剂，贴一层环氧玻璃钢，边贴边用漆刷由中间向两边轻轻刮压平整，赶走气泡，不起皱纹，不留空腹点，要求环氧玻璃钢全部浸透，一般固化时间为 12 h，固化后对毛刺、突边、气孔进行整修。检查合格后，再按上述程序粘贴第二层环氧玻璃钢，自然固化 12 h 后，再最后涂刷面层环氧胶黏剂一遍。

B. 多层连续法　多层连续法施工中，涂刷打底料和刮环氧腻子与分层间断法相同。不同的是，在第一层环氧玻璃钢粘贴完毕且经检查合格后，不等固化即在同部位按同样的方法连续粘贴第二层环氧玻璃钢。多层连续法施工能缩短时间，但质量不易控制，所以操作要特别谨慎，小心轻刮，不要将前一层的环氧玻璃钢弄出突边，搭接处要仔细压紧。同样面层胶黏剂要使环氧玻璃钢全面浸透。通过检查、测试，两种粘贴方法均能满足质量要求。

（4）质量控制

除了上述施工中应控制的质量要求外，尚需要做到以下几点：

① 粘贴宽 200 mm 的环氧玻璃钢时要以裂缝为中心线对称贴，即裂缝的两侧尽量均为 100 mm。

② 环氧玻璃钢的上下搭接缝要错开，搭接长度不小于 50 mm，搭接口向下，圆角处须把环氧玻璃钢剪开。

③ 施工后的环氧玻璃钢的质量要求达到：平整、贴实、无毛刺、无气泡、无漏胶、不突边、无皱纹、不脱胶。

④ 在施工现场做"8"字模砂浆试件和 ϕ40 mm 圆钢模试件，进行环氧胶黏剂的黏结抗拉试验，并要求"8"字模砂浆试件的 28 d 龄期平均黏结抗拉强度不低于 3 MPa，且满足试件破坏不发生在黏结面的指标。

4. 施工注意事项

（1）粘贴环氧玻璃钢宜在气温 20 ℃左右，湿度不大于 80%的条件下进行，雨天不宜进行，晴天粘贴要防止灰尘及阳光直射。

（2）环氧胶黏剂要随配随用，少配勤用。

5. 工程效果

江苏省淮海农场 5 座公路桥大梁裂缝处理 6 年多来，工程运行情况良好。检查表明环氧玻璃钢粘贴完好，接头紧密，没有鼓泡、脱落现象。这显示了环氧玻璃钢处理裂缝不仅黏结强度高，而且能有效地封闭裂缝，保证结构的整体性。

【案例 5-2】 上海胜康廖氏大厦地下室渗漏处理

上海胜康廖氏大厦位于浦东沈家弄路，是新上海商业城的组成部分之一。工程总投资超过 2 亿元，高 28 层，层高 119 m，建筑面积达 4 万 m^2。该工程地下室共三层，埋深－10.90 m，设有商场、车库、水泵房、仓库、办公室等，对防水要求较高。设计采用三道防水，外墙采用氯磺化聚乙烯卷材，混凝土结构自防水等级为 P8（厚 400～900 mm），内墙采用 851 弹性聚氨酯防水涂膜。但由于卷材施工不当和混凝土施工质量问题，外墙回填后，地下室墙与底板局部出现了较严重的渗漏，主要表现在：裂缝和施工缝渗漏、底板后浇带接缝渗漏和混凝土面渗。内墙面大面积潮湿，致使内墙面焦油聚氨酯防水涂料无法施工。

经业主、施工单位、设计单位的调研、论证，决定采用灌喷结合的技术进行处理。处理工艺如下：

（1）首先找出漏水点，凿"V"形槽，用快硬水泥埋灌浆嘴，用聚合物水泥砂浆 PCCM 封缝；

（2）对混凝土基面用钢丝刷清理，并用水冲洗干净；

（3）在表面无浮水的情况下，喷涂 5 mm 厚的聚合物水泥砂浆 PCCM；

（4）养护 5 d 后，采用 LW 水溶性聚氨酯化学灌浆材料对灌浆嘴进行化学灌浆，灌浆压力为 0.3 MPa。该工程共处理表面渗漏 2600 多平方米，裂缝、施工缝 30 余条，共 100 余米。

经灌喷处理后，地下室无明显渗漏，混凝土表面干燥，取得了令人满意的防水效果，顺利地通过了工程验收。

练习与讨论

1. 简述混凝土裂缝种类及其产生的原因。
2. 讨论混凝土楼板常见裂缝的处理办法。

项目6　混凝土工程质量评定

任务6.1　混凝土的工程质量评定方法

混凝土抗压强度的变化能较好地反映混凝土的质量变化，通常以混凝土抗压强度作为评定混凝土质量的主要技术指标。质量合格的混凝土，应能满足设计要求，具有良好的均匀性、稳定性，且达到规定的保证率。由于受多种因素影响，混凝土的质量并不是均匀、稳定的，即使同一种混凝土，其抗压强度试验值也是波动的。造成波动的原因有：原材料质量的波动、配料精度的误差、拌制条件和气温等的变化、试验操作所造成的试验误差等。在正常施工条件下，这些影响因素都是随机的，因此混凝土的强度也是随机的。对于随机变量，可用数理统计方法进行评定。

6.1.1　相关理论知识

6.1.1.1　混凝土的强度统计方法

混凝土强度应分批进行检验评定，同一验收批的混凝土应由强度等级相同、龄期相同以及生产工艺和配合比也基本相同的混凝土组成。对施工现场的现浇混凝土，应按单位工程的验收项目划分验收批，每个验收项目应按照现行国家标准《混凝土结构工程施工质量验收规范》(GB 50204—2002)和《混凝土强度检验评定标准》(GB/T 50107—2010)的规定进行验收，同一验收批的混凝土强度，应以同批内标准试件的全部强度代表值来评定。

检验评定混凝土采用统计方法和非统计方法。预拌混凝土厂、预制混凝土构件厂和采用现场集中搅拌混凝土的施工单位应采用统计方法进行评定；对于零星生产预制构件的混凝土或现场集中搅拌的批量不大的混凝土，可按非统计方法进行评定。

(1) 标准差已知的统计方法

当混凝土的生产条件在较长时间内能保持一致，且同一品种混凝土的强度变异性能保持稳定时，应由连续的三组试件组成一个验收批，其强度应同时满足下列要求：

$$\left.\begin{aligned}\overline{f}_{cu} &\geqslant f_{cu,k}+0.7\sigma\\ f_{cu,min} &\geqslant f_{cu,k}-0.7\sigma\end{aligned}\right\}\tag{6-1}$$

当混凝土强度等级不高于C20时，应符合下式要求：

$$f_{cu,min}\geqslant 0.85f_{cu,k}\tag{6-2}$$

当混凝土强度等级高于C20时，应符合下式要求：

$$f_{cu,min}\geqslant 0.90f_{cu,k}\tag{6-3}$$

式中　$\overline{f}_{cu}$——同一验收批混凝土立方体抗压强度的平均值，MPa；

$f_{cu,k}$——设计的混凝土强度标准值，MPa；

σ——验收批混凝土立方体抗压强度的标准差，MPa，精确到0.01 MPa，当检验批混凝土强度标准差σ计算值小于2.5 MPa时，应取2.5 MPa；

$f_{cu,min}$——同一验收批混凝土立方体抗压强度的最小值，MPa。

(2) 标准差未知的统计方法

当混凝土的生产条件在较长时间内不能保持一致，且混凝土强度变异不能保持稳定时，或在前一检验期内的同一种混凝土没有足够的强度数据用以确定验收批混凝土立方体抗压强度标准差时，应由不少于10组的试件组成一个验收批，其强度应同时满足下列要求：

$$\left.\begin{aligned}\overline{f}_{cu} &\geqslant f_{cu,k}+\lambda_1 S_{fcu}\\ f_{cu,min} &\geqslant \lambda_2 f_{cu,k}\end{aligned}\right\}\tag{6-4}$$

式中　$\overline{f}_{cu}$——同一验收批混凝土立方体抗压强度的平均值，MPa；

$f_{cu,k}$——设计的混凝土强度标准值，MPa；

S_{fcu}——验收批混凝土立方体抗压强度的标准差，MPa，精确到0.01 MPa，当检验批混凝土强度标准差S_{fcu}计算值小于2.5 MPa时，应取2.5 MPa；

$f_{cu,min}$——同一验收批混凝土立方体抗压强度的最小值，MPa；

λ_1，λ_2——合格判定系数。

合格判定系数应按表6-1取用。

表6-1　合格判定系数

试件组数	10～14	15～19	≥20
λ_1	1.15	1.05	0.95
λ_2	0.90	0.85	

(3) 非统计方法

当用于评定的样本容量小于10组时，应采用非统计方法评定混凝土强度。按非统计方法评定混凝土强度，其强度同时满足下列要求时，则该验收批混凝土强度合格。

$$\left.\begin{aligned}\overline{f}_{cu} &\geqslant \lambda_1 f_{cu,k}\\ f_{cu,min} &\geqslant \lambda_2 f_{cu,k}\end{aligned}\right\}\tag{6-5}$$

式中　λ_1，λ_2——合格判定系数，合格判定系数应按表6-2取值。

表6-2　混凝土强度非统计法合格判定系数

混凝土强度等级	<C60	≥C60
λ_1	1.15	1.10
λ_2	0.95	

6.1.1.2　混凝土强度的合格性判定

当检验结果能满足上述规定时，则该批混凝土强度判为合格；当不满足上述规定时，则该批混凝土强度判为不合格。由不合格批混凝土制成的结构或试件，应进行鉴定。对不合格的结构或试件必须及时处理。

当对混凝土试件强度的代表性有怀疑时，可采用从结构或构件中钻取试件的方法或采用非破损检验方法，按国家现行有关标准的规定对结构或试件中混凝土的强度进行鉴定。

根据《混凝土质量控制标准》(GB 50164—2011)的规定，混凝土生产控制水平可通过强度、标准差和实测强度达到强度标准值组数的百分率来表征。

在正常的施工条件下，对工艺条件相同的同一批混凝土进行随机取样，测定其强度，以强度为横坐标，某一强度出现的概率为纵坐标，可绘制出混凝土强度正态分布曲线，见图6-1。该曲线分布的特点如下：

(1) 曲线呈钟形,两边是对称的,对称轴就在强度平均值处,钟形的最高峰就出现在这里。这表明强度的测定值越接近平均强度,出现的概率越大。离对称轴越远,即强度测定值越高或越低,出现的概率越小,并逐渐趋于零。

(2) 曲线和横坐标之间的面积为概率的总和,等于100%。对称轴两边出现的概率相等。

(3) 在对称轴两侧的曲线上各有一拐点,两拐点之间的曲线向下弯曲,拐点外的曲线向上弯曲,并以横坐标为渐进线。

正态分布曲线愈宽而矮,表示强度数据离散程度愈高,说明施工控制水平愈差;反之,分布曲线愈窄而高,表示强度数据分布愈集中,说明施工控制水平愈高。图6-2为强度平均值相同而离散程度不同的两条分布曲线,可以看出,施工控制不良时,即强度离散程度较高时,曲线上的拐点离对称轴的距离较大。

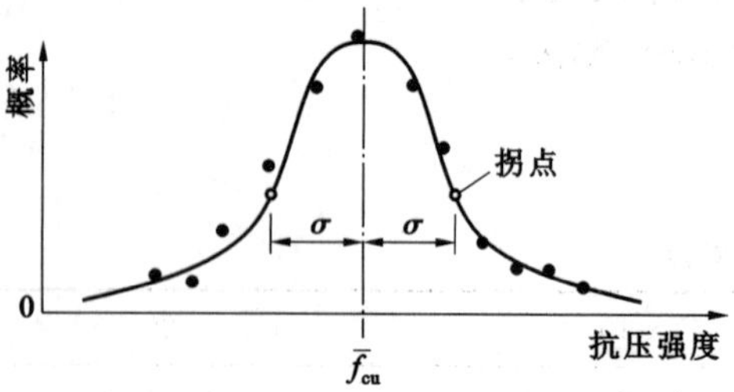

图6-1　混凝土强度正态分布曲线

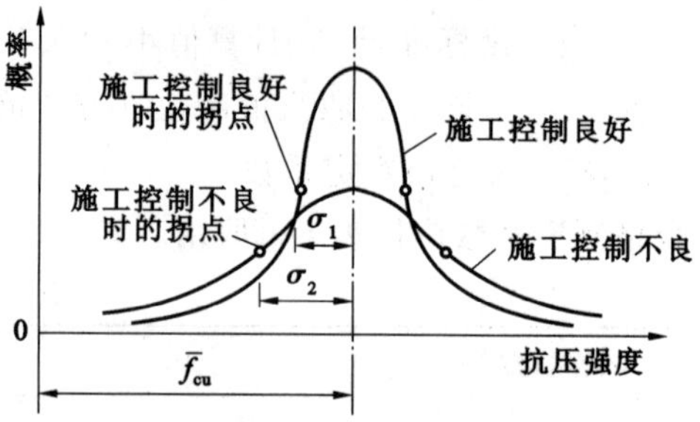

图6-2　离散程度不同的两条分布曲线

6.1.2　相关实践操作

大坝裂缝混凝土浇筑工序质量评定表见表6-3。

表6-3　大坝裂缝混凝土浇筑工序质量评定表

工程承建单位:　　　　　　合同编号:

单位工程名称、编号		分部工程名称、编码	
分项工程名称、编号		施工时段	
单元工程量		检验日期	
施工依据			

序次	检查项目	优良	合格	检验记录
1	砂浆铺筑	厚度不大于3 cm,均匀平整,无漏铺	厚度不大于3 cm,局部稍差	
2	入仓混凝土	无不合格料入仓	有少量不合格料入仓,经处理尚能基本满足设计要求	
3	平仓分层	厚度不大于50 cm,铺设均匀,分层清楚,无骨料集中现象	局部稍差	
4	混凝土振捣	垂直插入下层5 cm,有次序,无漏振	无架空和漏振	
5	铺料间隔时间	符合要求,无初凝现象	上游迎水面15 m以内无初凝现象,其他部位累计面积不大于1%并经处理合格	

续表 6-3

序次	检查项目	优良	合格	检验记录
6	积水和泌水	无外部水流入，泌水及排水及时	无外部水流入，有少量泌水，排水不及时	
7	插筋、管路等埋设件保护	保护好，符合要求	有少量位移，但不影响使用	
8	混凝土养护	混凝土表面保持湿润，无时干时湿现象	混凝土表面保持湿润，但局部短时间内有时干时湿现象	
9	混凝土表面	符合设计规定	局部稍超出规定，但累计面积不大于0.5%	
10	麻面	无	有少量麻面，但累计面积不大于0.5%	
11	蜂窝狗洞	无	轻微、少量、不连续，单个面积不大于0.1 m，深度不超过最大粒径，已按要求处理	
12	碰损掉角	无	重要部位不允许，其他部位允许有轻微少量碰损掉角，已按要求处理	
13	漏筋	无	无主筋外露，箍、副筋个别微露，已按要求处理	
14	表面裂缝	无	有短小、不跨层的表面裂缝，已按要求处理	
15	深层、贯穿裂缝	无	无	

<table>
<tr><td>承建单位评定等级</td><td>□ 优良
□ 合格
□ 不合格</td><td>质检员：
质检负责人：
年　月　日</td></tr>
<tr><td>监理单位认证等级</td><td>□ 优良
□ 合格
□ 不合格</td><td>监理部：
认证人：
年　月　日</td></tr>
</table>

练习与讨论

1. 混凝土质量评定的依据和标准是什么？
2. 通过实践完成表 6-4 的混凝土强度统计评定。

表 6-4 混凝土强度统计评定表

单位工程名称		分部工程名称	
分项工程名称		设计强度等级	
设计配比		检验日期	

试块组数	抗压强度(MPa)				合格判定系数		计算数据(MPa)				
	平均值	标准差	最小值	标准值			$0.9f_{cu,k}$	$0.95f_{cu,k}$	$1.15f_{cu,k}$	$\overline{f}_{cu}-\lambda_1 S_{fcu}$	$\lambda_2 f_{cu,k}$
n	$\overline{f}_{cu}$	S_{fcu}	$f_{cu,min}$	$f_{cu,k}$	λ_1	λ_2					

每组强度值(MPa)

1	2	3	4	5	6	7	8	9	10	11	12

按规范《混凝土强度检验标准》(GB/T 50107—2010)确定的公式计算评定： (1) 统计法：$n\geqslant10$ 组时，$\overline{f}_{cu}\geqslant\lambda_1 f_{cu,k}$，$f_{cu,min}\geqslant\lambda_2 f_{cu,k}$； (2) 非统计法：$f_{cu}\geqslant1.15f_{cu,k}$，$f_{cu,min}\geqslant0.95f_{cu,k}$	n	10～14	15～19	≥20	评定结论：
	λ_1	1.15	1.05	0.95	
	λ_2	0.9	0.85		

审定：　　　　技术负责人：　　　　试验员：

项目 7　混凝土配合比设计

任务 7.1　混凝土配合比设计与调试

7.1.1　相关理论知识

7.1.1.1　配合比设计

混凝土配合比设计的含义可概括为“按照工程要求，挑选合适的混凝土基本材料，然后运用混凝土结构形成和性能变化的规律，以及权衡混凝土性能的得失和经济效益的影响等有关的科学知识和实践经验，通过合理估算和试验验证、校正、最终确定混凝土各种成分的最佳组合”。

配合比设计是实现混凝土性能的一个重要过程，也是保证混凝土质量的重要环节。这一环节既具有独立性，又具有连贯性。从表面上看，这一环节只要根据原材料情况进行计算、试配、调整就可以了，是一个完全独立的过程。事实上，它与其他环节有着千丝万缕的联系。对上游，设计所提出的性能指标是混凝土配合比设计的重要依据，所配制的混凝土必须满足设计要求，它也可以反过来作用于设计，为设计的复核提供一些性能参数。对中游，混凝土配合比设计用于指导生产，同时又可以服务于生产。对下游，配制出的混凝土用于施工，因此，必须满足施工要求，同时也可以根据施工的需要，通过配合比的调整来改变混凝土的性能，特别是混凝土的工作性能，以解决施工中的困难。从这些方面来看，混凝土配合比设计又不是孤立的，它与建筑工程的各个环节有着必然的、内在的联系。

根据混凝土配合比设计的这一特征，在进行混凝土配合比设计时必须坚持以下基本原则：

(1) 满足工程对混凝土的性能要求

混凝土是建筑工程的一种原材料，它的各项性能必须满足设计要求。以前，对混凝土的要求主要是强度方面，其他方面的要求很少。因此，一些人认为只要达到所要求的强度，混凝土就是合格的。然而，随着建筑技术的发展，对混凝土的性能要求也趋向于多元化，这也是商品混凝土发展的一个趋势。也就是说，现代建筑对混凝土性能的要求是多元化的。当然，作为结构材料，强度是混凝土最基本的要求。除此之外，还有耐久性、变形性能等。在进行混凝土配合比设计时必须综合考虑这些性能要求。当然，设计提出的性能要求必须具有科学性、合理性和可行性。

(2) 满足施工对混凝土工作性的要求

在建筑工程中，优良的施工为材料性能的发挥提供了保证，没有优质的施工，混凝土的性能就不能得到充分的体现。除了施工单位的工作责任心以外，施工对混凝土的性能也有一定的要求，主要是对混凝土工作性的要求。这些性能对保证施工质量是至关重要的，必须予以满足。近年来，混凝土施工技术也有了很大发展。以前，混凝土工程的施工很简单，用小车或吊车将拌和好的混凝土运到工作面，浇筑、振捣就可以了，因而对混凝土的工作性没有什么特殊的要求。现在，除了这种传统的施工方法以外，泵送混凝土施工技术、免振捣混凝土施工技术等，都已用于实际混凝土工程中。这些施工技术对混凝土的工作性也会有不同的要求。

(3) 满足一些规范的要求

为了保证混凝土工程的安全性、耐久性，混凝土配合比设计中所必须满足的一些技术规程、规范、标准等技术文件中也有一些限定性指标，如对混凝土中碱含量的限定、对 Cl^- 含量的限定、最大水灰比的限定等。这些也是混凝土配合比设计中所必须满足的要求。

(4) 便于生产控制

混凝土配合比设计的目的是为了生产，生产是对混凝土配合比设计水平的体现和检验。如果设计出的混凝土配合比在生产中难以实现，或者说难以控制，就难以保证混凝土的质量，这种配合比再好也是没有意义的。这里需要指出的是两个方面：

① 组分数的选择

从混凝土性能调节角度说，在一定范围内，配制混凝土的组分越多，调节越灵活。但在实际生产中，必须遵循一个原则：配制混凝土的组分数既不能太多，又要保证混凝土的质量。在进行混凝土配合比设计时，应根据原材料情况，以有利于生产质量的控制为前提，合理地选择。例如，当骨料级配较好时，只将骨料分成两个组分，一个粗骨料组分，一个细骨料组分；水泥一般单独作为一个组分；其余的可用作矿物掺合料和一些化学外加剂。如果骨料的级配太差，例如细骨料的级配太差，可将细骨料分成两级，或用两种不同级配的骨料配合使用。

② 性能对组分的敏感性

与实验室不同，生产总是有波动的，而混凝土的性能对各种组分的敏感程度是不一致的。有些组分对混凝土的性能影响不大，但有些组分会对混凝土的性能产生相当大的影响。这些组分的微小波动会引起混凝土性能的很大变化。在混凝土配合比设计时必须考虑这一因素，确保在计量精度范围内不会引起混凝土性能的太大变化。否则，设计出的混凝土配合比在实际生产中是无法实现的。例如，预拌混凝土中为了减小计量误差，混凝土外加剂通常采用水溶液计量。

(5) 尽可能地降低成本

混凝土成本的高低影响到混凝土企业的利益，影响到企业在建筑市场中的竞争力。配合比的设计对混凝土的成本有着非常直接的影响，这里需要指出的是需要考虑混凝土的综合成本，包括原材料成本和生产成本两个部分。如果配合比设计给生产带来较多的困难，使生产成本显著增加，即便原材料成本略有减少，也是不可取的。反之，如果仅仅考虑生产的方便，不计原材料的成本，或者由于质量的不稳定而造成较大的浪费，也不会取得好的效果。另外，一些质量较差的原材料，即便价格较低，但混凝土中原材料的总成本仍然可能很高。

7.1.1.2　所需掌握的基本资料

工程要求是混凝土配合比设计的基础，应在此基础上合理地选择原材料，确定各种参数。只有全面地掌握工程情况，才能把握住问题的实质和要害，合理地解决混凝土各种性能之间的矛盾，在满足工程要求的前提下使混凝土的配合比更具有科学性、合理性、经济性。进行混凝土配合比设计时通常需要收集以下几个方面的信息。

(1) 工程概况及对混凝土性能的要求

在进行混凝土配合比设计时，首先应该对工程进行全面的了解，掌握以下情况：

① 对混凝土强度的要求

混凝土的强度是混凝土配合比设计最基本的依据，应根据混凝土的强度要求来确定混凝土的配制强度。

② 对混凝土变形性能的要求

混凝土的变形性能是控制混凝土开裂的重要依据。在设计指标中，通常对混凝土的变形性能不提出明确的要求，但都不希望混凝土出现开裂。这就需要根据工程实际情况作一个大概的估计，以供混凝土配合比设计时参考。

③ 对混凝土耐久性的要求

我国的混凝土设计仍然是依据强度设计，但在一些工程中，常常提出一些耐久性指标，如抗冻标号、抗渗标号等。这些耐久性要求给混凝土的配合比增加了一些附加条件，如混凝土的含气量、混凝土的最大水灰比、混凝土的碱含量、混凝土的 Cl^- 含量等。这些附加条件制约着混凝土配合比设计时一些参数的选择，有时也决定了一些附加组分的选用。

需要指出的是，随着高性能混凝土的应用与发展，国家颁布的《高性能混凝土应用技术指南》中高性能混凝土配合比设计是将工程设计文件规定的混凝土耐久性能指标和长期性能指标作为第一位控制指标的。

④ 混凝土浇筑部位的情况

混凝土浇筑部位的配筋情况通常是确定骨料最大粒径的依据。配筋越密，所允许的骨料最大粒径越小。对于水平截面积较小且垂直高度较高的柱的浇筑，以及一些不便于振捣部位的浇筑，应考虑采用具有较大流动性的混凝土。立面浇筑与平面浇筑对混凝土性能的要求也不一样。

⑤ 浇筑块的几何尺寸

对于一些三个方向几何尺寸都较大的混凝土浇筑块，应考虑控制混凝土的放热量。浇筑块越大，对混凝土的放热量应控制越严，甚至还需考虑采取一些其他的技术措施，如冷冻骨料、加冰搅拌以及增加掺合料等。而对于某一方向尺寸较小的结构，或者钢筋布置较密的结构，则应考虑控制骨料的最大粒径。

(2) 施工方式及对混凝土工作性的要求

施工方式决定了对混凝土工作性的要求。例如采用吊车斗运的方式施工，混凝土须具有较小的流动性。采用泵送方式施工，则要求混凝土有较大的流动性，特别是较大高度的泵送，对流动性要求更高，而且要避免泌水和离析。如果在施工过程中不振捣，则需要采用自密实混凝土，这对混凝土的工作性要求更高。总之，不同的施工方式对混凝土的工作性有不同的要求，而这些要求都将在混凝土配合比中有所反映。

(3) 原材料资源情况

混凝土是由各种原材料组合而成的。由于混凝土原材料用量相当大，除了一些化学外加剂和少数掺合料外，一般混凝土原材料的价格不高，附加值很小，不值得长途运输，因而具有地方性。因此，对当地的原材料资源情况必须有一个很好的掌握，以供设计混凝土配合比时选择。

原材料的性能是决定混凝土配合比参数的重要因素。例如，骨料的级配决定砂率的选择；掺合料的需水量、减水剂的减水率、骨料的级配和粒形等决定混凝土的用水量；水泥的强度、掺合料的活性决定混凝土水灰比的选择等。只有对这些性能有一个很好的掌握，才有可能设计出切合实际的混凝土配合比。

(4) 其他情况(施工环境)

除了上述情况以外，还应尽可能地了解一些其他的情况。例如交通状况，施工时的温度、湿度情况等，这些情况可以帮助分析在混凝土配合比设计中所遇到的各种矛盾，有助于抓住问题的重点。譬如说，施工工地是在城市的闹市区，周围的交通状况很差，在这种情况下，控制混凝土的坍落度损失就是关键，在混凝土配合比设计时可以考虑适当地延长混凝土的凝结时间。如果施工工地离混凝土搅拌站不远，而且交通条件很好，但在干燥季节施工，在这种情况下，混凝土浇筑后的失水就成了主要问题。除要求施工单位加强养护外还应适当缩短混凝土的凝结时间，使得混凝土中的胶凝材料能优先于失水而进行更充分地水化。

7.1.1.3　配合比设计步骤

混凝土配合比设计步骤一般经历三个阶段，即：设计计算→试拌→调整。

设计计算就是在掌握资料的基础上，根据一些理论、规范、经验等选取一些参数，计算各组分的用量。

试拌就是根据设计计算所得出的各组分用量，拌制混凝土，检验其性能，主要是工作性能，看看是否满足要求。

调整就是根据试拌时发现的问题，对混凝土配合比进行调整，使其满足设计和施工的要求。

设计计算仅仅是混凝土配合比设计的一个初步阶段。由于影响混凝土性能的因素较多，以及材料性能的差异较大，计算出的混凝土性能与实际要求通常有一定的差距，因此，必须经过试拌检验，找出差距，以便进行调整。如果差距不大，经过一次调整，一般可以满足要求。如果差距较大，经过一次调整还不一定能够满足要求。因此，可能需要多次试拌—调整的往复过程，才能最终得到符合要求的混凝土。

7.1.1.4　混凝土配合比设计计算基本方法

(1) 确定配制强度

作为结构材料的混凝土具有两种特性，一是实际生产的波动性，二是工程要求的较高的可靠性。由于原材料性能的波动、混凝土生产中计量控制的波动等因素，实际生产出的混凝土强度总是在一定范围内波动。如果根据混凝土的设计强度来进行混凝土配合比设计，就可能有相当数量混凝土的强度低于设计强度。因此，混凝土的配制强度应该高于设计强度。混凝土的配制强度按下式计算：

$$f_{cu,o} = f_{cu,k} + t\sigma \tag{7-1}$$

式中　$f_{cu,o}$——混凝土的配制强度，MPa；

$f_{cu,k}$——混凝土立方体抗压强度标准值，MPa；

σ——混凝土强度的均方差（标准差），可由混凝土生产单位生产数据统计求得；

t——概率度，取决于混凝土强度的保证率。

由数理统计理论可求得保证率与概率度的关系，计算结果列于表 7-1。一般要求混凝土的强度保证率达到 95%，因此，t 通常取 1.645。

表 7-1　保证率与概率度的关系

保证率(%)	概率度	保证率(%)	概率度
84.13	1.00	97.50	1.96
85.08	1.04	97.72	2.00
89.97	1.28	99.01	2.33
93.32	1.50	99.86	3.00
95.05	1.65	99.90	3.09

混凝土强度的标准差的确定应根据混凝土强度统计资料计算确定，当无统计资料计算混凝土强度的标准差时，其值应按表 7-2 的规定取用。

表 7-2　标准差 σ 值　　单位：MPa

混凝土强度标准值	≤C20	C25～C45	C50～ C55
σ	4.0	5.0	6.0

注：在采用本表时，施工单位可根据实际情况，对 σ 值作适当调整。

(2) 确定水胶比

① 初步确定水胶比

当强度等级小于 C60 时，混凝土水胶比(W/B)按下式计算。

$$W/B=\frac{\alpha_a \cdot f_b}{f_{cu,o}+\alpha_a \cdot \alpha_b \cdot f_b} \tag{7-2}$$

式中　$f_{cu,o}$——混凝土的配制强度；

W/B——混凝土水胶比；

α_a，α_b——回归系数，按表 7-3 的规定取值；

f_b——胶凝材料 28 d 胶砂抗压强度，MPa，可实测，也可按表 7-4 水泥强度等级富余系数计算。

表 7-3　回归系数(α_a、α_b)取值表

粗骨料品种 / 系数	碎石	卵石
α_a	0.53	0.49
α_b	0.20	0.13

a. 水泥 28 d 胶砂抗压强度的确定

当水泥 28 d 胶砂抗压强度值(f_{ce})无实测值时，可按下式计算：

$$f_{ce}=\gamma_c f_{ce,g} \tag{7-3}$$

式中　γ_c——水泥强度等级值的富余系数，可按实际统计资料确定，当无实际统计资料时，可按表 7-4 选取；

$f_{ce,g}$——水泥强度等级值，MPa。

表 7-4　水泥强度等级值的富余系数(γ_c)

水泥强度等级值	32.5	42.5	52.5
富余系数	1.12	1.16	1.10

b. 胶凝材料 28 d 胶砂抗压强度的确定

当胶凝材料 28 d 胶砂抗压强度值(f_b)无实测值时，可按下式计算：

$$f_b=\gamma_f \cdot \gamma_s \cdot f_{ce} \tag{7-4}$$

式中　γ_f，γ_s——粉煤灰影响系数和粒化高炉矿渣粉影响系数，可按表 7-5 选取。

表 7-5　粉煤灰影响系数(γ_f)和粒化高炉矿渣粉影响系数(γ_s)

种类 / 掺量(%)	粉煤灰影响系数 γ_f	粒化高炉矿渣粉影响系数 γ_s
0	1.00	1.00
10	0.85～0.95	1.00
20	0.75～0.85	0.95～1.00
30	0.65～0.75	0.90～1.00
40	0.55～0.65	0.80～0.90
50	—	0.70～0.85

注：① 采用Ⅰ级粉煤灰宜取上限值。

② 采用 S75 级粒化高炉矿渣粉宜取下限值，采用 S95 级粒化高炉矿渣粉宜取上限值，采用 S105 级粒化高炉矿渣粉可取上限值加 0.05。

③ 当超出表中的掺量时，粉煤灰和粒化高炉矿渣粉影响系数应经试验确定。

② 确定水胶比

在确定水胶比时，应根据混凝土结构的环境类别（表 7-6）和混凝土材料耐久性的基本要求（表 7-7），按照耐久性允许的最大水胶比进行校核，取式(7-2)的计算值与表 7-6 规定限值中的小值。

表 7-6 混凝土结构的环境类别

环境类别	条件
一类	室内干燥环境； 无侵蚀性静水浸没环境
二类 a	室内潮湿环境； 非严寒和非寒冷地区的露天环境； 非严寒和非寒冷地区与无侵蚀性的水或土壤直接接触的环境； 严寒和寒冷地区的冰冻线以下与无侵蚀性的水或土壤直接接触的环境
二类 b	干湿交替环境； 水位频繁变动环境； 严寒和寒冷地区的露天环境； 严寒和寒冷地区的冰冻线以上与无侵蚀性的水或土壤直接接触的环境
三类 a	严寒和寒冷地区冬季水位变动区环境； 受除冰盐影响环境； 海风环境
三类 b	盐渍土环境； 受除冰盐作用环境； 海岸环境
四类	海水环境
五类	受人为或自然的侵蚀性物质影响的环境

表 7-7 结构混凝土材料的耐久性基本要求(GB 50010—2010)

环境类别	最大水胶比	最低强度等级	最大氯离子含量(%)	最大碱含量(kg/m^3)
一类	0.60	C20	0.30	不限制
二类 a	0.55	C25	0.20	3.00
二类 b	0.50(0.55)	C30(C25)	0.15	
三类 a	0.45(0.50)	C35(C30)	0.15	
三类 b	0.40	C40	0.10	

(3) 确定混凝土的单位用水量

混凝土的用水量将直接影响到混凝土一系列的物理力学性能，用水量的多少又与骨料的品种、粒径、结构物及施工所要求的坍落度有关。

水胶比在 0.4～0.8 时，按骨料品种、粒径及施工要求的混凝土拌合物稠度选择未掺加外加剂时的每立方米混凝土用水量(m_{wo})。混凝土用水量的选用请参考表 7-8、表 7-9。

表 7-8 干硬性混凝土的用水量 单位：kg/m^3

拌合物稠度		卵石最大粒径(mm)			碎石最大粒径(mm)		
项目	指标	10	20	40	16	20	40
维勃稠度(s)	16～20	175	160	145	180	170	155
	11～15	180	165	150	185	175	160
	5～10	185	170	155	190	180	165

表 7-9　塑性混凝土的用水量　单位：kg/m^3

拌合物稠度		卵石最大粒径(mm)				碎石最大粒径(mm)			
项目	指标	10	20	31.5	40	16	20	31.5	40
坍落度(mm)	10～30	190	170	160	150	200	185	175	165
	35～50	200	180	170	160	210	195	185	175
	55～70	210	190	180	170	220	205	195	185
	75～90	215	195	185	175	230	215	205	195

注：① 本表用水量系指采用中砂时的平均取值。如采用细砂，每立方米混凝土用水量可增加 5～10 kg，采用粗砂则可减少5～10 kg。

② 掺用各种外加剂或掺合料时，用水量相应增加或减少。

③ 本表不适用于水胶比小于 0.4 或大于 0.8 的混凝土。

流动性和大流动性混凝土的用水量宜按下列步骤计算：

以表 7-9 中坍落度 90 mm 的用水量为基础，按坍落度每增大 20 mm 用水量增加 5 kg，计算出未掺外加剂时的混凝土用水量。当坍落度增大到 180 mm 以上时，相应增加的用水量可减少。

水胶比小于 0.40 的混凝土以及采用特殊成型工艺的混凝土用水量应通过试验确定。

掺外加剂时的混凝土用水量可按下式计算：

$$m_{wa} = m_{wo}(1-\beta_a) \tag{7-5}$$

式中　m_{wa}——掺外加剂混凝土每立方米混凝土的用水量，kg；

m_{wo}——未掺外加剂混凝土每立方米混凝土的用水量，kg；

β_a——外加剂的减水率，%，应经试验确定。

(4) 每立方米混凝土胶凝材料用量(m_{bo})和外加剂用量(m_{ao})的确定

根据已选定的混凝土用水量 m_{wo}和水胶比(W/B)可初步确定胶凝材料用量。

$$m_{bo} = \frac{m_{wo}}{W/B} \tag{7-6}$$

为了满足混凝土的耐久性，其最小胶凝材料用量应符合表 7-10 的规定，且最大胶凝材料用量不应超过 550 kg。配制 C15 及其以下强度等级的混凝土，可不受表 7-10 的限制。

表 7-10　混凝土的最小胶凝材料用量

最大水胶比	最小胶凝材料用量(kg/m^3)		
	素混凝土	钢筋混凝土	预应力混凝土
0.60	250	280	300
0.55	280	300	300
0.50	320		
≤0.45	330		

每立方米混凝土矿物掺合料用量(m_{fo})的确定：

$$m_{fo} = m_{bo} \cdot \beta_f \tag{7-7}$$

式中　m_{fo}——每立方米混凝土中矿物掺合料用量，kg；

m_{bo}——每立方米胶凝材料用量，kg；

β_f——矿物掺合料掺量，%，矿物掺合料在混凝土中的掺量应通过试验确定；采用硅酸盐水泥或普通硅酸盐水泥时，钢筋混凝土和预应力混凝土中矿物掺合料最大掺量应分别符合表 7-11 和表 7-12的规定；对基础大体积混凝土，粉煤灰、粒化高炉矿渣粉和复合掺合料的最大掺量可增加5%；采用掺量大于30%的C类粉煤灰的混凝土应以实际使用的水泥和粉煤灰掺量进行安定性检验。

表7-11　钢筋混凝土中矿物掺合料最大掺量

矿物掺合料种类	水胶比	最大掺量(%)	
		采用硅酸盐水泥时	采用普通硅酸盐水泥时
粉煤灰	≤0.4	45	35
	>0.4	40	30
粒化高炉矿渣粉	≤0.4	65	55
	>0.4	55	45
钢渣粉	—	30	20
磷渣粉	—	30	20
硅灰	—	10	10
复合掺合料	≤0.4	65	55
	>0.4	55	45

注：① 采用硅酸盐水泥和普通硅酸盐水泥之外的通用硅酸盐水泥时，混凝土中水泥混合材料和矿物掺合料用量之和应不大于按普通硅酸盐水泥用量20%计算混合材料和矿物掺合料用量之和。
② 对基础大体积混凝土，粉煤灰、粒化高炉矿渣粉和复合掺合料的最大掺量可增加5%。
③ 复合掺合料中各组分的掺量不宜超过任一组分单掺时的最大掺量。

表7-12　预应力混凝土中矿物掺合料最大掺量

矿物掺合料种类	水胶比	最大掺量(%)	
		采用硅酸盐水泥时	采用普通硅酸盐水泥时
粉煤灰	≤0.4	35	30
	>0.4	25	20
粒化高炉矿渣粉	≤0.4	55	45
	>0.4	45	35
钢渣粉	—	20	10
磷渣粉	—	20	10
硅灰	—	10	10
复合掺合料	≤0.4	55	45
	>0.4	45	35

注：① 粉煤灰应为Ⅰ级或Ⅱ级F类粉煤灰。
② 在复合掺合料中，各组分的掺量不宜超过单掺时的最大掺量。

每立方米混凝土中外加剂用量应按下式计算：

$$m_{ao} = m_{bo}\beta_a \tag{7-8}$$

式中　m_{ao}——每立方米混凝土中外加剂用量，kg；

m_{bo}——每立方米混凝土中胶凝材料用量，kg；

β_a——外加剂掺量，%，应经混凝土试验确定。

(5) 砂率的确定

砂率是指砂在骨料总量中的百分率。砂率对混凝土强度影响不大，但对新拌混凝土的稠度、黏聚性和保水性有一定影响。同时，粗骨料粒径大，则砂率小；细砂的砂率应小，粗砂的砂率应大；粗骨料为碎石，则砂率大，粗骨料为卵石，则砂率小；水胶比大则砂率大，水胶比小则砂率小；水泥用量大则砂率小，水泥用量小则砂率大。

因此，砂率很难通过计算确定，往往通过参考当地的历史资料来确定。若无历史资料可供参考时，混凝土砂率的确定应符合下列规定：

① 坍落度小于 10 mm 的混凝土，其砂率应经试验确定。

② 坍落度为 10～60 mm 的混凝土，其砂率可根据粗骨料品种、最大公称粒径及水胶比按表 7-13 选取。

③ 坍落度大于 60 mm 的混凝土砂率，可经试验确定，也可在表 7-13 的基础上，按坍落度每增大 20 mm，砂率增大 1%的幅度予以调整。

表 7-13　混凝土的砂率　　单位：%

水胶比（W/B）	卵石最大公称粒径（mm）			碎石最大粒径（mm）		
	10.0	20.0	40.0	16.0	20.0	40.0
0.40	26～32	25～31	24～30	30～35	29～34	27～32
0.50	30～35	29～34	28～33	33～38	32～37	30～35
0.60	33～38	32～37	31～36	36～41	35～40	33～38
0.70	36～41	35～40	34～39	39～44	38～43	36～41

注：① 本表数值系中砂的选用砂率，对细砂或粗砂，可相应地减小或增大砂率。
② 采用人工砂配制混凝土时，砂率可适当增大。
③ 只用一个单粒级粗骨料配制混凝土时，砂率应适当增大。
④ 对薄壁构件，砂率取值宜偏大。

（6）粗、细骨料用量计算

在已知砂率的情况下，粗、细骨料的用量计算有两种方法：质量法和体积法。

① 质量法

质量法计算配合比的依据是假定混凝土的总质量等于所投放材料的总质量。应按下列公式计算：

$$\left.\begin{aligned} m_{fo}+m_{co}+m_{go}+m_{so}+m_{wo}&=m_{cp}\\ \beta_s=\frac{m_{so}}{m_{go}+m_{so}}&\times 100\% \end{aligned}\right\} \tag{7-9}$$

式中　m_{fo}——每立方米混凝土中矿物掺合料用量，kg；

m_{co}——每立方米混凝土中水泥用量，kg；

m_{go}——每立方米混凝土的粗骨料用量，kg；

m_{so}——每立方米混凝土的细骨料用量，kg；

m_{wo}——每立方米混凝土的用水量，kg；

β_s——砂率，%；

m_{cp}——每立方米混凝土拌合物的假定质量，kg，可取 2350～2450 kg。

② 体积法

体积法是假定混凝土拌合物的体积等于可组成材料绝对体积和混凝土拌合物中所含空气体积的总和，应按下列公式计算：

$$\left.\begin{aligned} \frac{m_{co}}{\rho_c}+\frac{m_{fo}}{\rho_f}+\frac{m_{go}}{\rho_g}+\frac{m_{so}}{\rho_s}+\frac{m_{wo}}{\rho_w}+0.01\alpha&=1\\ \beta_s=\frac{m_{so}}{m_{go}+m_{so}}\times 100\% \end{aligned}\right\} \tag{7-10}$$

式中　ρ_c——水泥密度，kg/m^3，可取 2900～3100 kg/m^3；

ρ_f——矿物掺合料密度，kg/m^3；

ρ_g——粗骨料的表观密度，kg/m^3；

ρ_s——细骨料的表观密度，kg/m^3；

ρ_w——水的密度，kg/m^3，可取 1000 kg/m^3；

α——混凝土的含气量百分数，在不使用引气型外加剂时，α 可取 1。

其余符号意义同前。

(7) 调整用水量和计算配合比(初步配合比)的确定

若外加剂为水溶液，应扣除液体外加剂的水分，确定混凝土实际单位用水量 m_{wa}，并确定初步配合比。

7.1.1.5　试配、调整及确定

(1) 试配

试配的作用是检验配合比是否与设计要求相符，如不相符，应进行调整。试配工作应注意以下几点：

① 所用的设备及工艺方法应与生产时的条件相同。

② 所使用的粗细骨料应处于干燥状态。

③ 每盘的拌合量：当粗骨料粒径不大于 31.5 mm 时，试配量应不小于 0.015 m^3；最大粒径为 40.0 mm时，试配量应不小于 0.025 m^3。

④ 材料的总量应不少于所用搅拌机容量的 25%。

应在计算配合比的基础上进行试拌。宜在水胶比不变、胶凝材料用量和外加剂用量合理的原则下调整胶凝材料用量、外加剂用量和砂率等，直到混凝土拌合物性能符合设计和施工要求，然后提出试拌配合比，方可再安排下一个项目的试配和调整。

应在试拌配合比的基础上，进行混凝土强度试验，并应符合下列规定：

① 应至少采用三个不同的配合比，其中一个应为上述确定的试拌配合比，另外两个配合比的水胶比宜较试拌配合比分别增大和减小 0.05，用水量应与试拌配合比相同，砂率可分别增大和减小 1%。

② 进行混凝土强度试验时，应保持拌合物性能符合设计和施工要求，并检验其坍落度或维勃稠度、黏聚性、保水性及表观密度等，作为相应配合比的混凝土拌合物的性能指标。

③ 进行混凝土强度试验时，每种配合比至少应制作一组试件，标准养护 28 d 或达设计强度要求的龄期时试压；也可同时多制作几组试件，按《早期推定混凝土强度试验方法标准》(JGJ/T 15—2008)早期推定混凝土强度，用于配合比调整，但最终应满足标准养护 28 d 或设计规定龄期的强度要求。

(2) 配合比的调整与确定

① 配合比的调整

配合比的调整应符合下述规定：

a. 根据上述混凝土强度试验结果，绘制强度和胶水比的线性关系图，用图解法或插值法求出与略大于配制强度的强度对应的胶水比，包括混凝土强度试验中的一个满足配制强度的胶水比；

b. 用水量(m_w)应在试拌配合比用水量的基础上，根据混凝土强度试验时实测的拌合物性能情况做适当调整；

c. 胶凝材料用量(m_b)应以用水量乘以图解法或插值法求出的胶水比计算得出；

d. 粗骨料和细骨料用量(m_g 和 m_s)应在用水量和胶凝材料用量调整的基础上，进行相应调整。

② 配合比的确定

配合比调整后，应测定拌合物水溶性氯离子含量，并应对设计要求的混凝土耐久性能进行试验，符合设计规定的氯离子含量和耐久性能要求的配合比方可确定为设计配合比（基准配合比）；若有两组及以上配合比满足要求，应进行技术经济比较。

（3）施工配合比的确定

上述经试验得出的配合比是以干燥材料为基准的，而实际施工中使用的砂、石均含有一定的水分，并且其含水率随环境湿度而变化，故使用时应根据现场砂、石含水情况把最后采用的配合比换算成施工配合比。

若实测砂的含水率为 $a\%$，石子含水率为 $b\%$，则施工中各原材料的实际称量为：

水泥 $m_c'=m_c$

矿物掺合料 $m_f'=m_f$

砂子 $m_s'=m_s(1+a\%)$

石子 $m_g'=m_g(1+b\%)$

水 $m_w'=m_w-(m_s'\times a\%+m_g'\times b\%)$

7.1.2　相关实践操作——配合比计算

【例 7-1】　某高层办公楼的基础底板设计使用 C30 等级混凝土，采用泵送施工工艺，坍落度设为 180±20 mm，试确定其初步配合比。

原材料及其主要性能指标如下：

(1) 水泥：选用 P·O 42.5 级水泥，28 d 胶砂抗压强度为 48.6 MPa，安定性合格。

(2) 矿物掺合料：

粉煤灰：F 类Ⅱ级，细度为 18.2%，需水量比为 101%，烧失量为 7.2%。

矿粉：S95 级，比表面积为 428 m^2/kg，流动度比为 98%，28 d 活性指数为 99%。

(3) 粗骨料：选用最大公称粒径为 25 mm 的粗骨料，连续级配，含泥量为 1.2%，泥块含量为 0.5%，针片状颗粒含量为 8.9%。

(4) 细骨料：采用当地产天然河砂，细度模数为 2.70，级配Ⅱ区，含泥量为 2.0%，泥块含量为 0.6%。

(5) 外加剂：A 型聚羧酸减水剂，减水率为 25%，含固量为 20%。

(6) 水：选用自来水。

【解】　(1) 计算配制强度

由于缺乏强度标准差统计资料，因此根据表 7-2 选择强度标准差 σ 为 5.0 MPa。

配制强度：

$$f_{cu,o}\geqslant f_{cu,k}+1.645\sigma\geqslant 30+1.645\times 5\geqslant 38.3\ \text{MPa}$$

(2) 确定水胶比

① 矿物掺合料掺量选择（可确定 3 种情况，然后比较技术经济指标）

应根据表 7-11 的规定，并考虑混凝土原材料、应用部位和施工工艺等因素来确定粉煤灰和矿粉掺量。

综合考虑：方案 1 为 C30 混凝土的粉煤灰掺量 30%；

方案 2 为 C30 混凝土的粉煤灰掺量 30%，矿粉掺量 10%；

方案 3 为 C30 混凝土的粉煤灰掺量 25%，矿粉掺量 20%。

② 胶凝材料胶砂强度

根据表 7-5 选取所选 3 个方案的粉煤灰或矿粉的影响系数，计算 f_b。

计算结果：

方案1：根据表7-5选取粉煤灰影响系数，计算胶凝材料28 d胶砂强度，得

$$f_b=0.72\times48.6=35.0\ \text{MPa}$$

方案2：根据表7-5选取粉煤灰和矿粉影响系数，计算胶凝材料28 d胶砂强度，得

$$f_b=0.70\times1.0\times48.6=34.0\ \text{MPa}$$

方案3：根据表7-5选取粉煤灰和矿粉影响系数，计算胶凝材料28 d胶砂强度，得

$$f_b=0.75\times0.98\times48.6=35.7\ \text{MPa}$$

③ 水胶比计算

由于没有回归系统统计资料，所以按表7-3选取α_a、α_b。

水胶比：

$$W/B=\frac{\alpha_a\cdot f_b}{f_{cu,o}+\alpha_a\cdot\alpha_b\cdot f_b}$$

计算结果：方案1掺加30%粉煤灰时混凝土的水胶比为0.442；

方案2掺加30%粉煤灰和10%矿粉时混凝土的水胶比为0.430；

方案3掺加25%粉煤灰和20%矿粉时混凝土的水胶比为0.450。

(3) 计算用水量

确定坍落度设计值为180 mm。

① 塑性混凝土单位用水量

根据表7-9选择单位用水量。满足坍落度90 mm的塑性混凝土单位用水量为210 kg/m³(插值)。

② 推定未掺外加剂时混凝土用水量

以满足坍落度90 mm的塑性混凝土单位用水量为基础，按每增大20 mm坍落度相应增加5 kg/m³用水量来计算坍落度180 mm时单位用水量$m'_{wo}=[(180-90)/20]\times5+210=232.5\ \text{kg/m}^3$。

③ 掺外加剂时的混凝土单位用水量

$$m_{wo}=m'_{wo}(1-\beta)=232.5\times(1-0.25)=174.4\ \text{kg/m}^3$$

(4) 计算胶凝材料用量

根据上述水胶比和单位用水量数据，计算胶凝材料用量：

$$m_{bo}=\frac{m_{wo}}{W/B}$$

计算结果：方案1混凝土的胶凝材料用量为394 kg/m³；

方案2混凝土的胶凝材料用量为405 kg/m³；

方案3混凝土的胶凝材料用量为387 kg/m³。

(5) 计算外加剂用量

选定C30混凝土的A型减水剂掺量为1.0%，根据式(7-8)计算外加剂用量如下：

$$m_{ao}=m_{bo}\beta_a$$

计算结果：方案1混凝土的外加剂单位用量为3.94 kg/m³；

方案2混凝土的外加剂单位用量为4.05 kg/m³；

方案3混凝土的外加剂单位用量为3.87 kg/m³。

(6) 计算矿物掺合料用量

根据上述确定的粉煤灰和矿粉掺量，计算粉煤灰和矿粉用量如下：

$$m_{fo}=m_{bo}\beta_f$$

计算结果：方案1混凝土的粉煤灰用量为118 kg/m³；

方案2混凝土的粉煤灰和矿粉用量分别为122 kg/m³和41 kg/m³；

方案3混凝土的粉煤灰和矿粉用量分别为97 kg/m³和77 kg/m³。

(7) 计算水泥用量

根据胶凝材料用量、粉煤灰和矿粉用量，计算水泥用量：

$$m_{co}=m_{bo}-m_{fo}$$

计算结果：方案 1 混凝土的水泥用量为 276 kg/m³；

方案 2 混凝土的水泥用量为 243 kg/m³；

方案 3 混凝土的水泥用量为 213 kg/m³。

(8) 计算砂率

根据表 7-13 的规定，结合水胶比和所用骨料的最大公称粒径，初步选取坍落度 60 mm 时砂率值为 31%(插值)。随后按坍落度每增大20 mm、砂率增大 1%的幅度予以调整，得到坍落度 180 mm 混凝土的砂率 $\beta_s=(180-60)/20+31\%=37\%$。即坍落度 180 mm 的 C30 混凝土砂率为 37%。

(9) 计算粗细骨料用量

根据质量法计算混凝土配合比，假定 C30 混凝土容重为 2400 kg/m³。则粗细骨料用量计算如下：

$$\begin{cases} m_{fo}+m_{co}+m_{go}+m_{so}+m_{wo}=m_{cp} \\ \beta_s=\dfrac{m_{so}}{m_{go}+m_{so}}\times 100\% \end{cases}$$

计算结果：方案 1 混凝土的砂和石子用量分别为 678 kg/m³ 和 1154 kg/m³；

方案 2 混凝土的砂和石子用量分别为 673 kg/m³ 和 1147 kg/m³；

方案 3 混凝土的砂和石子用量分别为 680 kg/m³ 和 1158 kg/m³。

(10) 调整用水量

扣除液体外加剂的水分，C30 混凝土单位用水量计算结果为：

方案 1 混凝土的调整用水量为 171 kg/m³；

方案 2 混凝土的调整用水量为 171 kg/m³；

方案 3 混凝土的调整用水量为 171 kg/m³。

(11) 试拌配合比(共计 3 个方案的配合比)

综上所述，计算得到 C30 混凝土的试拌配合比如表 7-14 所示。

表 7-14　计算试拌配合比　　单位：kg/m³

序号	强度等级	胶凝材料	水泥	粉煤灰	矿粉	粗骨料	细骨料	减水剂	水
1	C30	394	276	118	0	1154	678	3.94	171
2	C30	405	243	122	41	1147	673	4.05	171
3	C30	399	213	97	77	1158	680	3.87	171

练习与讨论

1. 某多层钢筋混凝土框架结构的房屋，柱、梁、板混凝土设计的结构强度为 C25 级。设计图梁柱的最小边长为 240 mm，钢筋最小间距为 39 mm，楼板厚度为 100 mm。搅拌机搅拌，机械振捣。试设计混凝土配合比。采用的原材料如下：

水泥：强度等级 42.5 的普通硅酸盐水泥。

粉煤灰：F 类Ⅱ级，细度 18.2%，需水量比 101%，烧失量 7.2%，28 d 活性指数 69.5%。

矿粉：S95 级，比表面积 420 m²/kg，流动度比 98%，28 d 活性指数 102%。

砂：选用级配良好的河砂、中砂。

石：碎石，选用连续级配的花岗岩石，最大粒径为 1.5 mm。

外加剂：萘系高效减水剂，减水率为 21%，含固量为 34%。

水：当地的自来水。

2. 进行混凝土配合比设计时应遵循哪些原则？

3. 根据题 1 计算结果进行混凝土原材料成本分析。原材料成本如下：

水泥：330 元/t　　粉煤灰：65 元/t　　矿粉：215 元/t

外加剂：1850 元/t　　砂：42 元/t　　碎石：56 元/t

水：3.3 元/t

4. 根据题 1 的计算结果完成水泥混凝土配合比设计验证报告（表 7-15）。

表 7-15　水泥混凝土配合比设计验证报告

合同段号						报告编号			
施工单位						监理单位			
工程名称						取样地点			
拟用部位						试验环境			
试验规程						检验依据			
混凝土技术参数	设计强度等级(MPa)					标准差(MPa)		试配强度(MPa)	
	设计坍落度(mm)					搅拌振捣方式			
原材料技术参数	水泥	产地		品种		强度等级(MPa)		密度(g/cm^3)	
	砂	产地		细度模数		级配区		表观密度(g/cm^3)	
	碎(卵)石	产地		规格(mm)		最大粒径(mm)		表观密度(g/cm^3)	
	水	产地		水质情况				密度(g/cm^3)	
	外加剂	产地		品种		设计掺量(%)		密度(g/cm^3)	
	外掺料	产地		品种		设计掺量(%)		密度(g/cm^3)	
选用配合比参数	骨料配合比例								
	每立方米混凝土各材料用量(kg)	水泥	砂	碎（卵）石	水	外加剂	外掺料		
	试件龄期(d)								
	抗压(抗折)强度(MPa)								
验证试验	混凝土拌制量(m^3)					试件成型组数			
	水灰比					砂率(%)			
	实测表观密度(kg/m^3)					实测坍落度(mm)			
	试件龄期(d)								
	各龄期抗压（抗折）强度(MPa)								
结论：						附件			
试验		审核				负责		日期	

参考文献

［1］ 张承志.商品混凝土.北京:化学工业出版社,2006.

［2］ 葛新亚.混凝土材料技术.北京:化学工业出版社,2006.

［3］ 张巨松.混凝土学.哈尔滨:哈尔滨工业大学出版社,2011.

［4］ 刘秉京.混凝土技术.北京:人民交通出版社,2004.

［5］ 汪澜.水泥混凝土组成 性能 应用.北京:中国建材工业出版社,2005.

［6］ A.M.内维尔.混凝土的性能.刘数华,冷发光,李新宇,等译.4版.北京:中国建材工业出版社,2011.

［7］ 张仁瑜,王征,孔盛佩.混凝土质量控制与检测技术.北京:化学工业出版社,2008.

［8］ 刘祥顺,刘雪飞.预拌混凝土质量检测、控制与管理.北京:中国建材工业出版社,2006.

［9］ 张国忠,王福良,周淑文,等.现代混凝土搅拌输送车及应用.北京:中国建材工业出版社,2006.

［10］ 杨建明.混凝土工程安全·操作·技术.北京:中国建材工业出版社,2007.

［11］ 李继业,刘福胜.新型混凝土实用技术手册.北京:化学工业出版社,2005.

［12］ 姚燕,王玲,田培.高性能混凝土.北京:化学工业出版社,2006.

［13］ 中华人民共和国国家标准.GB/T 8077—2012 混凝土外加剂匀质性试验方法.北京:中国标准出版社,2012.

［14］ 中华人民共和国行业标准.JGJ 52—2006 普通混凝土用砂、石质量及检验方法标准.北京:中国建材工业出版社,2007.

［15］ 中华人民共和国国家标准.GB 50119—2003 混凝土外加剂应用技术规范.北京:中国建筑工业出版社,2007.

［16］ 中华人民共和国国家标准.GB/T 20491—2006 用于水泥和混凝土中的钢渣粉.北京:中国标准出版社,2006.

［17］ 中华人民共和国国家标准.GB/T 1596—2005 用于水泥和混凝土中的粉煤灰.北京:中国标准出版社,2005.

［18］ 中华人民共和国行业标准.JG/T 317—2011 混凝土用粒化电炉磷渣粉.北京:中国标准出版社,2011.

［19］ 中华人民共和国国家标准.GB/T 18046—2008 用于水泥和混凝土中的粒化高炉矿渣粉.北京:中国标准出版社,2008.

［20］ 中华人民共和国行业标准.JG/T 3048—1998 混凝土和砂浆用天然沸石粉.北京:中国标准出版社,1998.

［21］ 中华人民共和国国家标准.GB/T 50107—2010 混凝土强度检验评定标准.北京:中国建筑工业出版社,2010.

［22］ 中华人民共和国国家标准.GB 50164—2011 混凝土质量控制标准.北京:中国建筑工业出版社,2011.

［23］ 中华人民共和国国家标准.GB/T 50080—2002 普通混凝土拌合物性能试验方法标准.北京:中国建筑工业出版社,2002.

［24］ 中华人民共和国行业标准.JGJ 55—2011 普通混凝土配合比设计规程.北京:中国建筑工业出版社,2011.

［25］ 中华人民共和国国家标准.GB/T 50082—2009 普通混凝土长期性能和耐久性能试验方法标准.北京:中国建筑工业出版社,2010.

［26］ 中华人民共和国国家标准.GB/T 10171—2005 混凝土搅拌站(楼).北京:中国标准出版社,2005.

［27］ 中华人民共和国国家标准.GB/T 26408—2011 混凝土搅拌运输车.北京:中国标准出版社,2005.

［28］ 中华人民共和国国家标准.GB/T 14902—2012 预拌混凝土.北京:中国标准出版社,2012.

［29］ 中华人民共和国国家标准.GB 50164—2011 混凝土质量控制标准.北京:中国建筑工业出版社,2011.

［30］ 中华人民共和国行业标准.JGJ/T 193—2009 混凝土耐久性检验评定标准.北京:中国建筑工业出版社,2009.

［31］ 中华人民共和国国家标准.GB/T 50081—2002 普通混凝土力学性能试验方法标准.北京:中国建筑工业出版社,2002.

［32］ 中华人民共和国国家标准.GB 50204—2002 混凝土结构工程施工质量验收规范.北京:中国建筑工业出版社,2011.